Zu diesem Buch

Unter der Oberfläche der westlichen Zivilisation verlaufen die verborgenen Ströme der geheimen Tradition, deren Ursprung tief in unserer kulturellen Vergangenheit liegt. Wir alle haben dieses Erbe noch in uns, und mit den entsprechenden Übungen in diesem Buch können wir diese Kräfte wieder wecken und uns verfügbar machen. Die Autoren (s. Biographie) geben uns Möglichkeiten an die Hand, Reisen in andere Wirklichkeiten zu unternehmen, altes Wissen selber zu erfahren und in unseren Alltag zu integrieren.

«Der westliche Weg» Bd. 2: Ein praktischer Führer zu Magie, Mystik und Alchemie wird voraussichtlich im März 1989 erscheinen.

John Matthews absolvierte ein Spezial-Studium der Artus-Legenden und hat zwei Bücher zum Thema verfaßt: *The Grail: Quest for the Eternal* (1981) und *At The Table of the Grail* (1984) sowie eine Gedichtsammlung *Merlin in Calydon* (1981). Er war 1979 Mitbegründer der Kunstzeitschrift *Labrys*. Er schreibt häufig für literarische Magazine wie *Temenos, Literary Review, New Celtic Review* und *From Avalon to Camelot*.

Caitlín Matthews studierte zwischen 1969 und 1971 an der Webber- Douglas Academy of Dramatic Art. Ihre erste Gedichtsammlung *The Search for Rhiannon* erschien 1980. Sie ist ausgebildete Sängerin und begleitet ihre Lesungen und Vorträge häufig mit Liedern und Musik auf der keltischen Harfe. Sie hat mit Essays zu *At the Table of the Grail* (s. o.) und *The Underworld Initiation* von Bob Stewart (1985) beigetragen und ebenfalls für *Temenos, Poetry London, Resergence* und *Labrys* geschrieben.

Caitlín und John Matthews

Der westliche Weg

Band 1:
Ein praktischer Führer in die
alten Geheimlehren

Vorwort von Gareth Knight

transformation

rororo transformation
Herausgegeben von Bernd Jost
und Jutta Schwarz

Umschlaggestaltung Peter Keller
Illustration Stefan Kiefer

Deutsche Erstausgabe

Veröffentlicht im Rowohlt Taschenbuch Verlag GmbH,
Reinbek bei Hamburg, August 1988
Die englische Originalausgabe erschien
1985 bei ARKANA ARKANA PAPERBACKS
c/o Routledge & Kegan Paul plc, London, unter dem Titel
»The Western Way – A Practical Guide to the Western
Mystery Tradition« Vol I: The Native Tradition
Copyright © Caitlín Matthews and John K. B. Matthews 1985
Copyright © 1987 by Rowohlt Taschenbuch GmbH,
Reinbek bei Hamburg
Alle Rechte vorbehalten
Satz Trump Mediaeval (Linotron 202)
Gesamtherstellung Clausen & Bosse, Leck
Printed in Germany
1280-ISBN 3 499 18483 4

Inhalt

Danksagungen

Wir möchten all denen danken, die halfen, dieses Buch besser zu machen... obwohl wir natürlich für jegliche Fehler verantwortlich sind.

Besonderer Dank geht an Basil und Roma Wilby, Bob Stewart, Marian Green, Naomi Humphrey, Jerry Ozaniec, Vivienne Jones, Dick Swettenham, Tony Willis und alle übrigen von der Gesellschaft von Hawkwood; außerdem an Geoffrey Ashe, Delenath und alle in Chanctonbury und an all die Helfer, die die praktischen Übungen testeten.

Für Dolores Ashcroft-Nowicki
und für alle, die an die Möglichkeit glauben,
Dinge aus der Zauberwelt zurückzubringen

Die mythische Wahrheit ist die ganze Wahrheit
P. L. Travers in einer Radiosendung

Vorwort

Dies ist ein Buch, das ein großes Bedürfnis unserer Zeit erfüllt. Und es erfüllt dieses sehr gut.

Es besteht ein Bedürfnis nach einer rationalen und informativen Beschreibung darüber, wie man die Kräfte begreifen kann, die die Struktur der «inneren Welten» formen: diese verborgenen Kräfte, die die äußere Welt, die wir mittels unserer physischen Sinne kennen, stützen und gestalten. Denn eine Vergegenwärtigung des Bedürfnisses, mit diesen anderen Dimensionen der Realität ins Einvernehmen zu gelangen, wird den westlichen Menschen immer deutlicher gewahr.

Diejenigen, die dieses Bedürfnis noch nicht erkannt haben, sind manchmal erschrocken über das, was sie als «Flucht vor dem Verstand» ansehen. Wie auch immer, diese «Flucht» sollte als das wahrgenommen werden, was sie ist. Es ist kein gedankenloser wilder Rückzug von Unverantwortlichen, sondern das beflügelnde Aufschwingen einer beseelten Intuition, die nicht länger mit der intellektuellen Beschäftigung mit oberflächlichen Erscheinungen zufrieden ist.

Andere beklagen, was sie «Herumpfuschen im Okkulten» zu nennen belieben, das sie entweder für unnütz, albern oder pervers fehlgeleitet halten. Während auch wir nicht danach trachten würden, den okkulten Dilettanten zu ermutigen, fühlen diejenigen von uns, die mehr Jahre mit dieser Forschung verbracht haben, als sie wahrhaben möchten, mit aller gebotener Bescheidenheit, daß wir an Weisheit und menschlicher Erfüllung eher gewonnen denn verloren haben.

Es gibt unter uns keinen Mangel an fähigen, verantwortungsvollen Bürgern – auch wenn die weniger gut unterrichteten manchmal ungläubig nach Luft schnappen mögen, wenn sie mit unserer Sicht der Wahrheit konfrontiert werden. Wir wissen, daß es kein leichter Eskapismus ist, sondern ein hartes und prüfendes, wenn auch unendlich lohnendes Ringen um Wahrheit: Wahrheit darüber, was wir selbst sind; über unseren Platz im Universum und über unsere Pflichten vor Gott und dem Rest der Schöpfung.

Stereotype politische, wissenschaftliche und religiöse Antworten lassen viele Menschen heute unbefriedigt zurück. Die Suche im Innern nach den tieferen Problemen mag ein Ausweg aus der nuklearen oder ökologischen Krise sein – obwohl sie letzten Endes sogar tiefgründiger ist als das! Krisen kommen und gehen. Die Beziehung des Menschen zur Ewigkeit ist immerwährend.

John und Caitlín Matthews bringen in das Thema nicht nur Gelehrsamkeit, Ausgewogenheit und gesunden Menschenverstand ein, sondern auch eine breite praktische Erfahrung. Einige Bereiche dieser Erfahrung habe ich geteilt, und so empfehle ich vertrauensvoll jedem, sich in die führenden Hände der Autoren dieses Buches zu begeben. Sie werden nicht in die Irre geleitet.

Darüber hinaus haben die Autoren ein breites Wissen und Weisheit, die viele marktschreierische okkulte Vielwisser an ihren Platz verweist. Sie sind ebenso in den engelgleichen Höhen des christlichen Mystizismus zu Hause wie bei den «Herr-lichen» in den Tiefen der ausgehöhlten Hügel. Und dies ist lebendige Erfahrung, nicht reines Buchwissen. Obwohl, wie die Leser bald feststellen werden, ihre literarischen Quellen umfassend sind.

Dies ist ein Lehrbuch für die Gegenwart und die Zukunft. Die altertümlichen okkulten Gruppen mit ihrer Gesamtheit an Doktrinen und starren esoterischen Strukturen gehören schnell der Vergangenheit an. Ihr Gutes ist getan. Ihre gewichtigen Bände voller Doktrinen bleiben als Monumente und Meilensteine am Weg zurück.

Sie mögen uns jetzt noch helfen. Doch die esoterischen Schüler der Gegenwart und Zukunft werden solche sein, die für das unmittelbar vorliegende Ziel in eklektischer Freiheit nehmen, was sie finden können. Ihre Ausbildung wird nicht weniger streng sein, weil sie offener und unstrukturierter ist, ihre Arbeitsgruppe nicht weniger wirksam, trotz ihres relativen Durchgangs-, sogar Ad-hoc-Charakters.

Um es mit einer vertrauten, wenn auch etwas überstrapazierten Wendung auszudrücken, dies ist der Zugang zur okkulten Ausbildung im Neuen oder Wassermann-Zeitalter.

John und Caitlíns *Westlicher Weg* liefert einen Ariadnefaden, um einer neuen Generation von Suchern zu helfen, ihren Weg durch das Labyrinth zu finden. Und ein Stück Weges zu gehen, um weniger abenteuerlustige Seelen darüber aufzuklären, was dies Labyrinth, das wir unsere Welt nennen, bedeutet.   Gareth Knight

Die inwendige Spirale

«Unsere Aufgabe ist es, die Schriftführer, die Deuter und Bewahrer der Erinnerungen unserer Vorfahren zu sein.»
William Stukely

«Die Menschen sind, mehr als man wahrhaben will, ein Ausdruck des Teils der Erde, auf dem sie leben. Eine Rose des Westens sollte nicht danach verlangen, so zu blühen wie der Lotus des Ostens.»
Gareth Knight *The Rose Cross and the Goddess*

Mit dem Faden durch das Labyrinth

1968 erschien ein Buch mit dem Titel *Die Westliche Mysterientradition* [105]. Sein Thema war die Grundlage primitiver Mythen, auf der die meisten Systeme westlicher Magie basieren. Seine Autorin, Christine Hartley, war Mitglied einer der führenden esoterischen Schulen jener Zeit und daher in der außerordentlichen Lage, die magische Tradition von innen heraus erläutern zu können. Erstaunlicherweise war ihr Buch beinahe das erste seit der Renaissance, das sich mit den westlichen Mysterien getrennt von denen des Ostens auseinanderzusetzen versuchte, und dies mit besonderem Schwerpunkt auf den ursprünglichen Riten und Techniken. Es gab und gibt immer noch zahllose Veröffentlichungen über

Kabbala, Tarot, Astrologie und eine große Zahl anderer Disziplinen, aber es gab noch keinen ernsthaften Versuch, Christine Hartleys Beispiel zu folgen. Während ihr Buch aufgrund seiner Einsichten und Erkenntnisse noch immer wertvoll ist, läßt es viele Fragen unbeantwortet. Es versucht zum Beispiel nicht, die älteren einheimischen Mysterientraditionen zu denen der späteren, sogenannten hermetischen Schulen in Beziehung zu setzen. Die eine hätte jedoch ohne die andere kaum existieren können, und es gibt immer noch eine wichtige Beziehung zwischen ihnen. Teils um diese Lücke zu füllen, wurde das vorliegende Buch geschrieben, teils auch um das alte Sprichwort zu widerlegen, daß man aus der Zauberwelt nichts mit zurückbringen könne. Es gibt tatsächlich viel zurückzubringen, vieles, das für uns heute bei unserer beständigen Suche nach einer transzendenten Wirklichkeit von Wert sein kann. Vor allem ist es unsere Absicht, eher eine inhaltliche anstatt einer chronologischen Sicht der westlichen Mysterien zu liefern: eine Sicht, die als praktischer Führer durch das unendliche Reich dienen kann, das wir besuchen mögen, in dem wir aber größtenteils Fremde in einem fremden Land bleiben.

Doch zuerst ist es notwendig, einige der Begriffe zu definieren, die in diesem Buch verwendet werden und die aus verschiedenen Gründen unbekannt sein mögen.

Der erste ist der Begriff «Westlicher Weg» selbst. Hiermit beziehen wir uns auf einen Hauptteil esoterischen Lehrens und Wissens, der ein System magischer Techniken und magischen Glaubens ausmacht, die zum Anbeginn der Zeit zurückgehen – der «Vorzeit», in der unsere Ahnen die inneren Reiche der Existenz zu erforschen begannen. Und es ist ein «Westlicher» Weg, um ihn klar von den östlichen und orientalischen Systemen zu unterscheiden, die in den letzten Jahren im Westen so stark Fuß gefaßt haben, aber eigentlich weniger anwendbar sind als unsere eigenen einheimischen Traditionen.

Aus zwei Gründen haben wir entschieden, diesen Begriff zu verwenden, anstatt des üblicheren «Westliche Mysterientradition». Erstens machen die Disziplinen, die normalerweise unter dieser Überschrift zusammengefaßt werden – Kabbala, Alchemie, Gnostizismus, die okkulten Wissenschaften –, nicht die vollständige Geschichte aus; und zweitens ist es eigentlich ein Weg, dem wir folgen werden: ein Weg, den viele vor uns gegangen sind und der noch von vielen begangen werden wird. Nichtsdestoweniger stellt

Die inwendige Spirale

innere Spirale   äußere Spirale

Abb. 1

jener Begriff immer noch einen äußerst nützlichen Bezugsrahmen dar, was Definitionen angeht: «Westlich» eher als östlich; «Mysterien», weil verborgenes, esoterisches Wissen; «Tradition», weil es sich um Material handelt, das mündlich weitergegeben wurde oder von der Gruppenseele des Planeten bzw. dem rassischen Stammesbewußtsein empfangen wurde. Mit diesen wenigen Definitionen im Kopf können wir beginnen.

Stellen Sie sich also vor, daß Sie dabei sind, sich auf eine Reise in ein unermeßlich fernes und fremdes Land zu begeben. Wen nehmen Sie als Begleiter und Führer mit? Wenn Sie weise sind, werden Sie jemanden auswählen, der den Weg kennt und mit dem Terrain vertraut ist. Genauso, falls Sie sich entscheiden, Ihre eigene *innere* Landschaft zu erkunden, die aus Ihrem kulturellen Hintergrund und Ihrer Tradition heraus bevölkert ist, sollten Sie danach streben, soviel Sie können über diejenigen zu erfahren, die Sie auf dem Weg treffen: was sie zu Ihnen sagen werden, welche Symbole sie zeigen werden. Sie müssen wissen, welche Worte bestimmte Türen öffnen und wie diejenigen, die diese hüten, anzusprechen sind. Sie werden Landkarten brauchen.

Eine solche Landkarte ist das symbolische Diagramm, das als Labyrinth bekannt ist, und obwohl Sie vielen anderen wiederkehrenden Abbildern überall in diesem Buch begegnen werden – dem Baum, dem Kreis, dem Kreuz, um nur drei zu nennen –, ist es eins der wichtigsten. Das Labyrinth als ein Symbol des Einweihungspfades findet man an vielen Mysterienplätzen überall in der Welt.

Es ist ein lebendiges Bildzeichen des westlichen Weges, durch das alle auf der Suche nach ihrem Schicksal im Rahmen der Mysterien hindurchgehen müssen.

Zusammengenommen formen die beiden Bände*, aus denen diese Arbeit besteht, ein vollständiges Labyrinth-Muster, das heißt eine Reise nach *innen* zum Zentrum und eine Reise nach *außen* an die Peripherie. Band 1, der sich mit der einheimischen Tradition von ihren Ursprüngen in der Vorzeit bis zu ihren heutigen Manifestationen im Neu-Heidentum beschäftigt, ist die inwendige Spirale. Band 2, der sich mit der hermetischen Tradition – so genannt nach ihrem vermutlichen Gründer Hermes Trismegistos – von ihren Anfängen im klassischen Altertum bis zur derzeitigen Wiedergeburt in der Arbeit zeitgenössischer magischer Schulen befaßt, ist die außengerichtete Spirale.

Zusammen formen diese beiden Pfade die prima materia des westlichen Weges: die einheimische Tradition, intuitiver, erdbewußt Göttinnen-orientiert; und die hermetische Tradition mit ihrer Betonung auf der Suche nach Wissen, Einheit mit der Gottheit, Überbewußtsein. Zusammen gleichen sie einander aus: der eine sondiert tiefer die ersten Mysterien menschlicher Bewußtheit; der andere sucht dieses innere Verständnis auf klarere und erklärende Weise zu benutzen. Hier lernt der Wanderer, was auf der inneren Reise gelehrt wurde, anzuwenden – es somit zurück ins Tageslicht tragend. Per definitionem kann die Reise nach außen nicht zum selben Platz zurückführen.

Der hermetische Weg ist in der Philosophia perennis begründet; die einheimische Tradition im Jenseits. Gott oder Gottheit wird von den einheimischen Traditionalisten als elementare Kraft gesehen; während sich in den hermetischen Schulen die Wahrnehmung von «Gott da draußen» zum Gott innerhalb des Selbst verschiebt. Die Evolution des Bewußtseins ist in beiden Traditionen eingeschlossen. Ebensowenig wie der Hermetiker ohne die Grundlagen der Einheimischen existieren kann, kann der Einheimische ohne die Projektion des Hermetikers fortschreiten. Sie sind die Wurzeln und Zweige des Baumes des westlichen Weges.

Christine Hartley wies in ihrer bahnbrechenden Studie darauf hin, daß «das ursprüngliche Wirken der Mysterien erst zurück-

* Der Westliche Weg, Band 2: Ein praktischer Führer zu Magie, Mystik und Alchemie (Nr. 8510), März 89

schaute und dann nach vorn, und auf ihre grundlegenden Lehren können wir die Traditionen und Mysterien unserer westlichen Schulen gründen».[105] Die Zwei-Bahn Reise in das Labyrinth hinein und heraus ist eine fortwährende Spirale der Entdeckung: wir gehen nach innen, um wieder herauszukommen, und wenn unser Faden voll abgewickelt ist, müssen wir nach innen zurückkehren, um Inventur zu machen, unsere Funde zu speichern und uns auszuruhen. Dies ist das Muster, dem wir folgen müssen, wenn wir den Wunsch haben zu lernen.

Westliche Volksdichtung

Während die meisten Leute denken, die «wahre» westliche Mysterientradition ruhe in der Hermetischen Tradition, sind andere davon überzeugt, sie im Kontext ihrer Grundlagen zu sehen. Diejenigen, die sich von den größeren Zivilisationen im Nahen Osten und dem Mittelmeerraum Einsicht in die Mysterien erwarten, übersehen deren Vergangenheit. Wie der Prophet gilt eine Tradition nichts im eigenen Land. Anderswo ist das Gras grüner und saftiger, und so wird es immer erscheinen. Wir haben viele Beispiele aus der britischen Tradition herangezogen, nicht nur, um den Westlichen Weg zu repräsentieren, sondern auch, weil wir aus unserer eigenen Erfahrung, dem Gedächtnis der Ahnen und dem traditionellen Erbe geschöpft haben. Was wir hier getan haben, kann genausogut für andere Traditionen und Kulturen getan werden. Der heimischen Tradition des Westens können sich alle nähern, die ein westliches Bewußtsein und eine kulturelle Identität haben.

Letztendlich sind Osten und Westen ganz unwichtig, doch hat jeder seinen Platz. Der westliche Weg ist hauptsächlich seit dem Beginn institutionalisierter Religion so vernachlässigt worden, daß die individuelle Suche aus den Augen verloren wurde. Die Retter und prophetischen Repräsentationsfiguren hatten alle ihren Sinn, doch der lag vor allem darin, die innere Suche zu stimulieren. «Suche zuerst das Königreich des Himmels – das in dir liegt.»²¹ Um jenseits organisierter Religionsformen zu gelangen, müssen wir erst die Versatzstücke unserer Entwicklung aufsammeln, die Gegenströmungen, die Einflüsse und Ursachen, bevor wir in die Zeit vorangehen können, in der Mysterientraditionen weder östlich noch westlich sein werden.

Wie, also, definieren wir Westlich in «Westlicher Mysterientradition»? Geographisch gesehen, vom Nahen Osten westwärts. Kulturell ist die Grenzlinie weniger leicht zu definieren. Keiner von uns ist wirklich noch irgendwo ein Einheimischer. Sogar die Familien, die in, sagen wir, Schottland seit Generationen lebten, waren ursprünglich Eindringlinge nordischer, piktischer bzw. gälischer Herkunft, mit vielleicht einigen Tropfen «eingeborenen» Blutes. Es gibt keine reine Abstammung, keine unanfechtbaren Beweise für eine apostolische Nachfolge in der Volkstradition. Was einmal auf den britischen Inseln geschah, ist jetzt in den USA geschehen und auch anderswo. Ethnische Minderheiten haben Amerika in aufeinanderfolgenden Schüben «überfallen» – Engländer, Franzosen, Spanier, Deutsche, Skandinavier, Italiener, um nur einige zu nennen. Schließlich ist der kulturelle Spielraum um Juden aus allen Ländern, Griechen, Russen, Japaner, asiatische und afrikanische Völker erweitert worden.

In diesem Schmelzkessel der Völker und Stämme neigen die Menschen dazu, ihre verschiedenen einheimischen Traditionen im neuen Heimatland wenigstens einige Generationen lang aufrechtzuerhalten. Traditionen wurden einmal über längere Zeiträume bewahrt. Jetzt führt der Einfluß der Medien dazu, alle trennenden Barrieren aufzubrechen. Wie auch die Voraussagen lauten mögen, es ist zweifelhaft, ob die Menschheit der Zukunft eine Hautfarbe, eine Kosmo-Kultur und eine Sprache besitzen wird: Unterschiede sind von Bedeutung, und die Heimat ist immer noch das Beste. Doch das zwanzigste Jahrhundert hat viele Menschen entwurzelt, die aus ihren Heimatländern «verbannt», als Flüchtlinge oder Immigranten in einem fremden Land leben, das seine eigene kulturelle Identität nicht mehr kennt.

Die Autoren haben nichts für Rassismus oder extremen Nationalismus irgendeiner Art übrig. Sie möchten nur darauf hinweisen, daß die Menschheit aus territorialen Wesen besteht, die ihr eigenes Stückchen Land und ihre eigenen Gebräuche wollen. Für diejenigen, die soviel nicht erlangen können, ist ihr kulturelles Wesen außerordentlich wichtig. Die Volkstraditionen und religiösen Praktiken werden um so wertvoller, weil sie der einzige Besitz sind, der nicht weggenommen werden kann – sie können unter der strengsten Tyrannei praktiziert werden, wie wir von der jüdischen Erfahrung im Holocaust wissen, den Christen in Rußland oder tatsächlich allen Religionen unter dem derzeitigen Regime in Albanien. Doch auch in kommunistischen und anderen nichtreligiösen Staaten wird die Volksseele niemals aufgegeben, da es auch hier Verständnis dafür gibt, wie stark ihre Anziehungskraft auf das Volk wirkt.

Hitlers Rückfall auf teutonische Mythologie während des Popularitätsanstiegs der Nationalsozialistischen Partei stellt eine heilsame Mahnung dar, welchen Schaden die Volksseele anrichten kann, wenn sie für die individuelle Vision eines Verrückten manipuliert wird. Doch wenn es auch zutrifft, daß ein zu genaues Befolgen der einheimischen Tradition in einem Rückfall in den Typus resultieren kann und daß unter dem Lack von Zivilisation, Religion und Kultur die Volksseele noch stark ist, so ist dies doch kein negativer Faktor in unserem Konzept. Sie kann uns in Krisen- oder Kriegszeiten kraftvoll zur Seite stehen; sie kann uns als Anker dienen, wenn wir verwirrt oder unglücklich sind, und uns ein Zugehörigkeitsgefühl angesichts von Exil oder Verlust geben.

Volkstraditionen und religiöser Glaube werden, ebenso wie kulturelle Werte, mitunter einem Volk von einem anderen aufgezwungen wie im Falle der europäischen Amerikaner und der Indianer, holländischer Siedler und schwarzer Südafrikaner, britischer Emigranten und australischer Ureinwohner – aber die darauf folgende Kultur hat sich dadurch selbst eine Grube gegraben, in die sie im Laufe der Zeit fallen wird. Das widrige Karma und die sich ergebende soziale Verwirrung werden noch zu ernten sein.

Dennoch ist es die angenommene Getrenntheit von Okzident und Orient, aus der eine transzendente Einheit hervorgeht. In esoterischen Kreisen gibt es keine wirklichen Gegensätze – nur verschiedene Wege, sich dem gleichen Ziel zu nähern. Der Westen ist ein Ort der Manifestation: der Osten ein Ort des Beginns. So wie die Sonne von Ost nach West über die Himmel zieht, so reflektiert die Esoterik diese Bewegung. Im Osten werden religiöse Andachten zum Tagesbeginn verrichtet – Bäder in Mutter Ganges; Hymnen an die Sonne; Morgenpujas; ausgeführt als Antwort auf Generationen des Glaubens. Im Westen kommen andächtige Übungen zum Ende des Tages mit Vesper, Abendlied, dem Gruß an den Sabbat. Obwohl Religionen in Ost und West ihre Andacht während des ganzen Tages und der Nacht ausüben, sind dies bedeutende Aspekte esoterischer Manifestation.

In keiner Weise sollten wir die Errungenschaften des Ostens verschmähen oder unterbewerten, noch beklagen, daß westliche Menschen östliche Techniken praktizieren. Der Osten hat uns die Möglichkeiten des westlichen Weges eröffnet, indem er uns eine genaue Terminologie für die Konzepte gibt, die in europäischen Sprachen nicht mehr ausgedrückt werden können – Avatar, Daikini, Karma, Nirvana, Shakti, Mandala, Yantra, Mantra –, allesamt etablierte Begriffe in der esoterischen Praxis. Östliche Religionen und esoterische Techniken sind ebenso relevant wie die im Westen praktizierten, obwohl östliche Denk- und Verstehensweisen manchmal schwer nachzuvollziehen sind, bevor man eine reife spirituelle Ebene erreicht hat. Kultur und Vererbung vermitteln Einsicht in bestimmte Metaphern und Begriffsinhalte, so daß ein Franzose vollkommene Sympathie für den Taoismus aufgrund von Inkarnationsverbindungen empfinden mag und in ähnlicher Weise ein Sikh starke Verbindungen zum Katholizismus erfährt. Tatsache bleibt, daß die Geburt in eine bestimmte Umgebung, Zeit und Familie eine taugliche Beantwortung erfordert – eine Lebenslektion, die in dieser Inkarnation erfüllt werden muß. Erst nachdem man dies erkannt und akzeptiert hat, ist es wieder möglich, diese Inkarnationsverbindungen weiter zu verfolgen.

Der Westen scheint sehr im Erdhaften, im materiellen Selbstausdruck verankert; während der Osten materiell verarmt scheint, seine inneren Reichtümer verbergend. Dies ändert sich, da die Verwestlichung sogar zum Herzen sehr entfernter Länder vordringt. Der notwendige Austausch sollte erlaubt werden: Eine Transfusion inneren und äußeren Fortschritts. Aber vorsichtige, verantwortungsvolle Transplantateure werden gebraucht.

Unsere Absicht bei der Durchführung einer Studie über die einheimische Tradition im Westen ist, die Wurzeln unseres Bewußtseins zu suchen, unsere Entwicklung in Übereinstimmung mit den Bedürfnissen der Menschheit zurückzuverfolgen. Denn hier ist unser genetischer Impuls kodiert worden, hier entspringt unser Erbgedächtnis. Die Absicht dieses Buches ist, über unsere Wurzeln hinauszugehen und nicht, zwischen ihnen zu verweilen.

Die Mysterientraditionen – westliche und östliche – befassen sich damit, Türen zwischen den Welten offen zu halten, Energien von inneren zu äußeren Welten durchzulassen und zu vermitteln, mit der Anderwelt-Realität, von der unsere Welt eine noch nicht verwirklichte Resonanz ist, zu kooperieren. Die spirituelle Aufgabe im Leben wird leicht aus den Augen verloren, aber mehr und mehr Menschen sind mit der Qualität eines rein materialistisch orientierten Lebens unzufrieden und suchen mit großer Entschlossenheit eigenständig nach dieser Aufgabe. Diese individuelle Suche unterlag nicht immer der freien Wahl – es gab Zeiten, in denen sie nur in dem gleichermaßen befreienden wie auch begrenzenden Bereich institutionalisierter Religion zu finden war. Dieses ändert sich. Mit den oft unbedacht gebrauchten Begriffen wie «Wassermann-Bewußtsein» und «New Age-Erleuchtung» weisen viele Menschen das Alte um der neuen, unerprobten Kulte des Tages zurück – von denen viele, wie sich herausstellt, nach den gleichen materialistischen Mustern organisiert sind, die die Eskapisten glaubten, hinter sich gelassen zu haben.

Auf der Suche nach dem richtigen Weg werden Individuen auf ihre eigenen Hilfsquellen zurückgeworfen, mit denen sie sowohl ihre Bedürfnisse und Erwartungen als auch ihr Potential entdecken müssen. Ohne Selbstkritik oder Selbsterkenntnis ist kein System oder keine Suche nach spirituellem Sinn gültig. Ein formaler Ausdruck, der Beitritt zu einer religiösen Gruppe, ist nicht immer notwendig, obwohl er Leitlinien gibt, denen man folgen kann.

Ein interessanteres Phänomen ist die Art, in der eine große Anzahl Menschen ihre Wurzeln in den frühesten und ältesten Glaubensformen sucht. Kreise und aufrechte Steine üben wachsende Faszination aus, schamanistische Wege und andere Kulturen erregen Interesse, das Wiederauftauchen der Göttin als ein klarer religiöser Archetyp, all das weist auf eine Wiederentdeckung uralten traditionellen Wissens. Während dies in weiterem Sinne mit den Bestrebungen der Philosophia perennis verbunden ist, ist es auch ein Hinweis auf das Selbst und seine Wurzeln in den einheimischen Traditionen.

Wir müssen mit unserer Volksseele kommunizieren, und sei es nur, um ihren möglichen falschen Gebrauch zu verhindern. Wir haben unsere Zugehörigkeit – in unserem Stamm, unserer Nation, unserem Volk, und so sollte es auch sein. Aber wir sind ebenfalls Bürger dieser Welt, des neuen Wassermannzeitalters. Es ist möglich, den nationalen Stolz zu fördern und dennoch Rassismus abzulehnen; unsere Liebe für die Vergangenheit mit unserer Verantwortung für die Zukunft auszugleichen. Wir müssen uns selbst fragen, ob wir der Erde, auf der wir gehen, angehören oder für immer von unseren Wurzeln, eines Zugehörigkeitsgefühls beraubt, abgeschnitten sein wollen.

Wenn, wie wir behaupten, der westliche Weg in frühester Zeit wurzelt, können wir dann sichergehen, daß die Übertragung von dieser Zeit in unsere eigene ohne Unterbrechung war? Sicher, wenn wir auf eine Art apostolischer Nachfolge aus sind, werden wir enttäuscht sein. Es mögen Familien existieren, deren Lebensstil sich über Hunderte von Jahren wenig verändert hat, die ihre Nähe zur Natur bewahrt und eine Sammlung weiser Lehren und Glaubensanschauungen weitergegeben haben, doch sie sind sicher selten (siehe Kapitel 5). Heutzutage sind Menschen nicht an ihren Geburtsort gebunden, sie ziehen dorthin, wohin Arbeit und Umstände sie verschlagen; das Festhalten am Glauben der Eltern ist selten, und wo der religiöse Instinkt erhalten blieb, mag er ebenso wahrscheinlich zu einem grundlosen Kult wie auch zu einer der großen östlichen Philosophien führen. Wie können wir also Wissen teilen, zu dem wir niemals körperlichen Zugang hatten? Vorausgesetzt, daß die Kontinuität der Tradition zu einem gewissen Teil abgeschnitten ist, wie dann können wir zum Beispiel lernen, warum bestimmte alte Steinkreise errichtet wurden und welche Riten man dort ausführte?

Einige Methoden, diese Art der Information zurückzurufen, werden in diesem Buch vorgestellt, obwohl es viele andere gibt. Das Zeitalter der Vernunft ist so fest in der westlichen Vorstellung verankert, daß solche Techniken mit einem Stirnrunzeln betrachtet werden; wir hoffen dennoch zu zeigen, daß wir außer dem Kult des «edlen Wilden» und der Anbetung wissenschaftlicher Erleuchtung noch ein anderes Erbe haben. Die Geschichten und Traditionen unseres Heimatlandes sollten von uns direkt begriffen und geliebt werden, denn wir haben noch andere Geschenke außer dem Verstand zu unserer Verfügung. Man muß die kreative Phantasie, die so oft unterdrückt wird, befreien, bevor man sie trainieren kann. Wir alle sind der Voraussicht, Rücksicht und Einsicht fähig, wenn wir uns die Mühe machen, über diese Dinge etwas herauszufinden. Und während es vielleicht zu einfach ist, den Besucher-Archäologen in unserer eigenen Vergangenheit zu spielen – um romantische Fiktion zu historischen Fakten zu machen –, so braucht das Wissen von Herz und Kopf nicht zueinander im Widerspruch stehen, wenn wir unsere instinktive Wahrnehmung mit rationalem Urteilsvermögen und kühler Einschätzung ausgleichen.

Obwohl der Weg mit dem Faden durch das Labyrinth eine symbolische Reise von A nach B werden mag – mit was für Abschweifungen auch immer –, so kann man sich mit der westlichen Mysterientradition ebensowenig chronologisch wie in einem Rahmen reiner Rationalität befassen. Einsicht kommt in vielen Verkleidungen und auf vielen verschiedenen Ebenen von Zeit und Erfahrung. Man kann über die innere Realität von Atlantis ebenso viel von Dion Fortune[79] oder Helena Blavatsky[23] lernen wie von Plato[20]. Alle drei *erlebten*, was sie beschreiben, auf einer tieferen Ebene als die meisten, dennoch war ihre Annäherung individuell verschieden.

Esoterisches Wissen allgemein kann, wenn es empirischer Gelehrsamkeit ausgesetzt wird, Dinge offenbaren, die diejenigen, die sie niederschrieben, nicht erkannten. Aber auf diesem Gebiet gibt es keine harte und schnelle Methode, richtig von falsch zu unterscheiden – wenn nicht durch die Reaktion des Individuums auf die *symbolische* Realität, die von Bildern und Zeichen der Mysterien ausgedrückt wird, hinter denen die essentielle Wahrheit erkannt werden kann.

In der Vergangenheit hat all dies nur zu oft als Entschuldigung für Spekulationen, die jeglicher Grundlage entbehrten, gedient. Das war vielleicht unausweichlich. Die Spekulation ist sicher kein Fremdling auf diesen Buchseiten – der Natur des Themas entsprechend kann sie es nicht sein –, aber alles, was wir über die westliche Mysterientradition zu sagen haben, ist der Überprüfung durch persönliche Erfahrung ausgesetzt gewesen. Wir haben alle Übungen ausprobiert, sind den Pfadarbeiten gefolgt, haben die Meditationen gemacht und mit den Techniken gearbeitet – meist über einen langen Zeitraum und mit der Hilfe von anderen. Ihnen wie auch den anderen, die uns äußerlich und innerlich unterstützten, schulden wir Dank. Doch noch mehr schulden wir denjenigen, die den westlichen Weg vor uns gegangen sind, die uns entlang der Straße Wegweiser hinterließen, denen wir folgen können. Indem wir mit diesen lebendigen Bildern arbeiten, ist es uns möglich, das Muster des Labyrinths nachzuvollziehen, nach innen und wieder nach außen in Richtung Zukunft.

Es erfordert Geduld, verlorenes Material mit diesen Mitteln

wiederzugewinnen, aber das Wissen, daß andere den Weg vor uns gegangen sind, ist tröstlich: sie haben uns den Pfad deutlicher hinterlassen, und ihr Wissen ist heute zu unserer Führung verfügbar. Solches Wissen lebt in den mündlichen Traditionen von Lied und Erzählung weiter, von denen eine überraschende Menge bewahrt blieb, dank der Bemühungen einiger Folkloristen des neunzehnten Jahrhunderts, die viel Material gerade noch zur rechten Zeit vor kultureller Zerstörung retteten.

Die andere Quelle für verlorenes Material ist die Volksseele, die Gruppenseele jeder Nation, die sowohl im Blut als auch im Gedächtnis existiert und eine kollektive Brunnenquelle von Bildern und Glauben darstellt. Wann immer eine Legende lebt oder eine Tradition überdauert, hier liegen die Anhaltspunkte, die wir suchen müssen. Der fragmentarische Charakter solcher Anhaltspunkte macht sie auf frustrierende Weise schwer faßbar; doch Wahrheit wird von tieferen Ebenen, die vom Normalbewußtsein nicht wahrgenommen werden, aufsteigen, und man kann sie dazu durch verschiedene Techniken, wie den hier mitgelieferten, ermutigen.

Man mag einwenden, daß die Stimulation früher Glaubensmuster auf diese Weise ungesund und sogar gefährlich sei, doch wir täten gut daran, uns zu erinnern, daß es, wie zivilisiert wir uns auch empfinden mögen, in diesem Jahrhundert grausamere Zerstörung gab, als die Welt je zuvor gesehen hat. Wir sind uns alle des Hangs zur Zerstörung in unserer Gesellschaft bewußt, aber ist dies nicht so, weil wir das Wissen um die Mysterien, nach denen unsere Urahnen lebten, ignorierten? Sie lebten einst in Harmonie mit dem Universum, wie sie es sahen und verstanden; es scheint, daß wir, nur weil wir so viel mehr wissen, den Weg dieser harmonischen Beziehung verloren haben. Es ist daher sicherlich unsere Verantwortung, die Techniken für ein holistisches Leben wieder zu erlernen – Wege, die sich sowohl auf den Körper als auch den Geist erstrecken – nicht, indem wir das Bewußtsein einige Jahrtausende zurückverbannen, sondern, indem wir unser neuentdecktes Wissen in das Leben des zwanzigsten Jahrhunderts integrieren.

Einige sehr treffende Worte des Anthropologen Bronislav Malinowski zum Thema Magie und Mythos sind es wert, hier zitiert zu werden. Mythos, behauptet er, ist kein totes Produkt vergangener Zeiten. Es ist eine lebendige Kraft, ständig die Magie durch neue Zeugnisse umgebend. Magie bewegt sich in der Glorie vergangener Tradition, aber sie kreiert auch ihre Atmosphäre in ewig wachsendem Mythos. So wie es die bereits feststehende, standardisierte Gesamtheit von Legenden gibt, die die Folklore des Stammes ausmacht, so gibt es immer einen Strom von Erzählungen, die mit denen der mythologischen Zeit verbunden sind. Magie ist die Brücke zwischen dem goldenen Zeitalter uralter Fertigkeit und der Wunder wirkenden Kraft von heute. Daher sind die Formeln voller psychologischer Anspielungen, die, wenn ausgesprochen, die Kräfte der Vergangenheit losketten und sie in die Gegenwart richten.[156]

Die rituelle Haltung

Es ist diese «Brücke», von der Malinowski schreibt, an deren Wiederaufbau wir uns gemacht haben, indem wir den westlichen Weg beschreiten. Daher beharren wir auf der Wichtigkeit der esoterischen Anfänge, die nur zu leicht von vielen als kindisch oder primitiv übergangen oder vernachlässigt werden. Es ist wahr, daß ein inzestuöser, beschränkter und düsterer Geist jede Studie primitiver Bewußtheitsebenen durchdringen kann, doch dies ist nicht unsere Absicht. Die klare und ursprüngliche Energie der Vorzeit ist innerhalb der zeitlos aktiven Gegenwart der Anderwelt lebendig – die auf viele Weisen erreicht wird. Das New Age hat viele zu Schaden kommen sehen, die durch unverstandene Spiritualität und idealistischen Mystizismus nach «höheren Dingen» gegriffen haben. Die Techniken jeder Kunst – ob okkulter oder anderer – sind hart erarbeitet und mühsam aufrechterhalten, wie viele Tänzer, Sänger oder Darsteller bestätigen werden; für den Weg des Schamanen, Magiers und Mystikers gilt dies nicht weniger. Jede Arbeit auf den inneren Ebenen muß durch Anstrengung unterstützt werden, auf harter Einübung basieren, durch spirituelle Hingabe beseelt sein und auf ein ausgeglichenes Gutes hinzielen. Eifrige Möchtegern-Mystiker erreichen nur zu oft zuviel des Guten, es ist *un*ausgeglichen, was ihnen und anderen unermeßliches Leiden zufügt. Was gebraucht wird, sind die Fähigkeiten des Technikers, kombiniert mit einer inspirierten Geisteshaltung. Dies ist die rituelle Haltung des Eingeweihten, der in der Lage ist, sowohl in der Vergangenheit als auch in der Gegenwart umherzureisen und diese trotz ihrer anfänglichen Unterschiede als ein und dasselbe zu erkennen.

Wir beginnen deshalb ganz neu in dem Bemühen, den Weg zurück zu unseren Wurzeln zu zeigen – er wurde so lange vernachlässigt, außer von einer Minderheit, oft mißverstanden oder entstellt und ist doch noch immer eine sehr lebendige Kraft. Demgemäß beschäftigen wir uns in den Kapiteln 1 – 3 mit den Anfängen der westlichen Mysterientradition, diesen ersten Regungen des religiösen Impulses, aufgrund dessen unsere Vorfahren ihre Aufmerksamkeit auf die Elemente richteten: die Erde unter ihren Füßen, den Himmel über ihnen, die Steine und Bäume und Flüsse, die für sie lebende Wesen waren, fähig, unabhängig zu handeln und zu denken, und mit denen sie das Erbe der Erde, ihrer Mutter, teilten. Von da aus, in Kapitel 4, machen wir die Reise in die Anderwelt, dieses riesige Paradigma unseres eigenen Bewußtseins, das sich ebenso grenzenlos ausbreitet wie das Reich der Phantasie – mit anderen Worten, so weit wie die Ewigkeit – und das alles andere in seinem zeit- und raumlosen Griff behält. Diejenigen, die die Straße hin *und* zurück von diesem Ort gereist sind, haben ihre eigene Welt, innerhalb der Grenzen unserer, geschaffen. Sie sind das geheime Volk, das das innere Reich im Herzen jedes Landes baut und erhält[279], das im Zentrum des Labyrinths steht, zurück und nach vorn schauend. Mit ihm folgen wir der Bewegung vom Stammes- zum Individualbewußtsein. In der Bewegung nach außen müssen wir uns nach einem Bewußtsein umsehen, das beides enthält, eine Mischung der einheimischen und der hermetischen Traditionen.

An dieser Stelle können wir nur Definitionen anbieten: einige weithin akzeptiert, andere weniger. Wer, zum Beispiel, kann sagen, was er meint, wenn er von Wesenheiten der inneren Ebene oder der inneren Ebene selbst spricht? Wir können diese Dinge definieren, aber können wir auch die Realität hinter ihnen erreichen? Nichts ist so festgelegt, daß es unverändert oder unveränderbar bleibt. Diejenigen, die sich aufmachen, diese Dinge persönlich zu erfahren, mögen wohl mit neuen Definitionen zurückkehren, die ebenso akzeptabel sind wie die zur Zeit aufgestellten.

Wenn dies verwirrend scheint oder sich anhört, als gäbe es keine Gewißheit über diese Dinge, dann muß man hinter sie sehen auf die Realität, von der sie abstammen, eine Realität, zu der die meisten in dieser Zeit den Kontakt verloren haben, die jedoch nichtsdestotrotz existiert, wie sie es immer getan hat, als Grundlage auf der man aufbauen kann. Wir mögen von Gott oder Göttin sprechen, Mutter Erde oder Vater Himmel, oder wir mögen die abstrakten Begriffe der Wissenschaft benutzen und es Schöpfung nennen; doch was immer wir tun, wir können sie nicht lange ignorieren. Es ist die fundamentale Realität hinter allem, was wir tun, sind und fühlen.

Die gegen die Anhänger des westlichen Weges gerichteten Vorwürfe der Beschränktheit erkennen weder dieses, noch, daß die Bilder, mit denen man sich unter den Überschriften von Mythos oder Magie Vorzeit oder Anderwelt beschäftigt, transzendent sind. Sie gehören zu keiner bestimmten Kultur, Stamm oder Nation, sondern sind Teil einer universellen Weisheit. Sie sind zufällig die westlichen Projektionen von etwas, das eigentlich weltweit ist.

In der allgemeinen Vorstellung, besonders in offenkundig okkulten Kreisen, verbinden sich mit der westlichen Mysterientradition Konnotationen von konservativer «traditioneller» Magie – der des Kabbalisten und des rituellen Magiers eher als der des Schamanen oder des Priesters. Sie wird mit rein nationalistischer Mythologie in Verbindung gebracht, mit philosophischen und komplexen Mysterien. Nur zu häufig wird sie mit gelehrtem und selbstgefälligem esoterischen Wissen assoziiert: eine Art mittelalterlicher «Mittelklasse-Freimaurerei» für unentschiedene Christen und andersdenkende Juden. Solch ein Bild vermeidet die Herausforderung vieler New Age-Entwicklungen, die einer neuen Generation von Suchern entspringen, die begierig sind, den westlichen Weg zu gehen, und es vernachlässigt die Errungenschaft und das hingebungsvolle Überleben vieler hausgemachter Bewegungen: der Hexenkunst – dem einheimischen Schamanismus in Europa – der Dorfheiler und Volkssänger. Wiedererwachendes Interesse an dem einheimischen Erbe kommt und geht, doch die wahre Tradition wird weitergegeben.

Diese Bewegungen mögen vielen als die letzten Reste einer sterbenden Religion oder Folklore erscheinen; doch die gleiche Bemerkung könnte man gegen das richten, was allgemein als typisch westliche Mysterientradition gilt. Die Zeit für eine dynamische Neueinschätzung ist gekommen. Die einheimische Tradition bildet die Basis der hermetischen Tradition. Nun geht die hermetische Tradition in der Gestalt des späten neunzehnten Jahrhunderts unter und muß im Licht von New Age-Vorstellungen ersetzt und umgestaltet werden. Wir wissen nun alles: die Welt ist katalogisiert, enthüllt, erforscht. Es gibt nichts mehr zu suchen – außer im Inneren: das Mysterium von uns selbst und unseren inneren Ebenen. Als zivilisiertes Volk haben wir jeden Sinn für eine reale innere Perspektive verloren: die Mythologien der enthüllten Religion sind durch zeitgenössische Neuformulierung im wesentlichen irrelevant geworden. Auf den niedrigsten gemeinsamen Nenner reduziert, können sie den durchschnittlichen Sucher nach spiritueller Nahrung nicht mehr reizen oder erfüllen. Der ausgebildete Schamane, Magier, Mystiker ist eine Anomalie in der modernen Welt. Landkarten der inneren Welt sind ebenso selten wie Landkarten der Schatzinsel. Wir haben unsere innere Währung auf dem Weg in die Zivilisation und den industriellen Fortschritt verloren. Es gibt nur wenige Lehrer, aber viele Sucher. Wie soll man sie ernähren? Wir geben unseren Kindern Steine anstatt Brot, wenn wir sie aus der Kindheit ins Erwachsenensein zwingen ohne die heilende Geschichte, die rituelle Antwort, die innere Dimension, die die irdische Welt durch ihre Berührung transformiert. Die Welt schreit nach einer besseren, leuchtenderen Vorstellung: doch sie wird sie nicht im Materialismus und spirituellen Gemeinplätzen finden.

Wir sind vernünftig genug, nicht alle alten Wege spirituellen Überlebens über Bord zu werfen. Jetzt, wie nie zuvor, befaßt sich die Welt mit einer großen Wiederentdeckung ihres spirituellen Erbes, und obwohl wenige sich ihrer Rolle in diesem Prozeß bewußt sind, gehören immer mehr zu den Lernenden. Es wird schwierig sein, unsere Verbindung mit der fernen Vergangenheit zurückzuverfolgen, ebenso wie der Versuch, unsere matrilinearen Vorfahren zu entdecken – eine anspruchsvolle Aufgabe, die intuitive und sensible Forschung erfordert. Im Westen trägt das Kind den Namen des Vaters; die mütterliche Linie wird bald vergessen. Wir wissen alle gut genug über unser patrilineares exoterisches Selbst Bescheid; doch über unser matrilineares esoterisches Selbst bleiben wir weitgehend unwissend.

Der westliche Weg birgt viele der Geheimnisse unserer Verwandtschaft mit der Erde. Wie wir in Kapitel 2 zu zeigen hoffen, hütet er das Wissen darüber, wer wir *wirklich* sind und kann uns die Schlüssel zu unserer wahren Herkunft überreichen.

Doch lassen Sie sich nicht zu dem Gedanken verleiten, daß dieses nur ein weiteres System ist, das Ihnen schnelle Reichtümer oder kosmisches Wissen garantiert. Der Weg ist oft weit und hart, er erfordert große Disziplin und Hingabe. Es gibt wenige Abkürzungen. Wir befassen uns mit Fragen persönlicher Identität und der Beziehung zu einer Tradition, die so alt oder älter als die Geschichtsschreibung ist. Wir befassen uns nicht zuletzt mit unserem Platz im Kosmos. Was Sie zwischen diesen Seiten finden werden, ist eine Reise – lang und manchmal merkwürdig –, die Sie nach innen ins Zentrum des Labyrinths des Seins und wieder hinaus führt. Bis zu welchem Punkt man schließlich gelangt, hängt vom Individuum ab – was er oder sie mit zur Arbeit bringt und von seinen oder ihren Absichten. Wir haben nur den Stoff unserer gewöhnlichen irdischen Hülle zur Verfügung. Für den Rest wird man in den Kräften und Energien der Traditionen selbst einen Richtungssinn und eine Reisegeschwindigkeit finden.

Es gibt weder einen Aufsichtsrat noch eine zentrale Autorität, die den westlichen Weg regiert. Keine Kirche, keinen Papst, keinen Hexenkönig. Statt dessen gibt es unvereinbare Bewegungen und Gruppen, von denen einige nicht sehr glücklich miteinander wären, doch in denen man das Siegel des westlichen Weges erkennen kann. Dieses Siegel ist auch ein Wiedererkennungszeichen zwischen den Individuen, die dem gleichen Pfad folgen. Dieser Siegelabdruck mag von Stolz und Bigotterie überlagert, hinter Angst und Unsicherheit verborgen sein, doch er ist immer offenbar – eine gemeinsame Verwandtschaft, die die westliche Mysterientradition in eine lose Familieneinheit bindet.

Zu keiner Zeit befürwortet der westliche Weg einen Rückzug von der realen Welt. Die westliche Esoterik hat die spirituellen und materiellen Welten immer in eine Einheit integriert: der Weg des Sadhu, Sannyasin und des Mönchs war immer der eines Spezialisten. Wir selbst haben uns nicht zur Aufgabe gemacht, jemanden zu irgend etwas zu bekehren. Was wir geschrieben haben, mag Ihren Pfad enthüllen oder den Pfad, den Sie bereits gegangen sind, in einem klareren Licht zeigen. Es gibt heute so viele Menschen, die aus einer Tradition ausgetreten sind oder nie einer angehörten, daß gewisse Übereinkünfte, die einst üblich waren, nicht mehr vorausgesetzt werden können.

Es ist nicht unsere Absicht, Neu-Heiden irgendeiner offenbaren Religion entgegenzustellen. Im Heraufdämmern des neuen Wassermannzeitalters suchen viele Menschen das «Gute und Wohlgefällige und Vollkommene» (Römer 12,2) wo immer sie es finden. Systematisierung ist kein Wassermann-Gedanke: verborgene spirituelle Disziplinen und abgekapselte esoterische Gruppenarbeit werden nun zugunsten individueller persönlicher Verpflichtung und öffentlicher Meditation aufgegeben. Aus der Einzelarbeit entspringt jedoch viel Verwirrung, und der Verpflichtung fehlt der Schwung, wenn der Enthusiasmus erlahmt. Die Erkenntnis, daß alle Religionen und spirituellen Systeme zu einem gemeinsamen Ziel zusammenfließen, ist eine Stärke. Wir hoffen, daß diejenigen, die bereits einem bestimmten Pfad folgen, ihre Bewußtheit und Verpflichtung diesem gegenüber vermehren, in Anbetracht dessen, wie weit sie seinen Ansprüchen gerecht werden und inwieweit sie ausgerüstet sind, seinen Herausforderungen zu begegnen. Wir hoffen, daß diejenigen, die sich abmühen, ihren Pfad zu erhellen, ihn finden werden, vielleicht nicht als Resultat der Lektüre dieses Buches, sondern als Reaktion darauf. Wir bitten den Leser, zu benutzen, was immer für ihn persönlich nützlich ist, das Material in brauchbarer Weise zu individualisieren – dabei die besonderen Instruktionen beachtend, die einigen Übungen vorausgehen.

Das Ergebnis dieser inneren Reise ist die Wiederentdeckung unserer eigenen traditionellen Weisheit, die häufig durch Symbole in Träumen oder Einsichten, die wir durch Meditation gewinnen, offenbar wird. Die Obhut über die westlichen Mysterien lag bis vor kurzem in den Händen esoterischer Orden und ihrer Anhänger; die Dinge haben sich zunehmend verändert und werden sich noch drastischer ändern. Die esoterischen Schulen haben ihre Arbeit gut gemacht, indem sie das Wissen über die Mysterien in der Welt ausgesät haben; doch die Zeit kommt näher, in der die Symbole und Systeme durch einen Zufluß neuen und doch uralten Materials regeneriert werden, das aus dem Innern der Gruppenseele und dem Erbegedächtnis gewöhnlicher Menschen auftaucht.

Die Enthüllungsarbeit hat auf vielen Ebenen und innerhalb vieler Disziplinen bereits begonnen. Wir haben nicht alle die Anlagen, Mystiker, Magiere, Heiler oder weise Frauen zu werden; doch kraft unserer Herkunft und unseres Standortes im Westen sind wir die Erben des westlichen Weges. Während es immer besondere Vermittler geben wird, besteht der neue Weg darin, persönliche Verantwortung für unseren inneren Pfad zu übernehmen. Wenn Sie den Mut haben, einige der Techniken und Übungen in diesem Buch auszuprobieren, dann werden Sie sich selbst in der Lage sehen, mit der westlichen Mysterientradition in Kontakt zu kommen und zu arbeiten.

Die Obhut geht, so war es immer, auf die nächste Generation über: doch mit einem Unterschied. Die Betonung wird nun auf individueller Arbeit liegen, entweder an alten Stätten oder zu Hause – stets auf der Suche nach einer engeren Affinität zu der Tradition, die uns schon einmal gelehrt hat und uns wieder lehren wird, wenn wir ihr die Chance geben.

In der Tat sind Sie, die Leser dieses Buches, die neuen Wächter. Es ist Ihre Generation, die die Fäden des großen Gewebes in Händen hält, welches den westlichen Weg ausmacht. Es ist an Ihnen, die Webarbeit forzusetzen, die aus unzähligen Einzelfäden gesponnen ist, die zusammen das wunderbare Muster unserer Tradition ergeben.

Anmerkungen zu den Übungen in diesem Buch

Für jede der Techniken in diesem Buch gibt es eigens Anweisungen, aber ein paar allgemeine Bemerkungen an dieser Stelle mögen den unerfahrenen Übenden über einige Dinge aufklären. Wir glauben, daß der westliche Weg ein lebendiger Pfad ist, nicht ein theoretisches Konzept, und daß Sie, der Leser, ein Recht haben, Ihre eigenen Erfahrungen damit zu machen. Wie bei einem guten Kochbuch ist jede Übung geprüft und erprobt worden. Die Herkunft der Techniken variiert: unsere eigene Arbeit innerhalb des westlichen Weges lieferte uns die Basis, und für die Substanz haben wir frei aus mündlicher Tradition, schriftlicher Überlieferung und empfangenem Material geschöpft. Bei der Auswahl des Materials haben wir uns bemüht, nicht sektiererisch zu sein – der westliche Weg ist mannigfaltig, indem er sowohl Heiden, Christen und Kabbalisten mit Priestern, Hexen und Magiern verbindet, als auch andere fromme Seelen einschließt, die zur gesamten Skala der New Age-Gruppen gehören. Die Übungen sind für den einzelnen Leser, der wenig oder keine Erfahrung hat, entworfen, aber jede ist auch für den Gebrauch in Gruppen anwendbar und kann von denen, die sich auskennen, sinnvoll «erweitert» werden. Einige Übungen können ohne vorherige Bezugnahme auf andere nicht gemacht werden, aber ansonsten haben wir nicht versucht, eine Einstufung vorzunehmen. In der Reihenfolge ihres Erscheinens genommen, wird ein logischer Fortschritt durch die Mysterien entstehen.

Alle Übungen sollten Sie, wenn nicht anders angegeben, bequem in einem aufrechten Stuhl sitzend und in einer störungsfreien Umgebung ausführen: Stellen Sie Ihr Telefon ab, und verständigen Sie Ihre Familie, daß Sie eine Stunde lang nicht gestört werden möchten. Bei Übungen im Freien, besonders an heiligen Stätten, ist die Wahrscheinlichkeit der Unterbrechung groß: Obwohl es schwierig ist, sich mitten in der Touristensaison auf ein heiliges Erdzentrum einzustimmen, so ist es doch möglich, wenn ein Mindestmaß an gesundem Menschenverstand und ein Höchstmaß an Konzentration gegeben ist. Es wird vorausgesetzt, daß sich der Leser bewußt ist, welche Bedeutung ruhiger rhythmischer Atmung und körperlicher Entspannung bei der Ausführung der Übungen zukommen. Ohne diese beiden ebensooft betonten wie selten angewandten wesentlichen Voraussetzungen werden Ihre Übungen nur unbedeutende Resultate zeitigen.

Die Meditationen in diesem Buch können auf zwei Arten durchgeführt werden. Entweder Sie lesen die Anweisungen durch und lernen diese auswendig, oder Sie nehmen sie auf Band und führen die Übung durch, während Sie zuhören. Pfadarbeiten, wie man Meditationen heute oft nennt, stammen von der kabbalistischen Methode der Arbeit auf den Pfaden des Lebensbaumes – man sollte sie nicht mit den Techniken von Phantasiereisen verwechseln, die psychologische Schulen häufig verwenden. Wenn Sie sich dafür entscheiden, die Meditationen auf Band zu nehmen, denken Sie daran, genügend lange Pausen zwischen den Texten zu lassen, wo Sie das Bedürfnis haben könnten, zu visualisieren oder über das Gesagte nachzudenken. Die Technik der Pfadarbeit ist leicht zu lernen: Sie gleicht dem Zuhören einer Geschichte, nur daß Sie selbst der Protagonist sind. Anstatt sich selbst wie auf einem Fernsehschirm zu sehen, *seien Sie da*, mit aller Klarheit Ihrer visuellen Kräfte; sie sollten die Szenen vor sich wie aus den eigenen Augen betrachten und nicht sich selbst bei einer Tätigkeit beobachten – was darauf hinweisen würde, daß Sie nicht in Übereinstimmung mit der Pfadarbeit sind.

Unmittelbar nach der Meditation und, in der Tat, nach jeder Übung schreiben Sie Ihre Impressionen nieder. Wie Träume werden Sie Ihnen sonst entfallen. Aufzeichnungen Ihrer Arbeit sind eine nützliche Kontrolle für die Zukunft, in der Sie vielleicht den Wunsch haben werden, Ihre Fühler nach anderen Forschungsbereichen auszustrecken. Meditation ist ein Mittel, Ihre eigene Innenwelt, die an die Anderwelt angrenzt, zu erforschen (siehe Kapitel 4). Die Realität, die Sie in der Anderwelt treffen, ist innerhalb ihrer eigenen Grenzen beständig, und wenn Sie ihrem Kodex folgen, sind Sie sicher: Folgen Sie dem vorgeschriebenen Weg, respektieren Sie die Hüter, und achten Sie auf Grenzsteine. Pfadarbeit ist nicht eine Art Phantasiespiel mit Kerkern und Drachen, also bewahren Sie Ernsthaftigkeit ebenso wie Ihren Sinn für Humor. Sollten Sie mal einen falschen Schritt machen, sollten Sie jemanden treffen, den Sie nicht erwartet haben, oder an ein schreckliches früheres Ereignis in Ihrem Leben erinnert werden, dessen Betrachtung sehr schmerzhaft ist, geraten Sie nicht in Panik; alles dies sind Wegweiser auf Ihrem Pfad. Meditation neigt dazu, unvollkommen integrierte Aspekte der Persönlichkeit zutage zu fördern, aber das Thema der Mysterien lautet «Erkenne dich selbst». Lernen Sie, nicht vor Ihren Neigungen davonzulaufen, sondern ihnen entgegenzugehen; beginnen Sie, Verantwortung für Ihre persönliche Entwicklung zu übernehmen, und Ihr spirituelles Wachstum wird stetig fortschreiten.

Ihre Erfahrungen werden außerordentlich verschieden von denen anderer sein. Obwohl es manchmal hilfreich ist, Aufzeichnungen mit denen der Mitreisenden auf dem westlichen Weg zu vergleichen, kann es auch verwirrend und nachteilig für Ihren Fortschritt sein, zu versuchen, mit jemandem über Ihre Entdeckungen zu sprechen, der sich nicht mit ähnlicher Arbeit befaßt. Wir sagen dies nicht, um Geheimniskrämerei zu fördern oder Mißtrauen unter Ihren Freunden zu erwecken, sondern weil jeder die Erkenntnisse, die dieser Pfad mit sich bringt, *für sich selbst* erfahren muß. Wie sehr Sie andere Menschen auch lieben, Sie können die Erleuchtung nicht um ihretwillen erlangen: Diese Menschen müssen ihren eigenen Weg machen, ihre eigene Metapher finden und ihre eigenen Erkenntnisse gewinnen. Jeder von uns hat das Ziel, seine individuellen Fähigkeiten zu vertiefen und seine Beziehung zur spirituellen Evolution unseres Planeten klarer wahrzunehmen – nicht um der Selbsterhöhung willen, sondern um Erkenntnis über seine körperlichen, psychischen und spirituellen Mittel zu gewinnen und diesen zu ermöglichen, effektive Werkzeuge im Dienste des Kosmos zu sein. Dieses Modell des Dienens liegt der Arbeit des westlichen Weges zugrunde und sollte von jenen im Auge behalten werden, die Gewissensbisse haben, weil sie in scheinbar eigennütziger Weise an sich selbst arbeiten. Jedes Maß an Erkenntnis, die Sie über sich selbst gewinnen, hat einen positiven Effekt auf die Welt um sie herum. Weltmächte scheinen Ihr Leben zu steuern, aber tatsächlich hat jeder von uns einen Beitrag zur Selbst-Herrschaft zu leisten.

Bei Meditationen ist es nützlich, eine Art Eröffnungs- und Abschlußmotto zu haben, um Ihre Wirkungsfelder gegeneinander abzugrenzen. Diese Wahlsprüche werden gebraucht, um Verwirrung zwischen den physikalischen und physischen Ebenen zu vermeiden und um sowohl geistige Ausrichtung als auch rechte Absicht herzustellen. Wir haben weiter unten einige Vorschläge dazu angeboten, aber wenn sie Ihnen nicht gefallen, schreiben und verwenden Sie Ihre eigenen – sie werden weitaus wirksamer sein als Mottos, die von anderen geschrieben sind und gedankenlos angewendet werden. Wie die Kelten, die in Gegenwart Fremder Eide bei «den Göttern meines Stammes» schworen, können Sie völlig nach Belieben das gleiche tun.

Um eine Meditation zu beginnen, stellen Sie sich selbst als Pilger gekleidet vor, gerade dabei, zwischen den Welten hindurchzugehen. Sagen Sie das Folgende:

> Ich steh hier mit Bündel und Stab an der Schwelle;
> Möge Gott (die Götter) mich beschützen, von hier bis zur Quelle.

Sich unter Schutz zu begeben, heißt nicht notwendigerweise, Tod und Teufel zu erwarten, sondern es zeigt, daß Sie Ihre innere Reise mit einer Absicht unternehmen – und das ist wahrscheinlich die wichtigste Bedingung von allen. In dem folgenden Gesang können Sie den Namen Ihres spirituellen Beschützers durch Ihr persönliches oder Ihr Klan-Totem (siehe Übung 1) ersetzen:

> Von Licht zu Licht,
> Von dieser Welt zur Anderwelt,
> Über die Schwellen,
> Im Namen von (Beschützer) komme ich, das (Symbol oder Totem) tragend.

Zur Rückkehr aus der Meditation können Sie den Eingangsgesang mit der Absicht zurückzukommen wiederholen oder den zweiten Gesang folgendermaßen verändern:

> Aus der Anderwelt in meine Welt,

wobei Sie sich intensiv Ihr persönliches Symbol vorstellen. Viele Menschen verwenden das einfache Mittel imaginärer, sich öffnender und schließender Türen oder Vorhänge.

Schließen Sie ganz bewußt jegliche esoterische Arbeit vom übrigen Teil Ihres Lebens aus: Dies ist vernünftige psychische Hygiene, die oft vernachlässigt wird. Wenn Sie je nach Ihrer Kontoabrechnung oder nach einem heftigen Streit mit einem Freund versucht haben, eine Nacht gut zu schlafen, dann werden Sie wissen, wovon wir sprechen. Eine schnelle Versiegelungsgeste, mit Absicht ausgeführt, nimmt nur einige Sekunden in Anspruch und ist besser, als Ihre Psyche auf Hochtouren laufen zu lassen.

Keine der Übungen in diesem Buch ist schädlich, wenn Sie den Instruktionen genau folgen und Ihren gesunden Menschenverstand benutzen. Jede Technik, die die Entwicklung wenig genutzter Fähigkeiten fördert, kann zu Anfang verwirrend sein, also erwarten Sie in den ersten paar Wochen gewisse Umwälzungen Ihres Bewußtseins. Erinnern Sie sich an Ihren ersten Schul- oder Arbeitstag – wie müde Sie waren und wie wenig Lust Sie hatten, diese Erfahrung zu wiederholen. Nun, diese Übungen könnten genauso sein. Desgleichen kann jede Technik von den Individuen, die sich selbst für Experten auf jedem Gebiet halten, mißbraucht werden (lesen Sie Frannys Erfahrung des orthodoxen Jesusgebets in *Franny und Zooey* von J.D. Salinger, 222). Allgemein gesprochen, machen Sie nur eine Übung gleichzeitig, bis Sie verstehen, wie sie funktioniert. Schließlich würde auch niemand den Versuch unternehmen, in einer Woche Griechisch sprechen, Auto fahren oder Cello spielen zu lernen. Der westliche Weg wird warten, also seien Sie geduldig mit sich selbst, und nehmen Sie sich Zeit, jede Technik zu meistern. Es gibt hierbei keine schnellen Automatenergebnisse und keine «richtigen» Antworten. Sie allein besitzen dafür den Schlüssel. Denn ohne Ihre Mitwirkung sind die Techniken wertlos.

Es geht uns hier nicht darum, übersinnliche Phänomene zu fördern oder zu produzieren. Zweifellos finden Parapsychologen und übersinnliche Stümper viel Informatives und Unterhaltsames an verbogenen Löffeln und schwebenden Streichholzschachteln, doch der Produzent unverlangter übersinnlicher Phänomene bringt sowohl Familie und Freunde als auch sich selbst in Verlegenheit – er braucht Hilfe, nicht Ermutigung. Genau wie Epilepsiekranke medizinische Unterstützung brauchen, um mit ihrer Behinderung fertig zu werden, so muß das wahre Medium oder der Sensitive die Natur und die Probleme seiner übersinnlichen Gaben verstehen. Wer dem westlichen Weg folgt, braucht sich weniger damit zu befassen, übersinnlich zu werden, als Klarheit über ihr oder sein eigenes Potential zu gewinnen, Wege zu öffnen, ein Wanderer zwischen den Welten von Geist und Materie zu sein, traditionelle Weisheit innerhalb des menschlichen Existenzplans zu ererben und auszuüben, dunkle Stellen im menschlichen Bewußtsein zu erhellen. Je intensiver Sie sich mit innerlicher Arbeit befassen, um so stärker werden Sie Ihr Wesen für die Mechanismen beider, der inneren und äußeren, Welten sensibilisieren: Lebenslektionen werden häufiger auftauchen, wenn Sie an den subtilen Veränderungen und Störungen der Erde selbst teilhaben. Dies mag zu Anfang beunruhigend sein, aber allmählich werden Sie lernen, mit dem inneren Druck, der manchmal entsteht, umzugehen. Mit schwachen Kopfschmerzen müssen Sie bei dieser Arbeit von Zeit zu Zeit rechnen. Bei Beginn eines physischen Problems, wie gering auch immer, überprüfen Sie, ob Sie sorgfältig versiegeln, und «erden» Sie sich selbst mit einer guten heißen Mahlzeit nach dem Meditieren. Wenn Sie krank, deprimiert oder sonst nicht gut in Form sind, lassen Sie die Techniken in Ruhe, bis Sie sich besser fühlen. Sie sind für den praktischen täglichen Gebrauch gedacht, und wenn Sie sich unter Druck fühlen und Ihre Lebensumstände emotional geladen sind, dann sind die Techniken eine Last, auf die Sie verzichten können. Seien Sie also auf der Hut davor, die Anderwelt, Ihre innere Landschaft, als einen Zufluchtsort vor Traumata im Alltag zu benutzen. Wenn Sie sich selbst auf allen Ebenen, äußeren und inneren, antreiben, kann dies die Vitalität Ihrer physischen Hilfsmittel sehr erschöpfen, was darin resultiert, daß der ätherische Körper sehr dünn wird und wenig Schutz bietet. Das einzige Heilmittel sind regelmäßige Ruhepausen, Entspannung und völlige Abwechslung von innerer Arbeit. Lesen Sie harmlose Romane statt bildender Literatur; sehen Sie fern oder machen Sie Gartenarbeit, aber verstärken Sie die innere Arbeit nicht. Machen Sie diese Übungen nicht, falls Sie Drogen nehmen, ob zum Vergnügen oder aus medizinischen Gründen. Halluzinogene weisen nur scheinbar den schnellen Weg zum Nirwana, aber viel häufiger enden sie in einem Kurzschluß statt in einer Abkürzung. Welchen Weg Sie auch gehen, die Wahrheit bleibt dieselbe: Sie können nur mit Ihrer eigenen Geschwindigkeit vorankommen. Raketenantrieb wird Ihnen nicht helfen, und der Druck könnte Sie zermalmen. Wenn Sie in einer Verfassung sind, die ärztlich verschriebene Medikamente erfordert, sollten Sie innere Arbeit nicht versuchen, solange dieser Zustand anhält. Unausgeglichenheit im Körper ist das Ergebnis innerer Störungen Ihres Wesens, und wenn die Medikamente diese Unausgeglichenheit bis zu einem gewissen Grade beheben, so dringen sie oft nicht zur eigentlichen Ursache vor.

Allein den westlichen Weg zu gehen kann zeitweise eine einsame Angelegenheit sein; nichtsdestoweniger gibt es eine echte Gemeinschaft zwischen den Praktizierenden des Weges, die Zeit und Raum transzendiert. Die Meilensteine auf dem Weg, die Hüter, die Sie auf dem Weg treffen, sind von anderen vor Ihnen erkannt und erfahren worden und werden es von denen, die nach Ihnen kommen, wieder sein. Die Autoren wünschen Ihnen eine erfreuliche und glückliche Reise in unser Erbe. Sie sind daran interessiert, von jedem zu hören, der ungewöhnliche oder interessante Erfahrungen gemacht hat, die das Ergebnis der Langzeitanwendung dieser Technik sind. Ein frankierter und adressierter Umschlag, der an den Herausgeber dieses Buches geschickt wird, erreicht uns sicher.

Am Ende des Buches ist eine Diskographie, die helfen mag, passende Begleitmusik für die Übungen zu finden, bei denen sie angebracht ist. Musik ist die größte Pforte zu den Mysterien, obwohl wir heute durch den, uns auf Schritt und Tritt begleitenden Musiksalat für ihre Wirkung so desensibilisiert sind, daß es einige Zeit dauern kann, uns auf ihr volles Potential einzustellen.

KAPITEL 1

Die Alte Religion

Der Kult-Mensch steht allein in Pellams Land…
er kann neue und alte Dinge hervorholen…
die Dinge kommen vom Himmel herunter zusammen mit dem bewahrten Andenken.

David Jones: *Anathemata*

In den alten Tagen, als wir ein starkes und glückliches Volk waren, kam all unsere Kraft aus dem heiligen Ring der Nation zu uns, und solange der Ring nicht zerstört war, gedieh das Volk. Der blühende Baum war das lebendige Zentrum des Ringes, und der Kreis der vier Himmelsrichtungen nährte ihn.

John G. Neihardt: *Black Elk Speaks*

Ritus und Vorzeit

«Es war einmal eine Zeit, da gab es keine Zeit, und es war damals als…» ist die traditionelle Eröffnung einer Geschichte, vorgetragen von einem bretonischen Erzähler, der sein Publikum damit unmittelbar in einen anderen Existenzbereich versetzte. In dieses «es war einmal» müssen wir gehen, um die ersten Spuren des westlichen Weges zu finden, denn unsere Geschichte innerhalb geschichtlicher Aufzeichnung zu beginnen, hieße den wichtigsten aller Anfänge auszulassen. Es ist diese «Nicht-Zeit», in der wir die Anderwelt finden – eine Dimension, wo die Götter immer noch in der inneren Landschaft unserer spirituellen Heimat leben. Die Anderwelt ist das westliche Äquivalent für die Traumzeit der Aborigines. Sie ist keine Erinnerung an die Vergangenheit noch ein Überbleibsel eines goldenen Zeitalters, sondern eine lebendige Gegenwart, wo Vergangenheit und Zukunft sich treffen und vereinen.

Der Bereich dieses ersten Bandes ist innerhalb der Welt und der Arbeit des Schamanen und der Schamanka, seines weiblichen Gegenstücks, enthalten. Zusammen mit ihren linearen Nachkommen sind sie die einheimischen Traditionalisten, die in einem bekannten und vertrauten Muster arbeiten, das sich aus den frühesten Stammesbewußtseinsebenen entwickelt hat. Die gegenwärtige Zunahme des Interesses und die Wiederbelebung der alten Religion haben dazu geführt, daß die Ereignisse und Glaubenshaltungen der Vorzeit ins Scheinwerferlicht ehrerbietiger Ehrfurcht gerückt sind: die Wiedererwecker der einheimischen Tradition neigen dazu, schamanistische Riten und primitive Glaubenshaltungen sklavisch zu imitieren, als habe es die dazwischenliegenden Jahrhunderte nicht gegeben. Wenn und wo diese Praktiken relevant für modernes Leben sind, sind die Erfahrungen der Alten Religion und des Schamanen völlig gültig: die wesentlichen Grundideen und das alte Wissen von der Vorzeit an sind uns über die Anderweltreise zugänglich (siehe Kapitel 4 und Übung 8), wo die archetypische Weisheit bewahrt ist. Aber um Irrtümern vorzubeugen, müssen wir bedenken, daß das Leben in der Vorzeit hart war und Religion keine Freizeitbeschäftigung, der man ausschweifend frönen konnte. Religion war eine fundamentale Art, das Leben zu leben. Magie, wie wir sie verstehen, existierte nicht: das ganze Leben war in gewissem Sinne magisch. Doch es gab nichts innerhalb der Schöpfung, das wahrhaft übernatürlich war. Diese scheinbar widersprüchlichen Feststellungen resultieren aus jeglichem Versuch, in die Vorzeit – in der das Leben mit der numinosen Natur der Götter erfüllt war – vom heutigen Standpunkt aus einzudringen – von dem aus alles aus wissenschaftlicher Sicht erklärbar ist.

Bevor wir den Versuch unternehmen, müssen wir verstehen, wo wir uns in bezug auf das Bewußtsein befinden, denn der westliche Weg ist vor allem der Pfad des Bewußtseins und seiner Entwicklung. Symbolische Wahrheit ist heute so wahr wie in der Vorzeit, doch der Weg dieser Wahrheit – oft durch Bilder, Geschichten oder Musik vermittelt – verändert sich mit der Entwicklung des Menschheitsbewußtseins. Entsprechend dem vorherrschenden Bewußtsein an einer beliebigen historischen Kreuzung in der linearen Zeit werden verschiedene Ebenen symbolischer Wahrheit enthüllt. Die Entwicklung und Entfaltung des menschlichen Bewußtseins ist der motivierende Faktor auf dem westlichen Weg; es ist der Impuls, der den Suchenden, vom Schamanen bis zum Wissenschaftler, auf den Pfad bringt, entschlossen, die verbindenden Faktoren zwischen physischen oder äußeren und spirituellen oder innerem Leben zu finden. Die Fähigkeit, diese Faktoren zu verstehen und gleichzusetzen, hängt von der Bewußtseinsebene ab, die man bei dieser Suche einbringt.

Die ersten Schritte auf dem Weg macht man innerhalb der einheimischen Tradition, in der Stammes- oder Kollektivbewußtsein vorherrscht: aus dem Stamm geht der Schamane hervor, der mit individuellem Bewußtsein experimentiert – der nächste Schritt –, indem er sich mit dem numinosen Wesen der Schöpfung, wie es von den Göttern personifiziert wird, identifiziert und diese Erfahrung synthetisiert und dem Stamm in angemessener Form übermittelt. Den notwendigen nächsten Schritt zum Individual-Bewußtsein können nicht alle gleichzeitig machen: diese Evolution braucht viele Generationen und wird zum Teil durch die Gegenwart und Arbeit des Schamanen und einer wachsenden Zahl Eingeweihter erreicht, die bereits begonnen haben, den Übergang innerhalb des Stammes zu vollziehen. Die einheimische Tradition jedes Landes führt ihr Volk auf die lange Reise vom Stammes- zum Individualbewußtsein, ebenso wie die hermetische oder esoterische Tradition versucht, den Menschen vom individuellen zum kosmischen Bewußtsein zu führen, in welchem die entwickelte Menschheit ihre kollektive Verantwortung wahrnehmen wird (Abb. 2).

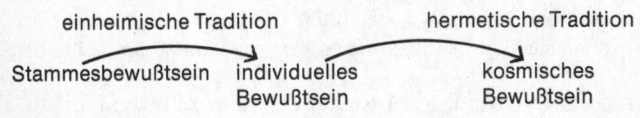

Abb. 2

Die Aufgabe von Religionen, sowohl alten als auch neuen, war, diesen evolutionären Prozeß durch die ihnen zur Verfügung stehenden Mittel unermüdlich zu predigen. Den variierenden Erfolg dieser Bewegung kann man mit einer schnellen geistigen Erkundung der eigenen Lebenserfahrungen bis zum gegenwärtigen Zeitpunkt beurteilen. In der Vorzeit begann diese Suche mit Hilfe eines Kontaktes mit dem Mineralienreich und den vitalen Energien der Erde, die zum Verständnis und zur Personifizierung dieser Energien mit Gott-Formen führten. Während die einheimische Tradition, von den unmittelbaren und vertrauten Kräften der Erde ausgehend, auf ein entwickeltes Verständnis eines kosmischen Plans oder einer einzelnen zentralisierten Gottheit hinarbeitet, ist der Weg der hermetischen Tradition die Wahrnehmung der kosmischen und hierarchischen Kräfte, die das Universum motivieren, und die Identifikation ihres Wirkens innerhalb elementarer und vorgestellter Gott-Formen – wie wir in Band 2* sehen werden.

Zur Zeit bemüht sich die westliche Welt noch, die letzten Überreste des Stammesbewußtseins abzuschütteln, die sich noch nicht von selbst gelöst haben. Die Wiederbelebung der Alten Religion in der Form der neu-heidnischen Bewegung und erneuten Interesses an den einheimischen Traditionen vieler Länder ist die Resonanz auf diese Bemühungen: durch sie wird das Beste der altererbten Weisheit zurückgeholt und die unverbesserlichen Formen als unangemessen abgelegt. Wir werden dieses Phänomen in Kapitel 5 näher betrachten und die Entwicklung der eingeborenen Tradition seit der Vorzeit einschätzen. Bevor wir dem Weg der Erde und der Götter folgen können, bevor wir uns zur Anderwelt einschiffen, müssen wir die Welt der Vorzeit betreten – das «es war einmal» unserer Vorfahren.

> Es gibt ein Ewiglebendes, in welchem Vergangenheit, Gegenwart und Zukunft eins sind, und wenn wir über die Vergangenheit nachdenken, mag es sein, daß wir durch unsere Intensität des Nachdenkens eben in dieser Vergangenheit leben. Es ist nicht nur in der Vision, daß wir unsere Vergangenheit wiedererleben; unsere Herzen mögen in sie hineinsinken und wissen, was andere gewußt haben,

schrieb der Dichter und Mystiker des neunzehnten Jahrhunderts «A.E.»[218]. Zu «wissen, was andere wußten» ist niemals leicht, und wenn wir Exkursionen in die Vorgeschichte der Vorzeit ma-

---

* Der westliche Weg, Band 2: Ein praktischer Führer zu Magie, Mystik und Alchemie (Nr. 8510), März 89 chen, brauchen wir eine atavistische Sensibilität, um mit den Augen unserer Vorfahren zu sehen und mit ihrem Bewußtsein wahrzunehmen. Stellen Sie sich eine Zeit vor, als Gefühl und Empfindung ein Mittel der Wahrnehmung waren, als die Menschen ein gemeinsames Bewußtsein teilten, auf unterbewußte Weise kommunizierten, sensibel für Wetterveränderungen – wie Tiere es sind –, des jahreszeitlichen Reigens bewußt und so tief mit dem Land verbunden, daß keine Entfernung davon möglich war. Dies waren die Erstgeborenen – wir sprechen nicht vom Neandertaler, mesolithischem oder Homo erectus, denn dieses sind nur zweckdienliche Bezeichnungen für ein paar alte Knochen. Alle Kulturen hatten ihre Vorzeit – tatsächlich durchleben einige primitive Völker die ihre immer noch –, und was hier geschrieben steht, mag für viele von ihnen gelten, zu Zeiten als die Landmassen, die wir heute als Kontinente kennen, noch miteinander verbunden und nationale Trennungen noch undifferenziert waren.

Die ersten Andeutungen von Gottheit waren ein feines Ineinanderübergehen vieler Auffassungen: von den Erdenergien, deren Strömungen zu natürlichen Erscheinungen von Hügeln, Flüssen und Bäumen kristallisierten; und von der stets anwesenden Macht der Vor-Vorfahren. Zu Beginn war es eine namenlose sensible Evolution, wenig mehr als eine Wahrnehmung der Merkmale, die Steine von Holz unterschieden und diese beiden wiederum von Fleisch oder Knochen. Die langsame Unbeweglichkeit des Steines, das schnelle flüssige Strömen des Wassers nahmen individuelle Charakteristika und Eigenschaften an. Feuer, Luft, Erde und Wasser waren die älteren Brüder der Menschheit, Energien, die man mit Respekt anerkannte und begrüßte, die Grundelemente des Lebens, die die Erde mit Macht oder *wakanda* ausstatteten, wie die Sioux-Indianer das große Mysterium der Erdgeister nannten.

Die Vorzeit war die Zeit der Namensgebung und Anerkennung. Wahre Namensgebung kommt erst nach der wahren Erkenntnis einer Sache. Während die englische Sprache Substantive nicht mehr nach Geschlecht unterscheidet, differenzieren viele Sprachen zwischen der Männlichkeit oder der Weiblichkeit der Dinge. Bevor Konzepte von Gottheit entwickelt waren, verstand man die Erde schon als weiblich – die Mutter, die Hervorbringende, die Ernährende: der Himmel dagegen wurde als männlich erkannt – der Vater, der Regnende, der Donnernde, der Scheinende. Der

wörtliche Name und das geistige Bild verbanden sich, um die Saat-
körner zu formulieren, aus denen die Götter wachsen würden. Die
Fähigkeit, Namen zu verleihen, zusammen mit der Kunst der Visualisierung, unterschieden den Schamanen vom Stamm. Die ersten Regungen der Einbildungskraft sind in der Fähigkeit, im Kopf
«ein Bild zu haben», wahrnehmbar. William Goldings *The Inheri-
tors*[89] gibt einen Einblick in das Bewußtsein der Vorzeit und die
Art, in der man Wahrnehmungen versuchsweise miteinander
teilte.

Orte waren von größter Wichtigkeit. Das Gefühl, zum Land zu
gehören, kann man klar der Aussage einer modernen australischen Aboriginal-Frau des Pitjantjara-Stammes entnehmen, die
sagte, daß die Leberflecke, Warzen oder Hautverfärbungen auf ihrem Körper die gleichen seien wie die Zeichen, die ihre Vorfahren
auf einem bestimmten Felsen an ihrem Geburtsort hinterließen.[169] Obwohl wir unseren Geburtsort immer noch als wichtig
anerkennen, an heiligen Stätten immer noch einen Schauer von
Macht verspüren oder uns sogar nach einem entlegenen Ort sehnen, den wir als unsere spirituelle Heimat empfinden, können wir
selten mit dem Netzwerk von Einflüssen vertraut werden, die
sich aufbauen, wenn eine Stätte immer wieder über viele Generationen hinweg besetzt wird. Die natürlichen Merkmale dieses Ortes nehmen für seine Bewohner freundliche Charakteristika an,
die zu spirituellen Kräften verschmelzen – der *genius loci* oder
Geist des Ortes. Das uralte Numen des Ortes kann man heute
noch bei alten Brunnen, Hügeln und Wäldern antreffen; obwohl
wenige sich noch etwas wünschen oder eine Gebetsfahne an einen
Zweig hängen, der *genius loci* bleibt.

Der Stamm war eine Einheit, eine erweiterte Familie: sein
gemeinsames Ziel war Selbsterhaltung und Überleben. Teil des
Stammes zu sein, hieß, einer der Familie zu sein: daraus ausge-
stoßen zu werden war fast der sichere Tod. Teil der Gebräuche,
Gesetze und Privilegien des Stammes zu sein, hieß, an der Gruppenseele des Stammesbewußtseins teilzuhaben. Dieses Stammesbewußtsein hatte sich über viele Generationen hin aufgebaut,
bis eine Gruppenseele zu wirken begann, die eine gemeinsame
Symbolik und Auffassung enthielt, welche durch heimische Bräuche aufrechterhalten und durch Traditionen rituellen Verhaltens
überliefert wurde. Das Ritual ist eine Methode, Dingen Form zu
geben und sich deshalb an sie zu erinnern, ein Weg, die Funktio-

nen der Menschheit innerhalb einer spirituellen Bezugssphäre zu kodifizieren, so daß die Taten und Verantwortlichkeiten der Stammesvorfahren dem Stamm überliefert werden können. Stammesbewußtsein ist in der Regel im Hier und Jetzt konzentriert, es befaßt sich mit den magnetischen Beziehungen zwischen Körper und Erde; Stammesriten reflektierten diese Besessenheit in dem Kult, bei dem der abgeschlagene Kopf, die Knochen der Vorfahren und das Opferblut über die Steine ausgeschüttet wurden.[33] Die wiederkehrenden Rhythmen von Leben und Tod waren Stammesrealität, und diese sind die Basis, von der diejenigen uralten historischen und religiösen Eingebungen stammen, welche heute noch unsere Meinung beeinflussen. Die frühen Verschlüsselungen der Stammesrituale sind immer noch in uns, manchmal schließen sie irrationale und irrige Glaubenshaltungen ein, bei anderen Gelegenheiten geben sie uns Zugang zur Gruppenseele unseres Volkes und seiner kraftvollen Weisheit. Weil diese Rituale in der Erde begründet sind, mag es leicht sein, ihre Wirksamkeit für unsere heutige Zeit zu verspotten, aber wir müssen uns erinnern, daß «die schwere Materie, durch die wir uns bewegen, nicht die Anti-These kosmischen Bewußtseins ist, sondern ihr dichtester und schwerfälligster Ausdruck [ist]»[216]. Die ersten Regungen des Bewußtseins erscheinen häufig roh und barbarisch, aber *im Kontext ihrer Zeit* sind sie gültige Zeichen für den Versuch eines Volkes, Beziehungen zu den verborgenen Realitäten hinter den Erscheinungen herzustellen; sie sind die Grundlagen der Religion.

Für die Zeit, von der wir sprechen, ist das Wort «Religion» eine falsche Bezeichnung; dennoch ist eine Erklärung des Begriffes «Alte Religion» notwendig. Es ist ein Begriff, der normalerweise in völlig verschiedenen Kontexten benutzt wird und den die Mitglieder gegensätzlicher Lager für ihre eigene Vorgeschichte verwenden: die katholische Kirche (für sich selbst) nach der Reformation in den Ländern, wo Katholizismus verboten war, um ihn von Protestantismus zu unterscheiden; und auch die heutigen Hexen für ihren eigenen angestammten Glauben. Wir werden diese beiden Faktoren zu gegebener Zeit diskutieren, aber im Kontext dieses Buches bedeutet «Alte Religion» die frühesten Formen einheimischen Glaubens. Sie umfaßt den riesigen Zeitraum von der Vorzeit bis zu den und einschließlich der Glaubensanschauungen der Kelten, die ihre eigenen Praktiken mit den älteren einheimischen Mustern verschmolzen.

Das Durcheinander und die Vielfalt, die der Alten Religion innewohnen, sind so groß, daß wir nicht jeden einzelnen Faktor in ihrer Struktur verfolgen können. In ihrer frühesten Form war es überhaupt keine Religion, wie wir sie verstehen; eher eine Weise, dem Leben Sinn zu geben, als ein formaler Ausdruck der Anbetung. Man kann davon eine Ahnung erhaschen, indem man sich die traditionellen Sprichwörter und Gebete von den Inseln und dem Hochland in Schottland ansieht, die von Alexander Carmichael in den *Carmina Gadelica*[42] gesammelt sind. Kein Aspekt des Lebens ist zu gering, um von einem eigenen besonderen Spruch und Segen ausgeschlossen zu werden: vom Bedecken des Feuers mit Asche für die Nacht und dem Segnen des Samenkorns für die Aussaat bis zur Anrufung gegen den bösen Blick und dem Zauber für Reisende.

> Möge der Mann in dieser Kleidung nie verwundet werden,
> Möge er keinen Schaden nehmen,

singt die Frau, die den Stoff auf ihrem Webstuhl webt, stets der lebensnotwendigen gegenseitigen Abhängigkeit von Belebtem und Unbelebtem gewahr. Die *Carmina Gadelica* wurden im späten neunzehnten Jahrhundert gesammelt, aber sie geben einen klaren Eindruck davon, wie auch Hausrat und Waffen am Leben ihrer Benutzer teilhaben. Jede alltägliche Aktivität hat ihren besonderen Segen, der ohne Gefahr nicht weggelassen werden kann; mit Reimen und Liedern wird laufende Arbeit ermuntert, um ihre Beständigkeit zu unterstützen; und der Schutz von Heiligen, Engeln und Elfen wird noch immer gesucht. Orte des Todes durch Unfall oder Gewalt haben ihre Mahnmale, doch nicht aus Stein, sondern in Klageliedern und trauriger Erinnerung. Die Toten selbst finden wenig Erwähnung, weil die Reiche der Lebenden und der Toten einander überlagern: das Tor zur Welt der Vorfahren ist immer offen.

Wir haben gezeigt, wie die erste Formgebung von Gottheit aus der Anerkennung des *genius loci* entstanden: dies war der erste Keim der Gott-Idee. Der zweite Keim stammte aus dem Ahnenkult. In der Vorzeit wurden die Toten sowohl beerdigt als auch eingeäschert. Die Vorbereitung für das Begräbnis führte man mit der gleichen Sorgfalt und Genauigkeit aus, als solle die tote Person in einer neuen Wohnung untergebracht werden. Nahrung und persönliche Gegenstände stellte man in das Grab, als sei der Tod nur eine andere Form des Lebens: genauso wurde er verstanden. Die Vorfahren waren die Mittelsmänner in der Anderwelt, die selbst eine Fortsetzung dieser Welt war. Die Vorfahren waren diejenigen, die vorher gegangen waren. Im Leben hatten sie geholfen, die grundsätzliche Form der Stammesexistenz zu etablieren, indem sie Verbindungsglieder in der Kette der Tradition waren und Stammesweisheit vermittelten. Ehrerbietung für die Vorfahren ist heute keineswegs erloschen. Die großen Totenfeste werden noch zelebriert, so in Südamerika, wo man Kerzen auf die Gräber der Vorfahren stellt, so auch in anderen Teilen der Welt, wo es üblich ist, den Verstorbenen Familienneuigkeiten zu erzählen.[34] Von den Taten der Ahnen berichtete man in der Vorzeit und vermittelte sie der nächsten Generation, wobei sie oft so an Bedeutsamkeit gewannen, bis der ferne Ahnherr einem Gott ähnlich wurde. Manchmal zeigen diese Wiedererzählungen, wie das Verhalten der Ahnen half, Stammesgesetze und Präzedenzfälle zu kodieren. Das irische *Book of Invasions*, in dem die Geschichte aufeinanderfolgender Invasionen verzeichnet ist, gibt viele solcher Präzendenzfälle an: der *erste* Ehebruch, das *erste* entzündete Feuer, der *erste* Jahrmarkt, den man zusammenrief – all dies sind Aktivitäten, an denen die Ahnen in der fernen Vergangenheit des Stammes teilnahmen, Erinnerungen, die eingekapselt und besungen wurden.[136] In diesen frühen Berichten erscheinen die Ahnen selten in Geschichten von glücklichem Familienleben, sondern in gewalttätigen Abhandlungen über chaotische Beziehungen und blutige Metzeleien. Ähnlich können wir in den walisischen *Triads*, bardischen Erinnerungen, in denen die Vorfahren und ihre Taten in Dreiheiten gefeiert werden, von den drei berühmten Schuhmachern, den drei Amazonen von Britannien und den drei unglücklichen Meuchelmorden lesen.[268] Hier sind die Maßstäbe und Vergleiche des Stammes, durch die sie an den mythischen Heldentaten der Toten-die-nicht-gestorben-sind teilhatten. Während jedermann Ahnen hatte, mit denen er in Kontakt treten konnte und die ihm halfen, bedurfte es eines spezialisierten Stammesmitglieds, um die Wirklichkeiten der Anderwelt zu interpretieren. In der Person des Schamanen, des Priesters, des Wanderers-zwischen-den-Welten finden wir die dritte Keimzelle der Gott-Idee und einen Anfang formalreligiösen Brauchs.

Wanderer-zwischen-den-Welten

Während jeder von uns ein «Erdwanderer» ist, können nur bestimmte Menschen die schamanische Funktion ausüben: dies sind die Medialen, die Sensitiven, die Mystiker und Träumer. In unserer Gesellschaft schließen wir solche Menschen aus Furcht und Unwissenheit vom Kreis des gemeinschaftlichen Lebens aus: für uns haben sie keinen nützlichen Sinn. Aber ein Stamm ohne einen Schamanen war ein Stamm ohne einen spirituellen Repräsentanten.

Die Schamanen waren die ersten Wächter des westlichen Weges, die ersten Hüter der Tradition. Obwohl das Wort «Schamane» eigentlich nach Sibirien gehört, ist es innerhalb der Alten Religion eher anwendbar als Hexe, Magier oder Priester, denn der Schamane oder die Schamanka erfüllten viele Rollen: Bewahrer des Wissens, Heiler, Prophet, Wahrsager, Zeremonienleiter sowohl als auch Botschafter und Dolmetscher für die Götter. Ein Schamane wurde geboren, nicht gemacht. Aber nur ein Schamane konnte einen anderen anlernen oder führen. Der Schamanen-Kandidat traf seine Ahnen oder das Stammestotem zum erstenmal auf der Initiationsreise, einer inneren Reise, auf der er einem anderweltlichen Beschützer oder Lehrer begegnen würde. Diese Initiation fand an einem isolierten Ort statt, an dem sich der Kandidat aufhielt, um die erste Begegnung mit Anderwelt-Realitäten zu haben, dabei oft dem Tode nahe durch die Prüfungen des Fastens oder der Selbstverstümmelung beim Aderlaß. Wenn erfolgreich, kehrte der Eingeweihte zum Stamm zurück und wurde von den Alten in die schamanische Funktion eingesetzt.[134]

Der Schamane war buchstäblich ein Wanderer-zwischen-den-Welten, einer, dessen Einstimmung auf beides, Stammesbewußtsein und die Götter, so fein war, daß er oder sie zwischen die verborgenen Parallelen von Leben und Tod schlüpfen konnte, zwischen diese Welt und die Anderwelt; der Schamane beeinflußte die Qualität der Gruppenseele auf Ebenen, die nicht direkt für das Normalbewußtsein wahrnehmbar sind. Wir können solche Mystiker vieler Religionen als Beispiel anführen – den christlichen St. Johannes vom Kreuz, den jüdischen Nahman von Bratislava und den islamischen Rumi –, die durch ihr schweigendes Zeugnis und innigen Kontakt mit den inneren Kräften ihres Glaubens die religiöse Gruppenseele durch intensive Meditation über die ihren

Religionen innewohnenden Bilder und Symbole gefördert haben, indem sie diese für andere außerordentlich eindringlich machten. Die Rolle des Schamanen war um so bedeutender, als seine oder ihre persönliche Offenbarung das Stammesbewußtsein formte, die Götter darstellte und benannte.

> Diese besondere und heilige Erkenntnis vom Universum wird in Lied und Gesang, Poesie und Erzählung, Bildhauerkunst und Malerei kodiert... Sie gibt dem Unergründlichen und Unfaßbaren Struktur und Kohärenz. Indem er das Unbekannte «macht», erhält der Schamane einen gewissen Grad an Kontrolle über die ehrfurchtgebietenden Kräfte des *Mysteriums*. [100]

Auf der Offenbarung und Visualisierung des Schamanen baute man die Alte Religion auf, und von ihnen leiten sich spätere Gott-Formen und spirituelle Praktiken her.

Während die Stammesmitglieder nur eine vage Vorstellung von der Schwelle, die die Welten trennt, hatten, konnte der Schamane nicht nur mittels Beobachtung von Holz, Stein und elementaren Kräften wahrsagen, er war auch äußerst sensibel für den Willen der Ahnen, der ersten Götter. Die ersten Geschichten von den Göttern erwuchsen aus dem Gewebe der Beziehung von einer innerweltlichen Energie zur anderen.

Der Schamane war auch der Wächter des Glücks- oder totemistischen Symbols des Stammes, das ähnlich mit den Vorfahren verbunden ist. Bestimmte heutige Hochland-Klan-Häuptlinge bewahren das Glückssymbol ihres Klans: die MacLeods besitzen die Feen-Flagge – ein anderweltliches Banner mit der Macht, den Klan vor Gefahr zu schützen. [171] Die Form des Stammestotems variierte: wenn der Stamm seine Abkunft von einem Tier herleitete, trug der Schamane ein Tierfell oder -horn bei großen Zeremonien. Oder es nahm die Form eines Steins oder Werkzeugs an, das entweder vom Schamanen oder Stammesherrscher als Amtsabzeichen gehandhabt wurde. Die mit dem Glückssymbol des Stammes verknüpften Geschichten waren mit den ersten Anfängen des Stammes selbst verbunden, und man kann sie in den Stammbäumen bestimmter Familien verfolgen. In der Vorzeit war der Schamane für die esoterische Ordnung des Stammes verantwortlich, er war der Stammesherrscher mit seiner esoterischen Regierung. Manchmal waren die Funktionen von Schamane und Herrscher in einer Person oder Familie vereint, was zu einer engen Identifikation dieser Familie mit anderweltlichen Wesenheiten oder mit den Göttern führte.

In der Legende stammen Könige von Göttern ab: die Friedens-Könige in Schweden von Freya, die Sachsen von Wotan[136] und die Kaiser von Japan von der Sonnengöttin Amaterasu; während andere von Tieren abstammen können, wie die Macfies, die von einer Seehundfrau abstammen, oder die französische Lusignan-Linie, deren spätere Abkommen während der Kreuzzüge Könige von Jerusalem wurden, von Melusine, einer Wassergöttin oder Meerjungfrau.[70] In einiger Hinsicht war der Schamane auch eine frühe Form des Herolds, der die Waffen oder Symbole seines Stammes in dessen Namen trug. «Waffen repräsentieren Menschen oder Gruppen von Menschen, als seien diese selbst anwesend. Die Gegenwart eines Wappenschilds fungiert als Ersatz für die Person, *sogar nach ihrem Tod*»[171] (unsere Hervorhebung). Da wir alle eng durch eine Handvoll gemeinsamer Vorfahren miteinander verbunden sind, hat jeder von uns kraft unserer Blutsbande einen Anteil am Stammessymbol. Obwohl es für uns nicht passend sein mag, Waffen zu tragen, tauchen gewisse Symbole oder Maskottchen überall auf und sind uns eigen. Das «Vertrauens»-Tier der Hexe gehört in diese Kategorie, wie auch der Teddy-Bär. Eine Technik, ein solches Schamanen- oder Stammessymbol herzustellen, ist in Übung 1 angegeben. Solche Klan-Totems sind immer noch machtvolle Schlüssel auf dem westlichen Weg, da sie Erinnerungen auslösen.

Der Schamane war nicht nur der spirituelle Repräsentant oder Herold des Stammes, sondern auch sein Gedächtnis. Das Herumreisen des Schamanen zwischen den Welten gab ihm oder ihr Vertrautheit mit zwei Realitäten. Wir haben den Kontakt mit dieser inneren Realität verloren. Den meisten von uns ist die Fähigkeit, in die Anderwelt einzutreten, verlorengegangen, aber sie ist immer noch das Fachgebiet von Dichtern, Priestern und Eingeweihten sowohl des westlichen Weges als auch anderer Bereiche. Der Prozeß der *Analepsis* oder die Erinnerung und Wiederentdeckung «vergessenen» Wissens wird von Robert Graves in Kapitel 19 in *Die weiße Göttin*[92] kenntnisreich diskutiert. Analepsie ist eine Technik, die allerorts von Dichtern, Historikern und Medien wie auch anderen verwendet wird: es überrascht nicht, daß darüber wenig geschrieben wird. Es ist ein Erbe, das allen, die in der Nachfolge unserer schamanischen Vorfahren stehen, verfügbar ist, wie wir zu zeigen hoffen. Zwei Beispiele sollen dazu dienen, ihre

Funktion zu zeigen. In diesem Jahrhundert berichtete ein gewisser James Fraser, ein Stellmacher aus Beauly, von einem sich wiederholenden Traum, in dem er die Schlacht von Blar-na-Leine so detailliert beobachtete, daß der Zuhörer keinen Zweifel an der Genauigkeit seines Berichts hatte. Die fragliche Schlacht hatte 1544 stattgefunden, als nahezu alle Frasers im Kampf gegen die Clanranald getötet wurden: James Fraser erzählte von diesem Traum kurz nach dem Zweiten Weltkrieg. Seine Beschreibung der zeitgenössischen Kleidung, Ausrüstung und Kampfmethoden konnte nur durch Rückgriff auf kaum bekannte Quellen überprüft werden, die dem Träumer nicht zugänglich waren.[171] Falls einer von James Frasers Vorfahren diese Schlacht überlebt hatte, könnte dies dann eine Form des Erbgedächtnisses sein?

Viele Theorien sind aufgestellt worden, um dieses Phänomen zu erklären, wie Jungs Theorie vom kollektiven Unbewußten[123], Reinkarnationsgedächtnis[107] oder Zugang zu den Ahnen[238]. Jede dieser Theorien verwendet eine idiosynkratische Metapher für eine einfache Annahme. Wenn wir die Anderwelt als eine Realität verstehen, die immer verfügbar ist, weil sie ständig stattfindet und nicht linearer Zeit unterworfen ist, dann beginnen wir zu sehen, wie Analepsie einer der Schlüssel für die westliche Traumzeit sein könnte. Eine Technik, um Langzeiterinnerung zu entwickeln, ist in Übung 2 beschrieben. Ein zweites Beispiel für Analepsie betrifft Alfred Watkins, den Schöpfer der Ley-line-Theorie, der von einer Erfahrung sprach, bei der er von einem «Strom von Urerinnerungen» bestürmt wurde, als er zum erstenmal die Landschaft mit ihren gleichsam eingegrabenen Ley-Linien «sah».[281] Solch ein plötzlicher Rückruf der Erinnerung ist sehr erfreulich, weil eine uralte Facette unserer Tradition auf diese Art zurückgeholt werden kann, um unser eigenes Zeitalter zu erleuchten. Welche Metapher für Analepsie wir auch verwenden – sei es «Mitteilungen von jenseits des Grabes» oder «aus dem All» eher denn Vorfahren oder Anderwelt –, jeder von uns besitzt die Mittel, sie für sich zu nutzen.

Nichts ist jemals wirklich verloren, und dieses ist das Erfreuliche auf dem westlichen Weg: wiederkehrende Themen tauchen in scheinbar isolierter Weise bei einzelnen Menschen auf und bilden, wenn integriert, eine Gesamtheit an Wissen, das jahrhundertelang vergessen war. Der Schamane stellte sicher, daß dieses Wissen nicht dem Schicksal überlassen wurde: die Einweihung jedes

Stammesmitglieds ins Erwachsensein war eine ‹kleinere› Version der Initationsreise des Schamanen – eine Einführung in die Symbole und Totems des Stammes –, bei der der Kandidat alleingelassen wurde und fastete, um eine Vision oder, wie wir sagen würden, eine Visualisierung, mittels einer uneingeschränkten Reaktion hervorzubringen. Einweihung in geheimes Wissen steht heute unter der Obhut der Prüfungsgremien von Universitäten, die ihre Kandidaten immer noch für eine gewisse Zeitspanne einkerkern, in der die erforderliche Antwort gesucht wird, obwohl diese Methode selbst ein Schatten einer älteren Form von ausgedehnter Übung und Gedächtnisprüfung ist. Denn diese Methode, dem Initianden zu ermöglichen, verlorenes Wissen zu erinnern, war das Spezialgebiet der Nachfolger des Schamanen – der Druiden.

Zuallererst verabschieden Sie bitte das Bild von bärtigen, weißgekleideten Druiden, die mit Sicheln in der Hand in Scharen zu einer Druidenkonferenz strömen, aus Ihrem Geist. Darauf ist die allgemeine Vorstellung von den Druidenerweckern der letzten paar Jahrhunderte konditioniert worden. Daß das wahre Bild im Einklang mit den Vorzeit-Schamanen steht, können wir klar sehen, wenn wir das irische *Book of Invasions*[136] betrachten. Hier lesen wir, wie ein Oberdruide, Mide, das erste Feuer auf dem Hügel von Uisnech entzündete, worüber sich die «eingeborenen Druiden» bitter beklagten, weil er ihre Funktion an sich riß. Mide ließ sie daraufhin alle zusammenbringen und ihnen die Zunge herausschneiden, begrub die Zungen auf Uisnech und setzte sich dann darauf: eine angemessene Parabel, die den Machtkampf zwischen den alten und neuen Schamanen demonstriert und zeigt, wie sich die Neuen Macht und Wissen der Alten aneigneten.

Die Druiden kamen also nicht einfach als fertige Meister mit der keltischen Invasion, sondern teilten die Funktion und Position der alten Schamanen. Als Glieder in der Kette der Nachfolger waren die Druiden die stärksten Wächter des westlichen Weges. Doch selbst in den klassischen Zeugnissen des Druidentums stellen sie keine Priesterschaft dar, wie wir sie heute verstehen. Die Zeugnisse von Strabo, Cäsar und Tacitus[37, 255] geben uns ein schiefes Bild einer Gesellschaft, die uneinig mit Rom war, aber keiner dieser Zeugen befaßt sich so sehr mit dem religiösen Charakter einer Priesterschaft als eher mit der politischen Bedrohung durch druidische Ratsherrschaft. Man hat auf Parallelen mit der Klassenstruktur im klassischen Indien und der der Kelten hingewiesen.[20] Druiden und Könige waren Brahmanen, Aristokraten der keltischen Gesellschaft, folgt man der üblichen Verbindung zwischen den herrschenden und priesterlichen Klans. Ein Druide rangierte über einem König und war mit dem Hof als Schamane und auch als gelehrter Geistlicher verbunden, der Ratgeber, Lehrer und Prophet in einem war.

Die Römer versuchten, das Druidentum auszurotten, jedoch, rücksichtsvoll gegenüber dem *genius loci* eines Landes und dessen Göttern, bewahrten sie die einheimischen Gott-Formen für ihren eigenen Gebrauch und bestärkten die offensichtlichen Ähnlichkeiten zwischen eingeborenen und römischen Gottheiten – genauso wie fünf Jahrhunderte später Papst Gregor der Große Missionare anweisen sollte, alte Stätten in Übereinstimmung mit dem örtlich festgelegten *genius loci* und deren sich überschneidenden geodätischen Achsen für christliche Verehrung umzuwandeln[216] (und siehe Kapitel 2). Die Macht des aristokratischen Schamanen mag während der römischen Besetzung zerstört oder zeitweilig zerstreut worden sein, aber Rom gelang es nicht, die Gruppenseele des Volkes zu unterdrücken, noch bezwang es ihr System der Gesetzgebung – wie es die Druiden etabliert hatten. Es gelang Rom auch nie, in Irland einzudringen oder es zu besiegen: hier blieb das Druidentum intakt, wie uns die alte Literatur beweist.

In einer Geschichte kleidet sich Mog Ruith, ein Druide aus West Munster, in eine Stierhaut und das *enchennach*, oder Vogelkleid, und steigt über den Köpfen der gegnerischen Armee auf, um Einzelheiten über deren Truppenaufstellungen zurückzubringen – deutlich ein frühes Beispiel von einer astralen Flugreise. Seine Kleidung ist die für Schamanen übliche bei solchen Aktivitäten. Der Druide des Königs von Ulster, Fingen, besieht sich die Krankheiten und Verletzungen von Menschen und gibt ihnen Heilmittel.[160] Im *Táin bó Cuailnge*[256] fragt die königliche Frau Nes Cathbad einen vorbeikommenden Druiden, «welche Handlung steht in dieser Stunde unter einem guten Stern?» «Sie ist gut, um einen König auf eine Königin zu bekommen», prophezeit er. Da sie keinen anderen Mann greifbar hat, nimmt sie ihn unverzüglich mit ins Bett. Hier haben wir die Erwähnung von Schamane, Heiler und Prophet. Außer diesen übten die Druiden die Funktionen des Richters, Verwalters und Philosophen aus. Während sich das kontinentale Druidentum anders entwickelt haben mag, beginnen wir zu sehen, daß die Rolle des Schamanen innerhalb des Druidentums Spezialisierungen unterliegt. Es gibt keine Anzeichen für die Entstehung von «Akademien des Druidentums». Obwohl man Kinder zu den Druiden schickte, um sie von seiner Frau aufziehen und mit seinen Kindern aufwachsen zu lassen, damit sie sein Handwerk lernten, glich dessen Haushalt wohl eher einer späteren Culdee-Stiftung als einer machtvollen Druidenversammlung.

Es wird gesagt, daß Irland das Christentum so gut fand, daß es ruhig und ohne Aufsehen konvertierte. Umgekehrt paßte sich das Christentum so hervorragend an die druidischen Elemente an, daß diese ohne Frage akzeptiert wurden. Als die Missionare aus Irland auszogen, um Schottland, Wales und Nordengland zu bekehren, wurde das Druidentum im Zeichen des neuen Glaubens weiter bestärkt und gab dem keltischen Christentum seine eigene besondere Note: die des Christentums einheimischer Tradition. Mit der Ankunft des Christentums in Irland gingen viele der wesentlichen nicht-religiösen druidischen Funktionen auf die Dichter über. Dichter ist die richtige Bezeichnung – eine Barde war eine weitaus weniger edle Person, die nach dem Gesetz nur halb soviel wert war wie ein Dichter.

Anstatt eines Allzweck-Schamanen also gab es schließlich eine Anzahl sich spezialisierender Experten: den *brehon* oder Richter; den *seanchai* oder professionellen Geschichtenerzähler, Historiker und Genealogen; und den Dichter oder *file*, der das Äquivalent einer kleinen Bibliothek in seinem Kopf hatte. Die Grade des Wissens bezeichnete man entsprechend unseren Graden des Bakkalaureus, Magisters und Doktors an modernen Universitäten. Jeder dieser gelehrten Männer und Frauen teilte die schamanistische Funktion des Wanderers-zwischen-den-Welten und war mit der Weitergabe des traditionellen Wissens und gründlichen Lernens befaßt; doch von all ihnen bewahrte der Dichter sowohl die schamanistische als die druidische Fähigkeit am besten.[121]

Durch den gesamten Korpus keltischer Literatur hindurch treffen wir auf Gedichte, die mit Unmöglichem prahlen. Der irische Amairgen sagt:

Ich bin ein Sonnenstrahl
Ich bin ein geschickter Matrose
Ich bin ein grausamer Eber
Ich bin ein See im Tal.[160]

Desgleichen sagt Taliesin, der walisische Dichter-Priester:

Ich habe das Banner vor Alexander getragen…
Ich war am Ort der Kreuzigung des gnädigen Sohn Gottes…
Ich war am Firmament mit Maria-Magdalena…
Ich werde bis zum Tag des Jüngsten Gerichts auf der Erdoberfläche sein.[146]

In diesen «Prahlereien» sehen wir Zeichen des analeptischen Gedächtnisses, Erinnerungen an andere Leben, Zeiten und Orte ebenso wie eine innige Bekanntschaft mit der Natur der Anderwelt. Diese Verse weisen auf in Einweihungsriten erlangte Erkenntnis: Uridee und Wissen in esoterischen dichterischen Äußerungen verborgen. Diese Gedichte sind häufig eindringliche Verdichtungen symbolischer Konzepte, die das Verständnis des Hörers mit der Durchschlagskraft eines unsichtbaren Pfeils durchdringen.

Die dichterische Ausbildung war lang und mühsam, sie dauerte wenigstens zwölf Jahre. Während dieser Zeit erwartete man von dem Lernenden, daß er die Geschichte des Volkes, die Stammbäume von Königen, geheime Sprachen, die Komplexität von Vers- und Silbenmaß sowohl als auch die Gesetze und Gebräuche des Volkes auswendig lernte. Ein Gedicht wird nie konstruiert, es wird aus der Anderwelt durch die innere Reise dorthin gewonnen; ist das Resultat persönlicher Erfahrung – des Einsseins mit der Natur eines Vogels oder Fisches, der Teilhabe an der Erleuchtung eines Helden oder Gottes. Die Einweihung des Dichters ist wie die des Schamanen tatsächlich eine Reise durch das Labyrinth, wo die Mysterien, denen er auf dem Weg begegnet, vom Initianden kodifiziert und assimiliert werden. Wie Taliesin, dessen Worte wir oben zitieren, erfährt der Ire Tuan mac Cairell[160] aufeinanderfolgende Transformationen in einen Hirsch, Eber, Adler und dann in einen Lachs, als er von der Frau des Königs Cairell gegessen und wiedergeboren wird. Tuan ist der einzige Überlebende der Invasion von Partholon und in der Lage, die Ereignisse vorüberziehender Generationen zum Nutzen späterer Zeitalter aufzuzeichnen. Sowohl durch Reinkarnation als auch Erinnerung überlebt Tuan. Und obwohl wir nur «Erdwanderer» sind, mit Übung könnten wir dennoch die Nachfolge in der Erbschaft antreten, die uns die Wanderer-zwischen-den-Welten bewahrten.

Druiden und Dichter waren vielseitige Gelehrte, ebenso bedeutend wie jene, die in der Renaissance lebten. Tatsächlich war ihre Reputation größer, wenn man bedenkt, daß sie ihren Lernstoff ohne Hilfe von Büchern oder Schriften behielten. Unsere modernen Hilfsmittel – das Tonbandgerät, Video und Merkbuch – sind nützlich, aber sie haben unsere Gehirne faul werden lassen. Dennoch ist es möglich, unsere Sinne und geistigen Fähigkeiten wieder zu schärfen, wenn auch nicht auf den hohen Druidenstandard, so doch wenigstens für ein größeres Bewußtsein des westlichen Weges und seiner Schätze. Die Verwendung schöpferischer Imagination und das ständige Üben analphabetischer Erinnerung kann uns mit den Mysterien, die unser Erbe sind, in Berührung bringen. Da die Rollen des Schamanen, Druiden und Priesters in unserer Gesellschaft kaum wiederzuerkennen sind, ist das Bedürfnis nach Wächtern der Mysterien noch in uns. Wenn die Verbindungen schwach sind, müssen wir, nun mehr denn je, Wanderer-zwischen-den-Welten werden und selbst den Weg über die Schwelle finden und die Mysterien neu interpretieren, die wir dort finden. Wenn wir keine Schamanen oder Älteste mehr finden, um uns heute in diese Mysterien einzuweihen, so haben wir doch eine sehr alte Methode in Übung 8 angegeben, die Ihnen Zugang zur Anderwelt und Ihrer eigenen Initiationsreise geben wird.

Mysterien und Initiation

Mysterien sind Zugänge, Schwellen zwischen dieser Welt und der Anderen, dem Versammlungsort von Göttern und Menschen. Als symbolische Wirklichkeiten scheinen sie von der irdischen Welt entrückt, dem Nicht-Eingeweihten schwer zugänglich: vom Gesichtspunkt der Anderwelt aus sind Mysterien eine Sprache, in der spirituelle Konzepte vermittelt und bewahrt werden können. So wie der christliche Eucharist die irdischen Elemente von Brot und Wein benutzt, um die Gegenwart von Christus auszudrükken, so teilte und erfuhr die Vorzeit die Anderwelt-Realitäten mittels irdischer Zeichen und ritueller Darstellungen des unaussprechlichen Mysteriums. Ein Eichenbaum war ein Baum, aber zugleich auch der in ihm wohnende Gott des Waldes, ein Totem des grünen Mannes. Wenn sich der Stammesherrscher in Eichenblätter kleidete, wurde er zur lebendigen Verkörperung des Gottes selbst.[272]

Das Wort «Mysterium» kommt vom griechischen *myein*, schweigen. Die mit den Mysterien verbundenen Untertöne von Geheimhaltung und Auslesetum haben viele befremdet, die sich dem westlichen Weg zum erstenmal nähern, doch ebenso wie eine Familie Außenseiter vom innigsten Familienkreis ausschließt, wie gastfreundlich sie auch Fremden gegenüber sein mag, so braucht die Gruppenseele ihre eigenen Mysterien und deren Wächter. Der Eintritt in die Mysterien ist die Teilnahme an der Natur der Götter.

> Der altaische Schamane beschreibt seine oder ihre Abenteuer durch die ekstatische und theatralische Aktion der Trance. Er oder sie führt körperlich die Reise auf, während er sie auf der spirituellen Ebene unternimmt. Der innere Zustand wird enthüllt, bekannt gemacht und schließlich durch die Vorführung gebannt. Die verehrten Bilder der erwachten Psyche werden als lebendige Symbole im Verlauf innerer spiritueller Transformation übertragen.[100]

Diese Mysterien können nicht unumschränkt für alle offen sein, und sei es nur im Interesse individueller Sicherheit: sie müssen geschützt und mit Vorsicht weitergegeben werden. Sogar für die in den Stamm Hineingeborenen war die Initiation in die Mysterien ein zu verdienendes Privileg, kein automatisches Recht: man gewann es durch Leiden, Opfer und Prüfung. Doch das wahre Geheimnis der Mysterien ist, daß *sie nicht von einem Wesen zum anderen weitergegeben werden können*: der Mysterienwächter kann nur Leitlinien und Schlüssel zum Wissen vergeben, nicht das eigentliche Wissen selbst, welches sich dem Initianden *durch persönliche Erfahrung und enthüllende Wahrnehmung* offenbart. Das tiefgreifende Erlebnis einer Teilnahme an den Mysterien ist von denen, die diese nun intellektuell schätzen und im Grunde genommen symbolische Analphabeten sind, weitgehend in Mißkredit gebracht worden. Doch einem Menschen, der den personifizierten Energien der Götter unverhüllt und der Gruppenseele der Vorfahren nackt gegenüberstand, war diese Erfahrung furchterregend und unvergeßlich und zugleich eine Quelle der Kraft.

Als die Mysterien eine feste Form erhielten, entstand eine Priesterkaste, um die Schlüssel zu ihren Lehren zu hüten und zu verteilen. In Band 2 werden wir mehr über die Entwicklung und Arbeit der Mysterienschulen ausführen. Mit dem Überleben des einheimischen Schamanen und der Schamanka befassen wir uns in Kapitel 5 dieses Bandes. Die rituellen Mittel der Mysterien folgten meist einem dreifachen Muster: persönlich, jahreszeitlich und dem Stamm entsprechend.

Die persönlichen Rituale befaßten sich mit Übergangsriten: mit Geburt, Leben und Tod. Die drei Stadien des Lebens waren eng mit der Anderwelt verbunden, und jedes war durch ein Initiationsritual gekennzeichnet, um den Übergang von einem Zustand zum nächsten anzuzeigen, wenn der Betroffene für das Alte starb und dem Neuen geboren wurde. So wie das Neugeborene seinen Weg in den Windungen des weltlichen Labyrinths finden muß, so muß der gerade Gestorbene seinen Weg durch die vergessenen Irrgärten der Anderwelt finden. In unserer eigenen Gesellschaft haben wir keine formalisierten Übergangsriten, um die Jungen bequemer ins Leben und die Alten aus ihm heraus in die weitere Welt der inneren Räume gelangen zu lassen.

Initiation verleiht nicht notwendigerweise große Kräfte oder zeigt, wie das Wissen benutzt wird: sie ist bloß die Einpflanzung eines Samenkorns, dem die Lebenserfahrungen, abhängig von den Hilfsquellen des Initianden, zum Keimen verhelfen werden. Sie stimuliert das verborgene Potential des Kandidaten und befähigt ihn oder sie, an den Lebensmustern auf tieferen Ebenen als der der oberflächlichen Wahrnehmung teilzuhaben. Da ein neugeborenes Kind gerade erst aus der Anderwelt gekommen war, war sein Zugriff zur Realität dieser Welt schwach: es wurde möglicherweise gestohlen oder kehrte dorthin zurück. Also wurde es mit Salz und Eisen geschützt – zwei Substanzen, die der Anderwelt schädlich sind (siehe Kapitel 4). Zum Nutzen des Babys übte man Rituale aus: vielleicht pflanzte man einen Baum, um das Leben des Kindes mit dem der Erde zu verbinden.[164] Man sagte Zaubersprüche über dem Kind auf und band ihm Talismane um den Hals. Der Schamane mochte das Lebensmuster des Kindes prophezeien und einige *geasa* oder Verbote daraufbinden, die ihm untersagten, bestimmte totemistische Tiere zu töten oder essen.

Die Bekräftigung dieses Musters erfolgte durch die Initiation in die Pubertät – einer Zeit, wenn jeder auf der Schwelle der Welten steht und für Anderweltenergien sensibel ist –,wenn die Kindheitspersönlichkeit aufgegeben wurde, um Platz für das neue verantwortliche Stammesmitglied zu machen. In vielen Teilen der heutigen Welt, wo Stammesbewußtsein dem der Vorzeit entspricht, weinen die Frauen immer noch rituell zum Andenken an den «Tod» ihrer Kinder, während die jungen Kandidaten weggeführt werden, um die Prüfung zu erleiden, die sie erwachsen macht: sie bleiben in Abgeschiedenheit, vielen Verboten ausgesetzt, ihnen wird die Stammesgeschichte erzählt, und sie erleiden die Beschneidung oder die schmerzhafte Kennzeichnung des Fleisches mit rituellen Tätowierungen und Narben, die ihrem Erscheinen bei der Zeremonie, in der sie Mysterien der Götter wiederaufführen[34], vorangeht. In einer Zeremonie ähnlich der Initiationsreise des Schamanen, wenn auch nicht so herausfordernd wie dieser, ließ man den Initianden oft zwischen den Gräbern der Vorfahren in Höhlen oder Grabgewölben zurück, was den Abstieg in die Unterwelt andeutet. Es war ein wagemutiger Schritt über die Schwelle der Welten: eine gefährliche Reise, von der die Rückkehr mit Freude begrüßt wurde, stellte sie doch den Auftritt eines neuen erwachsenen Stammesmitglieds dar.

Obwohl dem Eingeweihten des westlichen Weges die Schlüssel zu den Mysterien gegeben werden, muß jeder noch den Weg in der Dunkelheit durch das Licht persönlicher Intuition finden. Heutzutage die Höhlengänge und Gewölbe uralter Initiationsszenen zu betreten, kann immer noch eine Offenbarung sein: sich in der labyrinthischen Dunkelheit vorzutasten und die Fingerhalte und Vorsprünge zu finden, nach denen einst die früheren Initianden des westlichen Weges be-griffen haben. Doch Leid und Schmerz sind nur ein Merkmal: in der Herzkammer des Irrgarten-Mysteriums herrscht Freiheit und Meisterschaft über die Elemente des Lebens.

Das Muster wird mit dem Tod zerstört: man ließ den Körper vor dem Begräbnis an der Luft, damit er sich zersetzte, oder er wurde verbrannt und die Asche in eine Urne getan. Manchmal wurde das Gerät des Verstorbenen zerstört, um anzuzeigen, daß es von nun an dem Gebrauch der Anderwelt überlassen war.[33] Gesänge wurden intoniert, um den Übergang des Geistes in das Reich der Ahnen zu erleichtern. Der Tod war nur eine

Schwelle zwischen den Welten und nicht so gefürchtet wie heute.

Die jahreszeitlichen Rituale betrafen die Bebauung des Landes und die gegenseitige Abhängigkeit von Tieren und Menschen und den Elementen. Moderne landwirtschaftliche Methoden, die Einfuhr fremdländischer Nahrungsmittel und die Tiefkühltruhe haben unsere Abhängigkeit vom jahreszeitlichen Wechsel für unser tägliches Brot gelöst – obgleich dieser immer noch bestimmender Faktor für Fülle oder Hunger in der Dritten Welt ist. Die Bodendüngung, Winteraussaat, Lammzeit, Frühlingsaussaat, Ackerbau und Ernte folgten aufeinander in einem beständigen Reigen von Aktivität, an dem der ganze Stamm teilhatte. Den lunaren und landwirtschaftlichen Kalender kann man immer noch in den späteren keltischen Feuerfesten von Samhain, Imbolc, Bealtaine und Lunasadh erkennen, die am Vorabend des jeweils 1. November, 1. Februar, 1. Mai und 1. August zelebriert wurden. In diesen Zeiten fühlte man die Anderwelt besonders nahe. In Übung 3 haben wir Anregungen gegeben, die diese Feste als verborgene Zugänge offenbaren, die wir immer noch passieren können. Sie sind für die meisten von uns immer noch als Allerseelen, Mariä Reinigung, Maifeiertag und Lammas erkennbar – Tage, an denen traditionell entweder der Priester oder das Volk immer noch die Mysterien zelebrieren. Die Sonnenkalendertage werden von Universitäten und Gerichten als Zeiten für Sitzungen und Rundreisen bewahrt – ein Erbe druidischer Praxis: die Tag-und-Nacht-Gleichen, 21. März (Mariä Verkündigung) und der 21. Dezember (Michaelis) ebenso wie die Sonnwenden, 21. Juni (Mittsommer) und 21. Dezember (Mittwinter) waren in der Vorzeit bedeutend, wie die Erforschung der aufrechten Steine, Kreise und Erd-Arbeiten uns zeigt. [29]

Von allen Ritualen aus der Vorzeit sind die mit den Jahreszeiten verbundenen am zugänglichsten, da sie sowohl hohes Mysterium als auch Stammesvergnügen miteinander verbinden [94]. Wie ein modernes Volkslied es ausdrückt, sind sie immer noch eine gute Ausrede, herumzutaumeln

vom alten Halbmond zur aufgehenden Sonne,
mit unseren Schoppenkrügen in den Händen. [298]

Etwas von dieser gemeinschaftlichen Festlichkeit und Lebensfreude können wir einfangen, wenn wir an den überlebenden jahreszeitlichen Ritualen, die heutzutage ausgeübt werden, teilnehmen; obwohl diese häufig von späteren Unverständlichkeiten überlagert sind, regen sie tiefsitzende Erinnerungen an, die uns Zugang zur Vorzeit ermöglichen.

Die Stammesrituale schlossen den gesamten Klan in große zeremonielle Versammlungen ein; der weltliche Aspekt dieser Zusammenkünfte wurde mit Spielen, Musik und Tanz zelebriert, doch wann immer sie abgehalten wurden, um Gottesgeschichten vorzuführen oder einen neuen Führer einzusetzen, dienten sie zur Stärkung der Gruppenseele. Etwas von diesem Gefühl gemeinschaftlichen Verbundenseins kann man bei modernen Hochland-Klanversammlungen in Schottland erfahren. Dame Flora MacLeod von MacLeod sprach von dem Band der Zuneigung und Verpflichtung, das sie und ihr Klan einander schulden, welches «in allen Teilen der Welt tatsächlich eine lebendige Bindung ist, die weder Gebirge noch Meereswüsten durchtrennen können... das spirituelle Bindeglied der Klanschaft umfaßt sie alle» [171]. Und wie blasiert wir auch über unseren eigenen nationalen Zusammenhalt hinwegsehen mögen, die Krönung eines Monarchen ist immer noch ein Ereignis, das von numinoser Ehrfurcht umgeben ist. Es überbrückt die Zeitalter mit seinem Punkt, der Ausstellung heraldischer Totems, dem Austausch von Versprechungen und den Ritualen, die den Souverän mit dem Land vermählen – im Falle des englischen Monarchen mit dem Hochzeitsring von England –, ein potentes und uraltes Ritual. [16] Die Amtseinsetzung eines Präsidenten teilt, obwohl sie eine verminderte Form des königlichen Rituals ist, den Status eines großen Stammesereignisses: in einigen Teilen der Welt ist die Rivalität und die Konkurrenz um diese Ehre analog zu der in der Vorzeit, als rivalisierende Häuptlinge einander mit Waffengewalt um das Privileg, Stammesführer zu werden, bekämpften.

Im modernen Krönungsritus sind viele frühe rituelle Praktiken eingeschlossen, doch diese Vermählung mit dem Land ist die grundlegend wichtigste. Der Stamm bezog sein Dasein aus der Erde, die ihn geboren hatte; der König als Hauptrepräsentant des Stammes mußte deshalb eine engere Verbindung mit den Erdenergien haben. Wir sprachen davon, wie die ersten Formgebungen von Gottheit begannen; in vielen Teilen des Westens wurde der *genius loci* als Landessouverän personifiziert und als prächtige

Königin von großer Güte gesehen, die entweder symbolisch oder in der Person der Schamanka mit dem König vermählt wurde. Sie war die Mutter des Volkes, und der König war ihr Gemahl/Hofmeister. Er verwaltete das Land unter ihrem Patronat und nach ihrem Recht.[149]

Doch während der König alterte, tat die Landesherrscherin dies nicht; wenn seine Kraft ihrer nicht gleichkam, wurde der König ersetzt, oft indem er freiwillig den Tod erduldete, um ein Stammeswächter zu werden.[248] Hier überschnitt sich die Rolle des Königs und des Priesters. Die Vereinigung mit dem Land war unterbrochen, wenn der König verletzt oder verunstaltet war – eine Tatsache, die in den Gralslegenden von Wichtigkeit ist, wie in Artikel 6 von *At the Table of the Grail*[162] bemerkt wird. Ein verwundeter König bedeutete ein verwüstetes Land: die Verpflichtung des Königs, geopfert zu werden, war sehr groß. Was den westlichen Weg angeht, ist dieses spirituelle Konzept heute wichtig: nur durch die enge Vernetzung von Volk, Schamane und Herrscher mit der Erde kann es seine Erfüllung und die Menschen selbst ihre Ganzheit erlangen (siehe Übung 5).

Der Ort für das Königmachen war oft ein angestammter Platz. Die Könige von Argyll wurden eingesetzt, indem sie in den königlichen Fußabdruck traten, der in den Felsen am Hügel von Dunadd gegraben war: sie traten buchstäblich in die Fußstapfen ihrer Vorfahren. Der Diebstahl des Steines von Scone – dem altererbten Amtseinsetzungsstein der Könige von Schottland, und wie einige behaupten, der uralte irische Lia Fail – durch Edward I. im Jahre 1296 war ein Versuch, Schottland die Souveränität zu stehlen. Seine unerlaubte Rückkehr aus dem Krönungsstuhl von Westminster Abbey, 1951, nach Schottland wurde mit Wutgeschrei von südlich der Grenze und Freudenjubel im Norden begrüßt: ein Volk gibt sein einheimisches Erbe nicht sehr schnell auf, doch der heilige Stein wurde rechtzeitig zur Amtseinsetzung von Königin Elizabeth II., der linearen Nachfolgerin der schottischen Könige, zurückgegeben.[16]

Loyalität den Volksarchetypen und Stammesmustern gegenüber ist noch immer sehr tief in uns eingebettet. Die häuslichen Sühneopfer, die jahreszeitlichen Rituale, die Vorfahren und ihre Macht bleiben. Dies sind die Wurzeln der Alten Religion, von der man einige Blätter des traditionellen Familienbaums heute immer noch sehen kann. In sich selbst sind sie machtvoll, doch ohne die Inspiration durch ihre Geschichte sind sie nichts.

Es sind die Volkssymbole unserer einheimischen Tradition, ihre Archetypen und Mythen, auf die wir achtgeben müssen als lebendige Schößlinge dieses Baumes und darüber hinaus auf die Gottformen. Der sicherste Weg, sich ihnen zu nähern, führt über die heiligen Stätten und Tempel der alten Erdmagie.

Übung 1   Wie Sie Ihr Klan-Totem finden

Auf dem westlichen Weg ist es für den Praktizierenden üblich, ein Motto, einen Wahlspruch oder Geheimnamen anzunehmen. Genauso wie Kandidaten für die Konfirmation oder das Klosterleben immer noch einen anderen Namen annehmen – sei es den eines Heiligen oder Vorfahren –, so nehmen Initianden einen neuen Namen für ihre Wanderschaft an. Namen sind leicht zu finden. Symbole kann man erwerben. Aber das Klan-Totem ist ein Symbol Ihrer Zugehörigkeit zur Familie: zu denen, die dem westlichen Weg vor Ihnen gefolgt sind. Da die Anzahl der Menschen, die vor dreißig Generationen in der Welt lebten, theoretisch von der Anzahl jedes unserer Vorfahren überschritten wird, wenn wir unsere beiden Elternteile, vier Großeltern, acht Ur-Großeltern, usw. zu einer Summe von 1 073 741 904 aufaddieren, sind wir daher jeder eng mit dem anderen verwandt und teilen eine gemeinsame Gruppe von Vorfahren.[62] Diese Urfamilien hatten ihr einzigartiges Klan-Totem oder Symbol, das wir durch das Blutsrecht teilen. Ihre Familie mag bereits privilegiert sein, eigene Waffen zu tragen, in dem Falle haben Sie ein fertiges heraldisches Totem. Aber die meisten von uns können ihre Stammbäume nicht mit Sicherheit verfolgen; wir wissen nicht, welcher Art dieses Totem sein mag.

Diese Methode umgeht rationale Erkenntnis und benutzt den Schlaf als ein Mittel, Dinge zu lernen, die nicht bewußt erkennbar sind. Die Vorfahren benutzten Inkubation oder Tempelschlaf als Hilfe bei der Heilung von Krankheiten der Seele und des Körpers, ebenso wie sie dem Klienten halfen, ein tiefsitzendes Problem zu lösen.[197] Schlaf transportiert uns sehr schnell in die Anderwelt, und dort finden wir, was wir suchen.

Legen Sie sich mit einem Kissen unter dem Kopf auf den Boden, wenn Sie diese Übung während des Tages versuchen oder nicht zu lange einschlafen wollen. Anderenfalls können Sie ins Bett gehen, wie abends üblich. Rollen Sie sich auf die rechte Seite, und wiederholen Sie den Eingangsgesang (siehe Bemerkungen zu den Techniken, S. 30ff.) wieder und wieder in Ihrem Kopf. Fühlen Sie sich selbst immer schwerer und schwerer werden, bis Sie die angenehme Empfindung haben, langsam durch den Fußboden unter das Bett zu sinken. Visualisieren Sie sich selbst, sanft durch die Schichten sinkend, bis Sie die Erde erreichen, und fahren Sie weiter nach unten fort. Sie sinken hinunter in Ihren Familienbaum, innerhalb des Stammes, wie Alice in den Kaninchenbau. Sinken Sie so weit wie es Ihnen möglich ist, bis Sie den Boden des Stammes erreichen. Haben Sie keine Angst, zu weit zu gehen; Sie landen sanft auf dem Boden, stehen auf und gehen durch den Stamm, in dem deutlich eine Tür sichtbar ist.

An dieser Stelle sind Sie vielleicht schon eingeschlafen, aber keine Sorge; Übung macht den Meister. Auf dem Stamm befindet sich in Augenhöhe das Totem oder Symbol, nach dem Sie suchen. (Bei Ihrem Fall in den Baumtunnel haben Sie vielleicht andere Symbole bemerkt, aber dieses sind nicht diejenigen, nach denen Sie suchen.) Ihr Familienbaum ragt über Ihnen auf, seine Zweige verschwinden in der weiten Ferne des Himmels: seine Blätter sind grün, und der Stamm ist etwas Lebendiges, voll mit dem Lebenssaft, den er aus der grünen Erde um sich herum zieht. Unternehmen Sie jedoch keinen Forschungsspaziergang. Sehen Sie sich sorgfältig das Symbol auf dem Baum an, und schaffen Sie die feste Absicht, es in Ihrer Erinnerung zurückzubringen.

Wenn Sie dies am Tage tun, ist es nun Zeit, auf dem Weg, auf dem Sie gekommen sind, zurückzukehren. Wenige erreichen jedoch diese Art leichten Schlafbewußtseins. Die meisten von uns werden sich am nächsten Morgen im Bett erwachend finden und sich an wenig oder gar nichts erinnern. Lassen Sie sich nicht abschrecken, üben Sie weiter. Wie bei einem Traum, werden Sie vielleicht feststellen, daß die Tagesaktivitäten die Fesseln Ihrer Erinnerung «aufbrechen». Das Symbol kann lange in der Psyche bleiben, bis man es erkennt, aber Sie werden beginnen, das wiederholte Auftauchen eines Themas oder Bildes zu bemerken, das sich in Ihre Aufmerksamkeit drängt. Gehen Sie nicht über das Triviale oder Bizarre hinweg – vielleicht haben Sie die feineren Punkte noch nicht ausgesondert –, denn das Gehirn behält Dinge oft in einer Art symbolischer Kurzschrift. Sagen wir, Sie bekommen immer wieder einen Kessel, dann ist es wahrscheinlich auch ein Kessel: vielleicht ein Kessel in moderne Bildsprache übersetzt. Der Kessel gäbe ein gutes Klan-Symbol ab, da in ihm die Stammesnahrung kochte, und er wird immer noch in einigen Teilen Englands als Kessel bezeichnet – wie in «ein Kessel voll Fisch» (engl. Umschreibung für «eine schöne Bescherung!» d. Übersetzer) – ein Topf, der über dem Feuer hängt. Er ist der Vorfahre des Gralssymbols – eine Unmenge Bilder liegt hier verborgen. Gleichermaßen mögen Sie plötzlich bemerken, daß die Hunde der Nachbarschaft begonnen haben, freundliches Interesse an Ihnen zu zeigen und sich versammeln, wenn Sie auf der Straße erscheinen – könnte es sein, daß Ihr Klan-Symbol ein Hund ist?

Vielleicht haben Sie Angst, sich in dieser ersten Übung selbst zu betrügen und Dinge zu erfinden. Am Anfang ist es schwierig, zu sagen, wann Sie ein Bild «sehen» und wann Sie es bewußt «drängen», dazusein. Nur Erfahrung wird Sie den Unterschied lehren und wenn Sie beginnen, mit den Symbolen zu arbeiten, die Ihnen erschienen sind, werden Sie wissen, ob dies so ist, denn das Symbol sollte die gleiche pulsierende Vitalität haben wie der Baumstamm: wenn es sich in Ihren Händen leblos anfühlt, dann versuchen Sie diese Technik noch einmal mit mehr Urteilskraft. Prüfen Sie auf dem Baum selbst nach, um zu sehen, ob dies stimmt.

Wie werden Sie das Symbol benutzen, wenn Sie es haben? Auf Ihren Reisen in die Anderwelt ist es Ihr Rufzeichen, Ihr Passierschein und Erkennungssymbol, welches aus der tiefsten Wurzel des westlichen Baums der Tradition hervorgebracht wurde. Es kann Sie zurückführen, wenn Sie verwirrt sind, und hat die Macht, Ihnen gewisse «Freigabescheine» zu garantieren, wenn Sie in Schwierigkeiten sind. Sie können es visuell als Meditationsobjekt an sich benutzen, indem Sie es malen, zeichnen oder sticken und es sich so, indem Sie es in dieser Welt wiedererschaffen, zu eigen machen. Das Klan-Totem ist Ihr Zugehörigkeitssymbol, und wenn Sie unter seinem Schutz arbeiten, sind Sie direkt in Berührung mit Ihren Vorfahren, die den westlichen Weg vor Ihnen gegangen sind.

Halten Sie es geheim und unter Verschluß: andere haben wieder ihr eigenes Motto. Falls jemand das gleiche Zeichen wie Sie hat, mag dies auf eine tiefe Verbindung zwischen Ihnen hinweisen. Wir gehören zur menschlichen Rasse genauso wie zu unserem Klan, also erlauben Sie dem Symbol nicht, Sie von Ihrer menschlichen Brüderschaft mit denen zu trennen, zu deren Nutzen Sie diese Pfade betreten: denn wenn Sie das, was Sie auf diesen Seiten lernen, nicht auf Ihre eigene Lage anwenden können, ist der Pfad, den Sie gehen, eine Sackgasse.

Übung 2   Analeptische Erinnerung

Wenn Sie diese Übung das erste Mal machen, begeben Sie sich in Ihren Familienbaum wie in Übung 1, aber anstatt dort, wo der Stamm den Boden berührt, herauszutreten, gehen Sie weiter hinunter in den Baum durch seine mächtigen Wurzeln und kommen unterirdisch zwischen den Wurzeln des Baumes heraus. Ein deutlicher Pfad liegt vor Ihnen: folgen Sie ihm, bis er in eine unterirdische Höhle mündet, in der sich ein großer See befindet. Auf der linken Seite ist eine Quelle und daneben ein weißlicher vermoderter Baumstumpf. Sie wollen nicht von diesem Wasser trinken, das vom See hinweg in den Boden fließt, denn dies ist das Wasser des Vergessens. Auf der rechten Seite des Sees ist eine andere Quelle, die den See speist. Hinter dieser Quelle, welches der Brunnen der Erinnerung ist, stehen die Wächter. Während Sie meditieren, werden diese Wächter in Ihrer Vorstellung Gestalt annehmen; sie sind für jeden anders. Sie sind hierhergekommen, um die Erinnerung an etwas wiederzuerlangen, das Sie entweder verloren haben oder das Ihnen in diesem Leben nicht zugänglich war; vielleicht war dieses Wissen viele Jahrhunderte lang nicht verfügbar. Was immer Sie zu wissen und zu erinnern suchen, gehen Sie sicher, es im voraus wohl formuliert zu haben, denn wenn Sie den Wächtern gegenüberstehen, erwarten diese ein klares Gesuch oder geistiges Bild von Ihnen. Wenn Sie Ihr Gesuch aus purer Neugier stellen, mag es Ihnen verweigert werden: doch schlimmer noch, Sie mögen Erlaubnis haben, sich zu erinnern oder zu wissen. Danach werden Sie für immer die Verantwortung für dieses Wissen haben.

Nähern Sie sich dem Brunnen der Erinnerung. Sie werden nichts zu trinken bekommen, wenn Sie nicht die folgende Losung sprechen:

> Ich bin ein Kind der Erde und der Anderwelt,
> Doch ich stamme vom Himmel allein.
> Mich dürstet nach den lebendigen Wassern.
> Im Namen der drei Welten,
> Gebt mir zu trinken vom Brunnen der Erinnerung.

Die Wächter werden einen Kristallbecher in die Wasser des Brunnens, wo diese aus dem Felsen entspringen, eintauchen und Ihnen zu trinken geben. Obwohl das, was Sie trinken, nur Quellwasser ist, funkelt seine Kälte und Klarheit in Ihren Adern wie geeister Wein…

An dieser Stelle haben Sie die Wahl. Sie können meditierend sitzenbleiben und ruhig die Strömung durch Ihr Wesen absorbieren und die Gedanken und Bilder überprüfen, die in Verbindung mit Ihrer Frage auftauchen. Oder Sie können einschlafen wie in der ersten Übung und den Bildern erlauben, in Ihren Träumen zu erscheinen. Beide Wege sind wirkungsvoll. Anfangs mögen Sie keine klaren Resultate mit einer der Methoden erhalten, doch wie wir bereits sagten, diese Übungen funktionieren oft auf Umwegen. Es mag weniger eine blitzartig erleuchtende Erkenntnis geben als vielmehr eine ruhig aufkommende Intuition, die sich in den Hintergrund Ihrer Gedanken drängt und darauf wartet, wahrgenommen zu werden.

Was geschieht, wenn Sie Resultate erlangen? Theoretisches Wissen nützt niemandem. Analeptische Erinnerung an geheime und verborgene Dinge ist vergleichsweise wertlos, wenn sie nicht über den bloßen Besitz von Fakten hinausgeht. Trinken Sie nicht ständig vom Brunnen der Erinnerung, um weitere Informationen zurückzugewinnen, die ungenutzt herumliegen, dann hätten Sie genausogut vom Brunnen des Vergessens trinken können. Was immer man Ihnen gegeben hat, man hat Sie zu dessen Wächter gemacht, und deshalb sind Sie für seine Bewahrung und Verbreitung verantwortlich. Einige Erinnerungen sind persönlich, während andere Lehren auf viele anwendbar sein mögen. Fahren Sie fort, über die Verwendung dieser Erinnerungen und deren eigentliche Nützlichkeit im täglichen Leben zu meditieren. Anstatt Experten mit Ihren erstaunlichen Erkenntnissen darüber, wie Ihre Vorfahren lebten oder welche Reinkarnationen Sie gehabt haben mögen, zu behelligen, stellen Sie selbst Nachforschungen an, indem Sie den vielleicht wenigen Spuren, die es nur gibt, folgen. Wenn Sie diese Übung als Mittel einsetzen, um vergangene Leben zurückzubringen, seien Sie auf die Resultate gefaßt, die manchmal eine schockierende Wirkung haben, wenn die ganze Flut der Erinnerung alle Arten von Schmerzen und emotionalen Traumata auslöst. Erinnerung kann übermäßig schmerzhaft sein, aber sie kann auch als positives Mittel zur Identifizierung aktueller Lebensprobleme genutzt werden. Vermeidung bestimmter Lebenslektionen, die sich wiederholen, ist eine Weigerung zu wachsen. Wir dürfen nicht von den Wassern des Vergessens trinken, während wir uns manifestieren: diese Wasser sind für die Toten, die für die Mittelerde starben und in die Anderwelt wiedergeboren werden – sie müssen die Welt der physischen Realität vergessen, um in ihrer neuen Welt voranzukommen. Wir sollten nicht vergessen, daß wir, wenn wir von unserer physischen Mutter geboren werden, für die Anderwelt auch «sterben»: wenn wir physisch sterben, werden wir in die Anderwelt geboren.

Dies ist keine Übung, die oft wiederholt werden sollte. Wenn Sie nach ungefähr zwei Wochen keine Resultate haben, lassen Sie sie ein paar Monate lang ruhen, bevor Sie es wieder versuchen. Analeptisches Erinnern ist nicht einfach für einige Menschen. Noch wichtiger, benutzen Sie die Zeitspanne, die Ihr Körper für Erholung und Schlaf braucht, nicht jede Nacht als Sprungbrett für übersinnliche Erfahrungen oder Experimente. Ihr Schlafmuster würde in Unordnung gebracht, wenn Sie es ständig durch solche Übungen unterbrechen. Wenn Sie bereits am westlichen Weg interessiert sind, ist es wahrscheinlich, daß Ihre Ausbildung im Schutz des Schlafes schon begonnen hat: Sie werden Orte erkennen, die Sie oft in Träumen besuchen, oder bestimmte Arten von Instruktionen, die erteilt werden. Die Tatsache, daß wenig oder keine Erinnerung an diese Lehren an die Oberfläche des Bewußtseins gelangt, ist nicht von Bedeutung. Die Übungen in diesem Buch sind in keiner Weise abgestuft, aber einige mögen das Erinnerungsvermögen stimulieren, und andere geben vagen Sehnsüchten Form und Sinn, die selten verfolgt werden, weil sie unerkannt auf der unterbewußten Ebene verbleiben.

Es ist nicht notwendig, diese Reise ganz von Beginn zu unternehmen, wenn Sie sich auf dem Weg einmal auskennen. Visualisieren Sie einfach den See und die beiden Brunnen vor Ihnen, und machen Sie von da aus weiter. Diejenigen, die mit ihren Klassikern vertraut sind, erkennen wahrscheinlich diese Landschaft als Teil der Mysterienanweisung, die orphischen Initianden gegeben wurde, wieder: Wir haben diese fast gar nicht übernommen, denn sie ist Teil der einheimischen Unterwelt-Tradition in anderer Verkleidung. Der Brunnen des Wissens erscheint wieder in der keltischen Anderwelt-Tradition, manchmal als Brunnen, manchmal als ein Tiegel oder Gral. Aber die unterirdischen Wasser in der Übung sind dieselben Wasser, die unsere Vorfahren tranken, als sie aus den Wurzeln der Erde hervorquollen.

Die einheimischen jahreszeitlich bedingten Feste werden allgemein nur als Ausrede für das Schwelgen in altmodischen Volksgebräuchen und ländlichem Lustigsein betrachtet, doch die exoterischen Feiern verbergen die Tatsache, daß man sich ihnen auf einer tieferen Ebene nähern kann. Es ist dem Umfang dieses Buches nicht angemessen, vollständige Listen solcher Feste anzuführen, doch die folgenden Vorschläge gelten für alle Feste, wo immer in der Welt Sie auch leben.

Zuallererst wählen Sie Ihr Fest und meditieren über seine innere Bedeutung: ist es vor allem religiös (Weihnachten oder Passahfest zum Beispiel); landwirtschaftlich (Petri Kettenfeier); solar (die Tag-und-Nacht-Gleichen und Sonnwenden); aus ursprünglicher Volkstradition (Eierlaufen) oder historischem Andenken (Eichapfeltag – zum Andenken an Charles' II Versteck in einem Eichbaum – oder Erntedank)? Offensichtlich haben die historischen und Gedenkfeste nicht die starke spirituelle Kraft der anderen aufgeführten, doch man kann sie benutzen, um hilfreiche Erkenntnisse über das nationale Bewußtsein zu erlangen. Einigen Feiern hat man Schutzheilige zugeordnet, die die alten Gott-Formen ersetzen, wie zum Beispiel die Schutzherrschaft von St. Brigit am Lichtmeß; doch obwohl sich die Formen verändern, die innere schützende Energie bleibt die gleiche.[94]

Falls Sie keine religiösen oder volkstümlichen Feste haben, weil Sie keiner bestimmten Tradition folgen oder weil Sie in einem anderen Land leben, dann ist es nicht das Schlechteste, die Jahresrunde des keltischen Kalenders anzunehmen, die bereits in der ganzen Welt von englischsprechenden Gruppen gefeiert wird. Obwohl ein Fest auf ein bestimmtes Datum fallen mag, sollten kalendarische Verschiebungen und saisonbedingte Unbill berücksichtigt werden, wenn man sich für die richtige Zeit zum Feiern entscheidet. Mit *inneren* Worten, die richtige Zeit ist wichtiger als das richtige Datum. Diejenigen, die in der südlichen Hemisphäre leben, sind sich dessen wohl bewußt.

Wählen Sie Ihr Fest nun und finden Sie alles, was Ihnen möglich ist, über seine Ursprünge heraus. Feiern Sie es exoterisch mit der angemessenen Freudenbezeigung – mit den Erntefrüchten oder indem Sie früh aufstehen, um die Mittsommersonne zu begrüßen –, treffen Sie Freunde, immer dessen bewußt, daß Sie fähig sind, die spirituelle Energie dieses Festes sowohl den Anwesenden als auch anderen in Ihrer Gemeinschaft zu vermitteln. Dies geschieht nicht durch verbale Unterweisung, sondern durch tiefe Meditation über die beteiligten Kräfte, durch Beispiel und innere Aufmerksamkeit. Wenn Sie sich dem Fest nähern, beginnen Sie zu planen und zu forschen. Meditieren Sie gleichzeitig jeden Tag, und seien Sie sich des nahekommenden Festes bewußt, indem Sie es als einen inneren Impuls visualisieren, der danach strebt, geboren zu werden. Betrachten Sie die Qualität des Festes – fröhlich, nachdenklich, lebenspendend oder ein Fest der Versammlung. Betrachten Sie Ihr eigenes Leben in Verbindung mit diesen Qualitäten, indem Sie freimütig die Gaben jedes Festes für Ihre Selbstentwicklung nutzen.

Auf diese Art und Weise können die Feste tatsächlich zu verborgenen Eingängen in Ihrem Leben werden – die den Zufluß innerer Vitalität gewähren, die die Sensibilität für die wichtigen psychischen Strömungen, die die Welt mit Energie versorgen, fördern. Dies war immer die beabsichtigte Funktion der Feste, doch exoterische Praxis neigte dazu, diesen Vorsatz zu vernebeln. Sie können aus dieser Übung machen, was Sie wollen – auf dem Papier sieht sie ganz unbedeutend aus, abe sie ist für jede Tradition anwendbar. Ihre volle Auswirkung werden die erfahren, die am intensivsten daran arbeiten. Feste sind Zeiten der Freude, doch ursprünglich nannte man sie Feiertage (engl. holidays), wörtlich heilige Tage (holy days); keine Ausreden für Genußsucht, sondern Zeiten, die man für körperliche Erholung und spirituelle Erbauung aufhob.

Diese Übung kann man auch in Verbindung mit anderen in diesem Buch beschriebenen Techniken verwenden. Die Feste sind Zeiten, wenn der Weg in die Anderwelt offensteht. Es sind Feiern außerhalb der Zeit, feine Grenzlinien, die Eingänge in die lineare Zeit schlagen. Sie sind zu lang verborgen geblieben. Sie werden lernen, welche Zeiten die besten sind, um Kontakt zu bestimmten Kräften herzustellen, die Anderwelt zu besuchen, sich zurückzuziehen. Jeder schafft sich seine eigenen Zugänge, doch während einige Eingänge sich verschieben, bleiben die Feste selbst in unser nationales, religiöses und volkstümliches Jahr eingebettet, bereit, von denen geöffnet zu werden, die den Schlüssel dazu gefunden haben.

KAPITEL 2

Die magische Erde

Tretet hin an die Wege und schauet
und fragt nach den Wegen der Vorzeit,
welches der gute Weg sei,
und wandelt darin.

Jeremias 6,16

Menschliches Leben wurde mittels einer Kraft bereichert, die durch
die richtige geographische Beziehung zwischen heiligen Zentren ak-
tiviert wurde.

John Michell: *New View Over Atlantis*

Heilige Stätten

Die Erde ist lebendig, und weil dies so ist, gibt es keinen Ort, der
nicht ein heiliger Platz für einen Menschen oder ein Volk war.
Unsere richtige Beziehung zur Umwelt ist die einer vollständigen
Harmonie, obwohl wir diese selten, wenn überhaupt erreichen.
Dafür gibt es eine Anzahl von Gründen: wir wissen nicht immer,
wie wir zu unserer Umgebung in Beziehung treten sollen; wir sind
oft zu selbstsüchtig: wir vernachlässigen die Qualitäten des Lebens für eine quantitative Bewertung. Doch nichts davon muß so
sein. Unsere Vorfahren, die Erstgeborenen, wußten es besser, sie

waren geschickt darin, mit der Macht und Lebenskraft der Erde hauszuhalten. Sie erkannten sich selbst als Kinder einer großen Mutter, einer Mutter, deren Körper sie täglich unter ihren Füßen spürten, die sie erhielt und ernährte und beschützte, wie eine Mutter es sollte. Zu diesem Verständnis kam ein Gefühl für den Fluß der Erdenergien in ihrem eigenen Blutstrom; und dies gab ihnen eine Empfindung von Einheit mit der übrigen Schöpfung, die die gesamte Materie in einem großen Rhythmus der Entstehung verband.

In diesem Buch haben wir bis jetzt die ersten Quellen des religiösen Impulses betrachtet, die Reaktionen der Erstgeborenen auf die Welt, in der sie sich selbst wiederfanden. In diesem Kapitel werden wir uns mit der Erde als etwas befassen, auf das wir auf einer persönlichen Ebene reagieren können. Doch es ist wesentlich, zuerst die Natur der Beziehung zu verstehen, die unsere Vorfahren mit dem großen Energiereservoir unter unseren Füßen besaßen und warum wir, als Anhänger des westlichen Weges, aufgefordert sind, diese Beziehung für uns selbst wieder herzustellen.

Das Land, auf dem wir gehen, ist eigentlich ein großes Buch, in dem die Geschichte der Menschheit Schicht für Schicht, Zeitalter für Zeitalter aufgezeichnet ist. Archäologie, die wissenschaftliche Untersuchung dieses Buches, kann uns eine Menge über die Vergangenheit und die Art von Menschen, die hier lebten, sagen; doch es gibt andere Wege, das Buch des Landes zu lesen, die uns die Geheimnisse unserer Vorfahren eröffnen können – wie und wo sie ihre Andacht verrichteten und, vielleicht noch wichtiger, für wen.

Um dies zu tun, müssen wir mit unserem eigenen Verstand und unserer eigenen Phantasie die Landschaft der Vorzeit rekonstruieren: sie ist mit fremdartigen und furchterregenden Dingen erfüllt, von einer Macht, die ebenso leicht erschaffen wie zerstören kann – doch jeder Teil von ihr ist einzigartig heilig.

Das Bild der Erde als Mutter, die aus ihrem Schoß nicht nur Ernten, Vieh, Männer und Frauen, Steine, Mineralien und Wälder hervorbringt, sondern auch das Wissen, all dieses fruchtbar und nützlich zu machen, kann man als beherrschendes Symbol an den heiligen Orten ansehen.[3]

Hieraus erwuchs die Idee des *temenos*, des heiligen Ortes, worin sich die Lebenskraft der Erdenergien konzentrierte und wo die in den Mysterien richtig Ausgebildeten eine Zeitlang eins mit dieser vitalen Essenz werden konnten.

Dieses Verständnis war für alle durch die Vermittlung der schamanischen Priester offen, deren Aufgabe es wurde, das kollektive innere Erbe des Stammes zu hüten. Und um sicherzugehen, daß die heiligen Orte niemals entweiht, vergessen oder aus den Augen verloren würden, verfügten sie, daß die Stätten so gekennzeichnet sein sollten, daß sie immer klar bestimmbar sein würden, auch wenn das Wissen über ihre Verwendung ausstarb – was häufig der Fall war.

Einige Orte, wo die Energieströme des Planeten näher an der Oberfläche flossen als anderswo, waren bereits gekennzeichnet – zuerst nur durch in die Erde gegrabene Linien oder einige herumliegende Steine, deren Plazierung die heiligen Grenzen anzeigte. Doch irgendwann in der megalithischen Periode der Geschichte begann man, sie mit dauerhaften Zeichen zu markieren: Steinmonolithen, mit Mustern behauen und verziert, die dem Eingeweihten ihre heilige Funktion verrieten.

Da der Kreis von Anfang an eine natürliche Form war – die sich aus der Tenne oder dem rituellen Tanzplatz entwickelte –, wurden die Steine in einer kreisförmigen Anlage in den Grenzen, innerhalb derer der Boden heilig war, aufgestellt, abseits vom Rest der Erde. Hier konnte das Volk die elementaren Kräfte der lebendigen Erde, die zu ihren Göttern werden sollte, anbeten.

Irgendwann während dieser Periode – vor mehr als dreitausend Jahren –, als die ersten Steinkreise errichtet wurden, entdeckten ihre Erbauer, daß man durch eine exakte Orientierung verschiedener Arten von Steinen, die nach einem bestimmten Entwurf geformt und geschnitten waren und in Größe und Umfang variierten, die Urströmungen der Energie innerhalb der Erde mit der gleichen Wirkung wie durch Trance oder Initiationsreise anzapfen, verstärken und ausrichten konnte und daß man sowohl individuell wie auch kollektiv aus der entstandenen Energie schöpfen konnte. Wie sie zu dieser Erkenntnis kamen, werden wir wahrscheinlich nie erfahren, doch von diesem Moment an waren die Steinkreise nicht länger bloß Anbetungsorte; sie waren Schatzkammern unermeßlicher und einzigartiger Energien, die die religiösen und magischen Aktivitäten der Menschheit für Tausende von Jahren speisen sollten und es möglicherweise tatsächlich heute noch tun.

Natürlich kam es dazu nicht über Nacht. Eine lange Periode des Experimentierens folgte der ursprünglichen Entdeckung. Verschiedene Formen wurden ausprobiert, obwohl man immer zum Kreis zurückkehrte, Baumkreise sowohl als Steinkreise stellten sich als wirkungsvoll bei der Konzentration der Erdmagie heraus. «Aufgeklärte Baumeister errichteten Avebury, die drei Stonehenges, die zwanzigtausend Hünengräber und kleineren Steinkreise, einem Himmel voller Götter Zeichen gebend. Salisbury Plain war… geschmückt mit Tempeln, Palästen, übersät mit Alleen und Straßen.»[273] Wir können sehen, wie lange man brauchte, um eine Art festes Muster aus den Beispielen der größeren Stätten wie Stonehenge zu entwickeln, wo archäologische Untersuchungen Beweise für ein beinah ununterbrochenes Wachstum fanden, das sich über eine enorme Zeitspanne ausdehnte, während sich das Wissen von den Erdmysterien vergrößerte.

Die Hinzufügung eines Erdwalls und Grabens in der Umgebung des Kreises half, die Energien darin zu versiegeln, und die Beobachtung und Messung der Himmelsveränderungen wurde Teil der Disziplinen der Priesterschaft, die mit den Mysterien der Erde arbeitete.

Sternen-Sagen gab man große Bedeutung als einem sichtbaren und meßbaren Korrelativ zum täglichen Leben. Man erkannte die Verbindung des Mondes mit den Fluten und dem menschlichen Fruchtbarkeitszyklus und maß dem Gang der lebenspendenden Sonne über den Himmel mit dem Geheimnis ihrer nächtlichen Reise, während der man vermutete, daß sie die Unterwelt besucht, große Bedeutung zu. Die anspruchsvollen Techniken zur Messung und Aufzeichnung der Himmelsmysterien und die Art, in der diese zu denen der Erde in Beziehung gesetzt wurden, entwickelten sich allmählich zu einer exakten Wissenschaft.[29]

Das Wissen der Gesetze, die die Anlage und den Platz solcher heiligen Orte bestimmten, und die Formung der Landschaft um sie herum wird eigentlich Geomantie genannt und war einmal eine weltweite Disziplin. In den letzten Jahren wurde auf diesem Gebiet von Autoren wie John Michell, Nigel Pennick, Paul Devereux und Paul Screeton viel Forschung betrieben. Sie haben untereinander und mit Hilfe unzähliger bekannter und unbekannter Helfer begonnen, die heilige Geometrie dieser Inseln genau aufzuzeichnen.[66, 168, 195, 227] Viele erkennen eine inspirative Qualität in ihrer Arbeit und haben die Gefühle, die sie erfahren, wenn sie irgendeinen alten Pfad zwischen einer heiligen Stätte und einer anderen begehen, als erleuchtet beschrieben. Ihnen sind die Verbindungen zwischen den heiligen Plätzen unterschwellig bewußt geworden, und sie waren in der Lage, diese mit Landkarte und Kompaß so abzustecken, daß es anderen ermöglichte, ihrer Führung zu folgen. So erweitern sie unser Wissen von den Stätten auf ein immer genaueres Muster.

Erst kürzlich wurde es durch die Arbeiten von Wissenschaftlern wie Alexander Thom[261] und Iuen Mackie[153] möglich zu sehen, wie genau diese alten Abmessungssysteme tatsächlich sind. In der Tat haben es viele abgelehnt, solche Funde überhaupt zu akzeptieren. Doch jetzt kann man genau aufzeigen, daß es einmal im ganzen Land verteilt Orte gab, die durch ein System von Energiepfaden verbunden waren. Von hier ist es nur ein kleiner Schritt zum Glauben an ein globales Netzwerk, das die Welt mit einem enormen Energiegitter umspannt, welches Landstriche miteinander verbindet, die so weit auseinanderliegen wie Schottland und Australien. Vielleicht ist daran am ungewöhnlichsten, daß dieses mehr oder weniger unabhängig geschehen zu sein scheint – und doch findet man die gleichen Stätten, die gleichen gemeißelten Muster und Symbole an Stellen in Amerika, China, Ägypten, Norwegen und auf den britischen Inseln.[216] Es ist, als habe man auf weltweiter Ebene einen gemeinsamen Traum gehabt, einen einzelnen Impuls, der simultan im Bewußtsein von Tempelerbauern in den entferntesten Ecken des Erdballs aufgestiegen ist.

Alfred Watkins, der Altertumsforscher des neunzehnten Jahrhunderts, der das System, durch das die heiligen Zentren in diesem Land verbunden waren «wiederentdeckte» – und sie «Ley-Lines» nannte –, sprach von einer beinah visionären Erfahrung, in der er die Landschaft in einem neuen Licht enthüllt sah: die Anhöhen und Grabhügel, Steinkreise und Megalithen durch leuchtende Pfade verbunden, Goldadern, die aus dem Grün und Braun der Landschaft hervortraten.[281] Solche visionären Einblicke, die dem analeptischen Denken der Vorzeit stark gleichen, sind alle ein Teil der Erdmysterien und treten häufig unvermutet auf, um die Welt um uns herum zu transformieren. Indem wir den leuchtenden Pfaden, die unser Land durchkreuzen, folgen, entdecken wir alte, unseren Blicken lange verborgene Stätten wieder, und wir beginnen endlich, den übergreifenden Plan wahrzunehmen, mit dem unsere Vorfahren die Mysterien der Welt, die sie umgab, zu interpretieren und später zu verschlüsseln versuchten.

Ebenso wichtig sind die großen Hünengräber, die kreisförmigen und länglichen Erdhügel, die die Knochen der heiligen Ahnen bedeckten oder die später Höhlen für Initiation und Erleuchtung wurden, zu denen der Sucher nur nach langen und harten Prüfungen Zugang fand.[238] In die zur Unterstützung der Erdmasse benutzten Steine sind spiralförmige Muster, Labyrinthfiguren und ähnliche Formen eingemeißelt – dazu gedacht, von denen, die in die Mysterien eindrangen, gelesen und verstanden zu werden – oder vielleicht von den Toten, die dort lagen. Mehr als zweitausend dieser Plätze hat man allein in England ausgegraben, und man weiß von der Existenz vieler weiterer. Auch sie sind Teil des allumfassenden Musters, des magischen Diagramms der Lebenskraft, des Energiestroms der Erde.

> Kein Wanderer im verzauberten Hünengräberland kann zwischen diesen verlassenen Heiligtümern verstorbener Helden, mächtiger in ihrem Tod als im Frühling ihres Lebens, bezweifeln, daß solche Anhäufungen heiliger Erde mit dem stolzen und festgesetzten Ziel errichtet wurden, die Szenerie so zu beherrschen wie sie es tun. Unsere Hünengräber wurden erbaut, wo die Menschen die Welt *ohne sie und unter ihnen* betrachten konnten und gleich den gottgewordenen Herren, die in ihnen ruhten, lebten sie in einer Mittelwelt zwischen Erde und Himmel. Gegen den Himmel gesehen, sind sie tatsächlich die Stufenleiter der Götter[161] (eigene Hervorhebung).

Weder diese Totenhäuser noch die in Ausrichtung zu Sonne, Mond und Sternen gebauten Steinalleen sind die einzigen Stufenleitern. Man glaubt, daß noch größere Anordnungen irdischer Diagramme existieren.

In Glastonbury in Somerset haben kürzlich Ausgrabungen die Existenz eines enormen irdischen Labyrinths entdeckt, das sich um den *Tor*, den Grabhügel, windet, der zusammen mit dem Land um ihn herum «die geheiligte Erde» genannt wurde.[7, 211] Andere, insbesondere der elisabethanische Magus John Dee[65] und zuletzt Katherine Maltwood[159] in den Dreißigern dieses Jahrhunderts haben die Umrisse eines riesigen Tierkreises entdeckt, der in der Landschaft um Glastonbury herum ausgelegt ist. Ob dieser sich tatsächlich dort befindet oder eine Erinnerung älterer Mysterien ist, bleibt eine umstrittene Frage. Etwa ein halbes Dutzend dieser magischen Tierkreise wird derzeit untersucht, und in der Zukunft werden zweifelsohne noch weitere entdeckt werden.[290] Die zweite Übung am Ende dieses Kapitels ist dazu gedacht, eine Forschungsreise anzubieten, die auch auf andere Stätten ähnlichen Charakters angewendet werden kann; sie bestätigt auch die Bedeutung des Arthurianischen Impulses, den man als das neuste Beispiel für die aufsteigende Erdenergie kombiniert mit den Volksmythen des Landes sehen kann.

In den letzten Jahren wurden die Techniken des Rutengehens erweitert und verfeinert, um die Messungen von Energiefeldern, die sowohl von einzelnen Steinen an den heiligen Stätten als auch von größeren Gruppierungen aufsteigen, einzuschließen. Man hat unterschiedliche Grade meßbarer magnetischer Kraft entdeckt – zeitweilig so stark, daß sie sich außerhalb der Skala üblicher Instrumente befand. Die genaue Natur und Ursache dieser Energie muß noch festgestellt werden, aber man hat bemerkt, daß viele der Steine einen kreisförmigen Strom besitzen und daß dessen Polarität in der Zeit zwischen einem Neumond und dem nächsten von männlich nach weiblich und zurück wechselt.[110]

In diesem Zusammenhang erhält die ithyphallische Natur einiger Steine Bedeutung; denn obwohl die Erde im allgemeinen als weiblich und der Himmel als männlich angesehen wurde, verkehrten sich diese Eigenschaften zeitweilig unterschwellig, so daß ein Austausch von Lebenskraft stattfinden konnte.

In diesen Verbindungen zwischen Himmel und Erde scheint eine mysteriöse Erweiterung menschlicher Geburtsmuster zu liegen. So wie man überzeugt war vom Einfluß der Sterne auf diejenigen, die unter ihrer Ägide geboren wurden, so war vielleicht der *Ort* der Geburt und die Mondphase von gleicher – vielleicht größerer – Wichtigkeit. Angenommen, daß die Frauen, wie in vielen primitiven Kulturen, bestimmte alte Stätten aufsuchten, wenn die Zeit der Geburt kam?[182] Sie würden sich im Grunde genommen auf eben jene Energie in der Schöpfung einstimmen. Kinder mit solchen geistigen Anlagen wären als Nachkommen der Mutter gesegnet und mögen wohl als zukünftige Schamanen verehrt worden sein. Hierauf angewendet, ist das Bild des Labyrinths sicherlich wieder passend. Was ist die Gebärmutter anderes als ein Labyrinth, für das die Nabelschnur den Ariadnefaden darstellt, der hinaus ins neue Leben führt?

Vielleicht liegt hierin der Ursprung der Volkserzählungen, die einige der heiligen Stätten mit Fruchtbarkeitsriten in Verbindung bringen. Nicht, daß die Riten nicht aller Wahrscheinlichkeit nach dort stattfanden; doch sie standen vielleicht symbolisch für einen weit größeren Austausch als den zwischen Männern und Frauen – nämlich für den zwischen den Elementen selbst. So kann der Maibaum, eine vergleichsweise neuere Manifestation in der Geschichte der Mysterienfeiern, als ein symbolisches Bindeglied zwischen Erde und Himmel gesehen werden, das diejenigen, die um ihn herumtanzten – und rote und grüne Bänder für die Erde, blaue und gelbe für den Himmel hielten –, in das Muster von Geburt, Leben und Tod einbindet, das im Herzen des Labyrinths der Erdmysterien liegt.

Theorien wie das Ley-Line-System oder auf die Erde übertragene Tierkreise werden häufig von Skeptikern als pure Phantasie abgetan, und viele basieren tatsächlich auf «empfangenem» Material, das man einer normalen, methodischen Beweisführung nicht unterziehen kann. Aber es ist nicht notwendig, solche Ideen zu akzeptieren, um das Mysterium und die Kraft solcher alten Stätten zu empfinden. Ob man sie als zufällige Formationen der Landschaft oder sonderliche Erinnerungsstücke vergessener Religionen betrachtet oder als Teil eines universellen Musters von Glauben, Anbetung und westlicher magischer Praxis, kann man, vorausgesetzt, man ist nicht vorsätzlich unsensibel, die oft tiefgründige Wirkung, die sie auf die Psyche des einzelnen haben können, nicht ignorieren.

Allein die Größe des übergreifenden Plans zeigt uns etwas von der Fähigkeit unserer Vorfahren, die natürlichen Kräfte zu interpretieren, und von der Bedeutung, die sie mit ihnen verbanden. Alles, worum wir die möglichen Anhänger des westlichen Weges bitten möchten, ist, zu versuchen, Geist und Herz offenzuhalten und beim Besuch der Stätten den Energiefluß selbst zu spüren. Diese magische Kraft, die tief aus der Erde entspringt, kann uns, wenn wir es zulassen, sehr tief beeinflussen. Sie kann Türen zur Vergangenheit öffnen und auch demonstrieren, daß diese Energien noch präsent sind und allen Dingen Leben und Vitalität und eine Weisheit geben, um das Mysterium des Landes und seine Beziehung zu uns zu interpretieren.

Die Pfade des Drachen

Ein ganz bestimmtes Symbol wurde mit den Erdmysterien in Verbindung gebracht: der Drache oder die gefiederte Schlange. Die Gründe sind nicht schwer zu erkennen. In der Vorzeit repräsentierte die Schlange Leben, Tod und Erneuerung. Sie lebte unter der Erde, was sie für die Mutter heilig machte, und sie häutete sich und tauchte erneuert wieder auf. Schöpfungsmythen, in denen die Weltschlange das Ei der Generationen gebar, es wärmte und ausbrütete, wie man es bei richtigen Reptilien gesehen hatte, waren weit verbreitet, und wir werden diesem Symbol wiederbegegnen – nicht zuletzt in den gnostischen und orphischen Mysterien, mit denen wir uns in Band 2 der vorliegenden Arbeit beschäftigen werden.

Im Herzen des Mythos vom sterbenden und wiederauferstehenden Gott lag derselbe Glaube an die magische Kraft der Schlange. Wie sie ging der Gott in die Erde (oder unter den Horizont) und kam daraus erneuert hervor. Dies ist die Basis der meisten, wenn nicht aller Initiationsriten, die den «Tod» des unwissenden Geistes und seine Wiedergeburt in neuer, weiserer Form darstellen. So wurde in den Mysterien von Osiris der Gott von einem mit Nilwasser gefüllten Gefäß dargestellt, auf dem oft eine zusammengerollte Schlange eingemeißelt war. Die Jungianerin Marie-Luise von Franz bemerkt dazu: «Diese Schlange ist das Numen, das die Grabkammer hütet und die Transformation des Gottes beschützt. Psychologisch symbolisiert sie die tiefsten Schichten des kollektiven Unbewußten, wo sich die Transformation des Gott-Bildes abspielt.»[277] Dies ist grundlegend für alle Initiationsvorstellungen, in denen wir die tiefsten Tiefen der menschlichen Psyche erreichen. So tief in den Stoff unserer universellen Erkenntnis einzutauchen, heißt die Sinne in einem Grad zu schärfen, der beinah jenseits des Beschreibbaren liegt. Hier finden Veränderungen statt, die den eigentlichen Bauplan der Seele verändern. Die Welt wird dünn und erlaubt dem Reisenden Einblick jenseits der Muster normalen Verständnisses. In diesem Zustand sind Visionen real, und die Erde schickt ihre Träume aus wie Pfeile, um sie in unserem Geist festzusetzen. Unser Blut singt mit der Energie des Drachen, und wir verändern uns wahrhaftig.

Das Numen, das die Transformation des Gottes beschützt, hat seine Parallelen in der äußeren Welt: es war üblich, die Tempel der klassischen Periode und davor von Hausschlangen bewacht zu finden, die von den Priestern und Priesterinnen mit Milch gefüttert und darin unterstützt wurden, ihren Aufenthaltsort in oder nahe der heiligen Umgebung zu wählen.

Der Schlangendom in Rouffignac, Frankreich, repräsentiert möglicherweise die früheste Illustration der magischen Schlangenkraft, die man irgendwo finden kann. Hier bedeckt eine Vielzahl zusammengerollter Formen das Dach einer tief in den Fels geschlagenen Höhle, die viele tausend Jahre vor den berühmten Lascaux-Wandmalereien datieren (wahrscheinlich 7000 v. Chr.). Einer der neueren Forscher deutete an, daß sie als eine Art Schutz vor dem Unbekannten dorthin gesetzt wurden; eine weitaus wahrscheinlichere Hypothese ist jedoch, daß sie einfach das sichtbare Bildzeichen der Energie sind, die den Körper der Erde durchläuft wie eine Schlange ihr Nest.[282] Sogar Archäologen, die sich im allgemeinen nicht gerne festlegen, schlugen vor, daß einige dieser frühen Höhlenmalereien Wasserkulte repräsentieren könnten – die die Erdenergie andeuteten, die so oft mit tatsächlichen unterirdischen Quellen und Flüssen verbunden wird.

Bei den Männern des Warramunga-Stammes in Australien ist die Schlange ein Zeichen der Männlichkeit, das sie sich auf Rükken und Brust malen. Ein Teil ihrer heiligen Zeremonien besteht daraus, zum hinteren Teil einer Erdaushöhlung unter einem riesigen Felsen zu kriechen, von wo aus es allein möglich ist, das gemalte Bild der heiligen Schlange Yarapi auf der Unterseite des Steines zu erblicken.[174] Dies erinnert deutlich an die gemeißelten Spiral- und Labyrinthformen, die man in den Grabkammern und auf den Hügeln der keltischen Welt fand, wo nur die Toten (oder die durch einen Einweihungstrank kurzfristig Bewußtlosen) ihre Bedeutung erkennen und verstehen konnten.

Es ist wohlbekannt, daß die Schlange auch der Mondgöttin heilig war und bis heute in astronomischer Terminologie für die Punkte erhalten blieb, an denen die irdischen und lunaren Umlaufbahnen zusammentreffen. Der aufsteigende Knoten, wo die Umlaufbahn des Mondes zuerst die der Erde kreuzt, wird Drachenkopf genannt und der absteigende Knoten, wo die beiden wieder zusammentreffen, Drachenschwanz. Die Linie, die zwischen beiden gezogen wird, heißt Drachenlinie, und die Zeit zwischen den Übergängen des Mondes über denselben Mondknoten bezeichnet man als Drachenmonat. Als wäre das nicht schon in sich

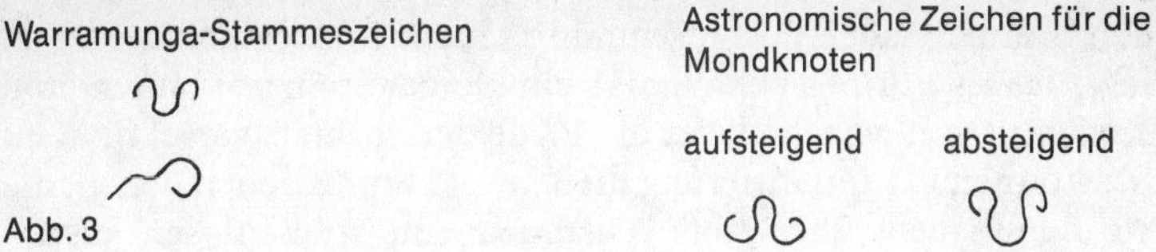

Warramunga-Stammeszeichen

Astronomische Zeichen für die Mondknoten

aufsteigend   absteigend

Abb. 3

selbst bemerkenswert genug, gleichen die Symbole für diese Übergänge den Ziermustern, die die Warramungas tragen, außerordentlich (Abb. 3).

Wie Joseph Henderson in *The Wisdom of the Serpent* über die Universalität der Schlange als Erneuerungssymbol bemerkt:

> Diese liegt grundlegend darin, daß die Menschheit ihren eigenen geheimen Wunsch, von der Erde ein Wissen zu erhalten, das sie im Tages-Wachbewußtsein allein nicht finden konnte, auf diese Kreatur projizierte. Dies ist das Wissen um Tod und Wiedergeburt, das ewig verborgen bleibt, außer zu den Zeiten, wenn ein aus den Tiefen emporsteigendes transzendentales Prinzip es dem Bewußtsein zugänglich macht. [108]

Ebensolch ein transzendentales Prinzip war die Drachenenergie, die aus der Tiefe emporstieg, um das Verhältnis der Menschheit zur Erde zu erleuchten und zu transformieren.

Bis jetzt haben wir hauptsächlich die irdische Macht des Drachen betrachtet, wie sie die Energie der Erde widerspiegelt. Doch ebenso wie ihre schimmernden Windungen die heiligen Stätten in einem Netzwerk vitalisierender Kraft verbanden, so sah man sie eine ähnliche Funktion im Himmel ausüben. Der Drache wurde mit der Draco-Konstellation identifiziert, deren Hauptstern Draconis einmal der Polarstern des alten Westens war. Um diesen drehten sich die Himmel, von den Windungen des Drachen beschützt, und veranlaßten den italienischen Astronomen Sabbathai Donolo (c. AD 940) zu schreiben: «Als Gott die beiden Lichter (Sonne und Mond) erschuf, die fünf Sterne (die Planeten) und die zwölf Zeichen (den Tierkreis), erschuf er auch den feurigen Drachen, auf daß dieser sie miteinander verbinden möge, umherziehend wie ein Weber mit dem Weberschiff.» [18]

In Australien, wo die Aboriginal-Kultur noch viel enthält, das der Vorzeit gleicht, wird die vitale Kraft, die das Land belebt, noch anerkannt; sie führt Straßen entlang, die die Götter selbst in der Traumzeit festgelegt haben. Diese Wege sind spiegelbildlich zu den Sternenpfaden angelegt und in einem Bildzeichen niedergelegt, das als *tjuringa* bekannt ist, ein kleiner Stein mit Linien- und Kreismustern versehen, die die Pfade der Erdkraft verschlüsseln. Sie können der Orientierung dienen und ermöglichen denen, die sie handhaben, über große Distanzen im straßenlosen australischen Buschland zu reisen.[168]

Mehr als nur ein Forscher hat die Ähnlichkeit zwischen den Zeichen auf diesen *tjuringas* und denen, die an megalithischen Stätten gefunden wurden, bemerkt: im besonderen die wunderlichen Becher-und-Ring Markierungen, die man in großer Zahl an heiligen Stätten entdeckte, aber nie zufriedenstellend erklären konnte.[99] Es wird jedenfalls deutlich, daß solche Markierungen weit mehr sind als gewöhnliche Landkarten. Sie stehen nicht nur für geographische Formationen, sondern sind auch Führer in die Anderwelt; ein Schamane, der Kontakt mit der verborgenen Lebenskraft des Landes herstellen will, betrachtet den *tjuringa* und verwendet ihn als Eingang in das innere Reich.

Überall um sie herum sahen unsere Vorfahren Zeichen der Kräfte, die sie führten und inspirierten. Hier war ein Hügel, der Zugang zur Anderwelt verschaffte, dort ein Strom, wo die Götter von Sommer und Winter um die Hand der Frühlingsmaid kämpften. Aber es gab noch andere weitaus machtvollere Zeichen.

Es kommt immer noch vor, daß man auf sonderbar geformte Hügel trifft, etwa grob konisch geformt, doch mit abgeflachter Kuppe, zu denen ein begleitendes Volksmärchen gehört, das von dem Großen Wurm erzählt, der, als ihm sein Schicksal durch die Hand eines örtlichen Helden oder Heiligen zuteil wurde, den Hügel mit seinen Windungen umschlang und im Land den Eindruck eines Todeskampfes hinterließ.

Hierin ist die Geschichte einer großen Veränderung verkörpert, die die Drachenmacht und ihre Beziehung zur Menschheit übernahm. Es mag ein weiter Weg von den Drachenpriestern zu den Helden, die hauptsächlich als Drachen*töter* in Erinnerung sind, scheinen; doch sie stehen in enger Beziehung zum Muster des Wechsels und Verfalls, die die einheimischen Mysterien überkamen. Vom Drachenpriester zum Drachentöter ist es nur ein kleiner Schritt, im Lichte der christlichen Übernahme alter Stätten für den Bau ihrer Kirchen gesehen.

Wo die alten Priester als Deuter und Lieferanten der Erdenergie standen, brachte die neue Religion Verdammnis der alten Wege.

Drachenenergie und der damit verbundene Symbolismus wurde verfemt und später mit der Schlange im Garten Eden gleichgesetzt, einer Kreatur, die von ihren Totschlägern – meist St. Michael oder St. Georg – nur mit Füßen getreten wurde. Deren Rolle ist in den Widmungen der Kirche an sie verzeichnet, an Orten, die einst mit Drachenmacht assoziiert wurden.

Doch die Bedeutung der alten Schlangen-Erdhügel bleibt. Einerseits zeigen sie die Gegenwart der Drachenenergie an, die durch den Akt ihrer Besteigung angerufen werden kann – obwohl dies besser nicht ohne vorherige Zielabsicht unternommen wird. Doch ihre Hauptbedeutung ist ihre Beziehung zum Labyrinth.

Wir sind nun bereits mehrere Male auf dieses Bild gestoßen. Das wird immer wieder geschehen. Wir sollten auch nicht überrascht sein, herauszufinden, daß es im Zusammenhang mit den Erdmysterien von ansehnlicher Bedeutung ist. Die Schlange ist, wie wir gesehen haben, ein Symbol der magischen Kraft der Erde; ihre gewundene Form ist ein sich unmerklich veränderndes *lebendiges* Labyrinth, eng mit der initiatorischen Erfahrung verbunden. In der Mythologie der Hopi-Indianer in Arizona kommen diese Elemente noch näher zusammen.

Für die Hopi ist das Symbol des Labyrinths das der Mutter und steht für eine Reise durch verschiedene Ebenen des Verstehens.[280] Es zeigt den Weg – durch die symbolische Wahrheit – zur eigentlichen Erfahrung – der Weg der Schlange ist dabei synonym mit dem Weg der Erde, und beide werden durch die Initiation des Labyrinths repräsentiert.

Hügel mit Serpentinen wie Glastonbury Tor oder der Herefordshire-Leuchtturm oder auch der große Erdhügel von Silbury Hill, der sich an einen der wichtigsten Tempel der Schlangenmacht in England – Avebury – angliedert, werden alle mit Erdmysterien in Verbindung gebracht. Geoffrey Ashe deutete kürzlich an, daß der Felsen von Glastonbury als rituelle Stätte gedacht war, die, in Prozession begangen, Zugang zu einer inneren Welt erlaubte.[7] Silbury bleibt, trotz aller Erklärungsversuche, ein Rätsel, wenn man es nicht als spiralförmigen Drachenhügel ansieht.

Die Bedeutung der Schlange in der Vorzeit kann man an den von ihren Tempelbaumeistern übernommenen Formen erkennen, die viele der großen Steingebäude so anlegten, daß sie mit dem Muster der Erdkraft konform waren. So in Avebury, dessen Serpentinenform zuerst im 18. Jahrhundert erkannt wurde – der Kreis wird von einer schlangengleichen Allee gekreuzt –, während in Carnac in der Bretagne, dessen Name aus «Cairn-Hac», Hügel der Schlange, entstand, die gewundene Form der vielen hundert Steinalleen sowohl ein Abbild der Schlange als auch des Labyrinths ist.

Doch vielleicht hat man das sensationellste Bild dieser Art in den Vereinigten Staaten, in Adams County, Ohio, gefunden. Es hat die Form eines riesigen, serpentinenförmigen Erdwalls von mehr als 1254 Fuß Länge (ca. 400 m), ist in sieben Windungen angelegt und endet in einem dreifach geschwungenen Schwanz. Diese Schlange hält zwischen den Zähnen ein Ei, das Symbol der Schöpfung, und sie kombiniert den Ausdruck von Labyrinth und Spirale in einer Form. Von den frühesten Einwohnern des amerikanischen Kontinents erbaut, ist es eine der deutlichsten Repräsentationen der einheimischen Tradition in den USA. Zusammen mit dem bereits erwähnten Hopi-Symbol ist dies eine klare Darlegung der Universalität des Schlangen-Kults.[232]

Die älteste Art, die Macht der Schlange hervorzubringen, war der Labyrinth-Tanz – aufgeführt als Pfad zur Erleuchtung und zur Verbindung mit den Göttern. Spuren dieser rituellen Tanzflächen fand man entfernt voneinander: in Deutschland, Griechenland, Australien und England, wo Relikte einiger hundert Labyrinthe noch ausgemacht werden können.[230] In das Labyrinth einzutreten heißt, den Übergang zum Tode zu versuchen; daraus hervorzukommen heißt, wiedergeboren zu werden – Muster, die für uns heute immer noch bedeutungsvoll sind. Hierin, wie auch in den gemeißelten Spiralen der Grabmalerbauer, stehen die Serpentinenwindungen, durch die sich der Initiand seiner Geburt entgegenbewegte oder tanzte, für die Gebärmutter wie auch den Samen, der durch sie hindurchging – aus beiden entstand neues Leben, die Schöpfungsenergie wurde mit Hilfe der Drachen/Schlangenkraft durch die Erde getragen.

Dies war auch die Funktion der früher in diesem Kapitel erwähnten Hünengräber. Maes Howe auf den Orkney-Inseln, La Hogue Bie auf den Kanalinseln, Brugh na Boyne in Irland, West Kennet in Wiltshire – alle waren bis zu einem gewissen Ausmaß Bilder des Erdenschoßes. Genau wie der Initiand hier in einem Drogenschlaf lag, um die Initiationsreise zu machen und mit dem Wissen der Ahnen zurückzukehren, so legte man die Knochen der Toten in Fötuslage aus, in Erwartung ihrer Wiedergeburt. Rot bemalt zum Zeichen der Lebenskraft, des Stammesblutes, waren sie ein Erinnerungszeichen an den Weg zurück zur Erde, den alle eines Tages gehen müssen.

Die letzte Periode, in der man aktiv mit Drachenmacht arbeitete und sie anerkannte, war von einem stetigen Niedergang gekennzeichnet, der vor allem das Wissen um die Kraftlinien verdunkelte wie auch den wahren Gebrauch der Stätten, die sie belebt hatte. Nach der Vorzeit, in der die schamanischen Priester die von allen gefühlte Energie konzentrierten, fand eine Veränderung statt. Allmählich stellte sich die Priesterschaft zwischen die Menschen und ihre Götter und war zunehmend Hüter eines geheimen Wissens, das nur für einige wenige gedacht war. Zu Beginn des Christentums gab es nur wenige, die sich an die alten Wege gut genug erinnerten, um Widerstand zu leisten. Die es doch taten, wurden entweder getötet oder von Anhängern des neuen Weges der Lächerlichkeit preisgegeben. Es war ein Muster, das sich durch die Zeitalter oft wiederholen sollte und auch in unserer Zeit noch weit verbreitet ist.

Obgleich jahrhundertelang verdunkelt, blieb das Mysterium der Drachenmacht und der dazugehörenden Stätten weitgehend vom Lauf der Zeit unberührt. Sie warteten auf ihre Wiederentdeckung, und die kam rechtzeitig durch Leute wie Alfred Watkins und die Ley-Lines-Enthusiasten, von denen viele in Unkenntnis der wahren Bedeutung dessen, worüber sie gestolpert waren, arbeiteten – und durch die in der Hermetik ausgebildete Magier unserer Zeit, die in der Drachenenergie eine zu lange vernachlässigte Quelle zu sehen begannen.

Obwohl es nicht mehr möglich ist, das Muster voll und ganz zu sehen wie es einmal war, gibt es immer noch genügend Fragmente des Wissens, die uns, mit den Beweisstücken der Stätten selbst, befähigen, das Bild zu «restaurieren». Berichte von Altertumsforschern des 18. Jahrhunderts wie John Aubrey [11] und William Stukeley [251], die viele der Stätten praktisch noch intakt sahen (und übrigens ihren «klassischen» Entwurf lobten), geben Zeugnis von deren ursprünglicher Form. Andere Belege sind in der Folklore verborgen [185], wo der Drache regelmäßig als furchterregende Kreatur mit feurigem Atem auftaucht – und als Hüter eines immensen Schatzes: ein halbbewußter Rückgriff auf den Schatz des Lebens und der Energie, der einst unter diesem Zeichen gefunden wurde.

Nichts davon kann den persönlichen Besuch einer der alten Stätten ersetzen. Sie werden immer noch weitgehend vernachlässigt, Spekulationen über ihren Sinn haben die Tatsache verschleiert, daß sie da sind, um benutzt zu werden, und daß in ihnen eine Quelle für den Kontakt mit der einheimischen Weisheitstradition liegt, die die Basis des westlichen Weges bildet.

Die Weisheit der Erde

Wir haben von den ersten Zauberriten gesprochen, der leidenschaftlichen Bewußtheit von dem lebendigen Wesen, auf dem wir wandeln, und von der Art und Weise, wie die gläubigen Verehrer dies und die Energien, die alles durchströmen, entdeckten. Das Symbol des Drachen repräsentierte diese Energien, bis es in Verruf geriet. Doch gleichgültig wie wir die Energien der Erde ansehen, wir müssen lernen, Verantwortung für das zu tragen, was über Tausende von Jahren für uns verwahrt wurde. Die Weisheit der Erde gehört für die Suche uns; doch wir müssen diese Suche vorsichtig angehen. Heute haben wir uns von der Erde fortentwickelt und sind aus ihrem Rhythmus geraten. Wo wir einst ihren Einfluß auf unser Leben anerkannten, ihre Reichtümer schätzten und speicherten, vergewaltigen und zerstören wir nun, indem wir gierig alles an uns reißen, was sie uns an Nahrungs- und Mineralquellen anbietet. Wir hinterlassen sie öde und zerstört, ihr einst schönes Angesicht ist von unseren Straßen zerfurcht und von unseren Häusern und Fabriken zernarbt. Die Erde wird heute von vielen als totes Objekt angesehen, deren Ressourcen wir nach Belieben plündern können.

Dies ist die Geschichte seit Beginn der Zivilisation. Wir haben genommen, was wir wollten, und zunehmend weniger zurückgegeben; wir haben den Bezug zu einem jahrtausendealten Verständnis verloren, einem Verhältnis zur Umwelt, das aus Teilhabe bestand, und wo die Einteilung der Ausbeute niemals das notwendige Maß überschritt; wo wir der Erde im vollständigen und vollkommenen Bewußtsein der Handlung unser wertvollstes Gut – den Körper – zurückgaben, um sie zu ernähren und zu erhalten.

Sogar der neuere ökologische Trend hat dies erkannt. Als die Wissenschaftler Lovelock und Epton ihre Theorie vom Globus als einer lebendigen Wesenheit entwickelten[216], nannten sie diese Gaia, nach einer Idee des Romanautors William Golding, und schufen somit eine Wiederaufnahme des klassischen und vorklassischen Motivs; eine Reaktion auf einen Instinkt, der Jahrtausende vor der ökologischen Wissenschaft existierte. Theodore Roszak kommentierte dies folgendermaßen: «An dem Bild haftet einiges von einer älteren und einst universellen natürlichen Philosophie, die die Erde ganz spontan als ein göttliches Wesen erfuhr, das von seinen eigenen Stimmungen und Absichten belebt war – die ursprüngliche Mutter Erde».[216] Es ist diese «universelle Philosophie», die hinter den Steinkreisen und Drachenpfaden, der Schlangenmacht und den Initiationsträumen der Hügelbauer steht. In der Erde lagen alle Geheimnisse: der Weg in die Anderwelt und zu den Urahnen. Doch mehr als das war die Erde ein Lebensraum für personifizierte Energien, den ersten Modellbauern der Welt, die lange an ihrer Vervollkommnung arbeiteten und später dann tief im Erdinnern gefesselt wurden.

Die klassischen Mythen von den Titanen sind die deutlichste Darstellung davon, und wenn wir uns mit ihnen befassen, vermitteln sie uns eine tiefgründige Botschaft über die Art und Weise, wie wir die Erde behandeln und was geschehen kann, wenn es uns nicht gelingt, den ursprünglichen Gleichgewichtszustand, der einst zwischen uns und unserer Umwelt existierte, wiederherzustellen. Der Schlüssel liegt in der Verwendung des Wortes «titanisch» – das ursprünglich «Herr» bedeutete, doch jetzt häufiger für die ehrfurchtgebietendsten Erdenergien angewandt wird: die Gewalt des Vulkans, des Wirbelwindes, des verschlingenden Ozeans.

Die Titanen waren die Kinder von Gaia und Uranus, Erd-Mutter und Himmels-Vater, und sie taten sich mit ihrer Mutter gegen den grausamen Uranus zusammen, der ihre älteren Geschwister in die Unterwelt des Tartarus verbannt hatte. Mit Chronos als Führer bezwangen sie ihren Vater, und Chronos kastrierte ihn mit einer Steinsichel. Das Blut seiner Wunden zeugte die Erinnyen, die Furien, die verpflichtet sind, Gewaltverbrechen an Familien zu rächen. Bei Uranus' Tod übernahm Chronos die Macht seines Vaters.[91, 129]

Dies sind die Ersten, Ursprünglichen, deren Taten unermeßlich roh sind, deren Gestalt riesig ist. Die nächste Generation von Göttern war es nicht weniger. Chronos heiratete seine Schwester Rhea – eine weitere Erd-Mutter. Doch Uranos und Gaia hatten prophezeit, daß Chronos von einem seiner Kinder entthront würde, und so verschlang er jedes Kind, das Rhea ihm gebar. Doch Rhea gebar heimlich ein weiteres Kind, Zeus, und sie versteckte ihn und ersetzte ihr Kind in der Wiege durch einen Stein, den Chronos ebenfalls verschluckte. Als Zeus erwachsen war, kehrte er als Kelchträger zu seinem Vater zurück und gab Chronos einen vergifteten Trank, der die Wirkung eines Brechmittels hatte. Rheas Kinder wurden hervorgewürgt und ihr unversehrt zurückgegeben. Chronos dagegen wurde verbannt – einige sagen auf die Britischen Inseln, wo er immer noch schläft. Zeus und seine Verwandten gründeten das olympische Pantheon, und die Titanen wurden im Innern der Erde angekettet.

Während diese Legenden uns viel über den Machtkampf, der zwischen aufeinanderfolgenden griechischen Stämmen stattfand, erzählen, haben die Archetypen ihren Widerhall in unserer eigenen Zeit. In gewissem Sinn hat sich nichts verändert: wir sind immer noch die Kinder von Gaia, und ihre Energien stehen immer noch unter unserem Befehl – um unseren Bedürfnissen entsprechend befreit, losgelassen oder eingespannt zu werden. Es ist nur zu offensichtlich, daß wir keine Kontrolle über sie haben, und die titanischen Energien, die im Mythos in Gewalt überbordeten, drohen dies heute wieder zu tun.

Die Kräfte der Natur wurden stets zu Recht gefürchtet, und das Verhältnis der Menschheit zu ihnen hat sich immer wieder verändert. Auf eine Weise war es immer ein Ringen darum, sie zu bekämpfen und uns selbst vor ihnen zu schützen. Die Furcht vor Riesen und Monstern, durch diese frühen griechischen Vorbilder verewigt, taucht wieder und wieder in den Mythologien anderer Länder auf. Es war diese Furcht, aus der der Wandel des Drachen in die Schlange des jüdisch-christlichen Sündenfalls resultierte: das Tier der Apokalypse, das von der sonnengekleideten Frau in der Offenbarung, 12, überwältigt wird.[21] Doch der titanische Charakter des Drachen ist wohl bezeugt. In dem babylonischen Mythos von Tiamat und Marduk ist Tiamat eine gigantische Seeschlange, und ihre Kinder sind auch Titanen. Sie wird besiegt und ihr Körper zerrissen, um den Stoff des Kosmos zu bilden – ihre Säfte werden zu Flüssen, ihr Atem die Luft, ihre Knochen die Felsen. Wieder einmal geht es in der Geschichte um titanische Kräfte, die durch die Schöpfung des Lebens gefangengenommen werden, und die Tiamat-Erzählung erklärt zum Teil die Furcht vor dem symbolischen Weiblichen in seiner ursprünglichen, titanischen Nähe zu den Elementen.[71]

Heute finden die titanischen Kräfte ihre neueste Manifestation in Form der nuklearen Bedrohung. Gaias Kinder steigen wieder auf, und einer vor allen beherrscht die Szene – Uranus. Die Erstgeborenen personifizierten die Erdenergien als Götter und schlossen die Titanen in der Erde ein, während die olympischen Götter die Konstellationen am Himmel übernahmen. Die Titanen gaben ihren Namen den Mineralien und Elementen, von denen eins derzeit im Vordergrund das Bewußtseins steht: Uran, der Hauptbestandteil der zerstörerischsten Waffen in dieser Welt.

Uran ist natürlich nicht immer für Nuklear-Technologie benutzt worden; noch ist es an sich böse. In der Erde belassen, ist es eine positive Energiequelle wie die Titanen selbst. Sie sind Gaias Kinder, die Personifizierungen ihrer Energie, ohne die alles öde wäre. Doch dieses verkehrt sich ins Gegenteil, wenn man sie herausholt oder wenn Uran dem Licht der olympischen Himmel ausgesetzt wird. Wieder scheinen wir ein Echo des uralten Mythos zu hören, der die Götter des Himmels denen der Erde entgegenstellt.

Wir haben nicht viel Respekt für das Mineralienleben in diesem Jahrhundert gehabt. Wenn wir die Mineralien, die wir aus der Erde hervorholen, als lebendige Wesenheiten behandelten, würden wir wenigstens Verantwortung den Kräften gegenüber, die wir zu meistern suchen, zeigen. Als Anhänger des westlichen Weges haben wir eine einzigartige Gelegenheit, mit den titanischen Energien zu arbeiten und ihre Macht durch die Erde zu kanalisieren, indem wir die alten Stätten aktivieren.

Wir sind das Volk der Erde, die Hüter ihrer Energien, die Verwalter ihrer Weisheit. Während die nukleare Frage ein Hauptproblem für alle Arten von Menschen wird, beginnen wir zu verstehen, daß alle Energie – titanisch oder menschlich – ihren eigenen Fluß besitzt, der mißbraucht oder angemessen verwendet werden kann – und daß wir ihre Beherrscher sind.

Geschichten über die titanischen Kräfte der Erde sind nicht statisch geblieben. Sie wuchsen und veränderten sich mit der Zeit. Zuletzt rühren alle Geschichten über Giganten von Erinnerungen an ein imaginäres Goldenes Zeitalter her, in dem titanische Energie eher wohltuend als zerstörerisch gesehen wurde. Doch wie bei allen vollkommenen Zuständen verwischten sich mit der Zeit die Grenzen. Erinnerungen an die Titanen wurden durch solche an streitsüchtige und allzu-menschliche Götter und Göttinnen ersetzt. Schließlich wurden auch diese auf das Feen-Volk reduziert, die die-unter-dem-Hügel-leben. Das Paradies, das Reich der Leuchtenden, wurde zur Anderwelt, und die Völker des Goldenen Zeitalters wurden seine Einwohner.

Wie auch immer, die titanischen Archetypen haben ihre Bilder auf der Landschaft selbst hinterlassen. Die großen Formen, die auf den Ebenen von Nazca eingeschnitten sind, oder die großen Kalkhügelfiguren in Südengland sind Zeugen für die Art, in der die Erstgeborenen die Gründer unserer Rasse sahen: die Götter vor den Göttern.[45] Echos von Atlantis, einer Zeit, als Böses, Krankheit und Tod so gut wie gebannt waren, bleiben in den tiefsten Schichten unseres Bewußtseins. Von Plato bis Tolkien fährt der Archetyp des Goldenen Zeitalters fort, uns zu faszinieren, und dahinter liegt ein Bewußtsein von der alten Erdmagie in ihrer frühesten Form.

Doch die natürlichen Kräfte, die die Erde vitalisierten, wurden eher zu etwas, das man ausbeutete, als daß man damit arbeitete, und als Resultat versanken die uralten Erfahrungsebenen tiefer im Gedächtnis und wurden schwerer zugänglich, es sei denn über lange und oft gefährliche Pfade. Doch im Innern blieben die alten chthonischen Kräfte unverändert und stiegen allmählich aus unermeßlichen Tiefen wieder herauf, bis sie in unserer eigenen Zeit begonnen haben, an die Oberfläche zurückzukehren. Der derzeitige Mißbrauch von Uran ist der Grund für dessen immer monströser werdende Proportionen.

Richtig verstanden und erkannt, ist es noch nicht zu spät, den Mißbrauch, der mit titanischen Energien getrieben wurde, wiedergutzumachen; viele dieser Energien werden wieder angezapft und schöpferisch verarbeitet. Doch wir müssen uns gründlich mit ihnen bekannt machen, um sie aus den untersten Schichten der unbewußten Gedanken hervorzuholen, in die sie lange befördert waren.

Nun bedeutet dies nicht eine Zurück-zur-Natur-Mentalität: wir sind überall die unwissenden Besitzer einer verlorenen Landschaft aus Kreis und Stein, Pfad und Hügel. Wenn wir wieder einmal in Übereinstimmung mit den titanischen Energien kommen sollen, die diese – wenn auch in veränderter Form – immer noch beleben, dann müssen wir früh aufstehen und sie in der Morgendämmerung oder noch früher, wenn die Stille vollkommen ist und die titanischen Wesen nahe sind, finden. Es ist gleich, wo oder sogar wie wir uns der Erde nähern, wichtig ist nur dies, daß wir es in einem Geist von Liebe und Wertschätzung und mit angemessenem Respekt tun. Ehrfurchtgebietende Stärken liegen direkt unter unseren Füßen, die wir nicht aus eitler Wißbegierde benutzen sollten. Denken Sie daran, daß Sie heiligen Boden betreten, und daß Sie bereits den ersten Schritt in Richtung auf eine Beziehung mit dem Mysterium darunter gemacht haben, und daß Sie hier die alten Kräfte des westlichen Weges, die unter der Oberfläche der Erde nur leicht schlafen, anrufen können. Cernunnos, der gehörnte Gott oder Wieland, der Schmied der Götter oder sogar frühere, noch ursprünglichere Formen mögen auferstehen, um Sie von den grünen Hügeln zu begrüßen.

Die Aufgabe, die wir uns selbst stellen, ist die der spirituellen Ökologie, der Suche nach unserem eigenen persönlichen Kontakt mit dem Geist der Erde, ob wir diese nun im Bild des Drachen finden, indem wir durch das Labyrinth gehen, oder den Hauptlinien eines Steinkreises folgen. Es gibt viele hundert heilige Stätten in Europa; viele sind Ruinen oder völlig zerstört; andere sind noch intakt. Sie erwarten Ihren Besuch, denn in der richtigen Geisteshaltung können Sie deren schlummernde Energien wecken. Ein einziges Zentrum des Energie-Gitters zu vitalisieren heißt, kleine Wellen zu jedem Teil des Landes auszuschicken. Und dann mögen Sie tatsächlich feststellen, daß Sie «an einem Ort stehen, der heiliger Boden ist und ... die berauschenden Dünste einatmen, wie es die Wahrsagerinnen der alten Zeit taten.»[218] Doch ob diese Dinge geschehen oder nicht, eines ist sicher: Sie werden nie wieder ganz dieselbe Person sein. Und das Land ebensowenig.

MAGISCHE ERDE:
BEMERKUNGEN ZU DEN ÜBUNGEN

Wie wir bereits sagten, ist die beste Art, die Kraft der Erde aus erster Hand zu erleben, der Besuch einer der Stätten. Versuchen Sie, sich den alten Plätzen entlang einem der heiligen Wege zu nähern. Viele sind in den Schriften von Watkins, Michell, Devereux, Screeton oder Pepper beschrieben.[66, 168, 197, 227, 281] Andere warten auf Ihre eigene Entdeckung. Es mögen entweder Steinkreise, Grabkammern oder Schlangenhügel sein – doch die Frage bleibt, was zu tun ist, wenn Sie dort ankommen. Sind die richtigen Umstände gegeben, gibt es viele Möglichkeiten, die Sie selbst entdecken mögen; zwei davon bieten wir Ihnen hier an als einen Weg in die Welt der Erdmysterien.

Die erste Übung ist zum Gebrauch in Verbindung mit einer der alten Fährten bestimmt und kann auf jeden alten Pfad angewendet werden, der noch die Schlangenenergie enthält. Die Übung stammt aus der großen Sammlung von einheimischen Mythen und Sagen, die als das *Mabinogion* bekannt ist und betrifft die Gestalt von Sarn Elen oder Elen von den Straßen, die Sir John Rhys[213] zufolge eine Göttin des Sonnenuntergangs und der Morgendämmerung ist, die nachts über die alten Wege wacht. Sie anzurufen und einen dieser Wege von Abend- bis Morgendämmerung zu gehen, heißt die innere Landschaft ihres Landes ihrem wachenden Auge zu öffnen. Die folgende Pfadarbeit ist Teil ihrer Geschichte, und ihr Gebrauch heißt die ältesten Gesetze von Traum und Mysterien anzurufen. Also benutzen Sie sie mit Vorsicht und in der richtigen Geistesverfassung, immer daran denkend, daß dieses nicht nur Bilder oder Archetypen sind, mit denen sie willkürlich umgehen – sondern die kraftvollsten Energien, die unser aller Leben und Sein zugrunde liegen. Behandeln Sie sie mit Respekt, und sie werden antworten. Nähern Sie sich ihnen voller Respektlosigkeit oder Leichtfertigkeit, dann erwarten Sie nicht, überhaupt etwas zu erleben.

Die zweite Übung ist vor allem gedacht, Ihnen ein tieferes Verständnis von der Natur des irdischen Tierkreises zu geben. Obwohl sie auf dem in Glastonbury gefundenen Beispiel basiert, kann man sie mit geringer Modifizierung auf andere ähnliche

Stätten anwenden. Die Schlangenhügel Nord- und Südamerikas sind da ebenso passend wie Mont Saint Michel in der Bretagne. Es ist nicht notwendig, an einem dieser Orte gewesen zu sein – obwohl so ein Besuch natürlich nützlich wäre. Das sorgfältige Betrachten einer Fotografie oder eines Gemäldes von diesem Ort, bevor man die Meditation versucht, wäre ebenso befriedigend – die Essenz der Wahrnehmung liegt eher in dem, *was* geschieht, als darin, *wo* es geschieht.

Übung 4   Der leuchtende Weg

Während Sie sich mit geschlossenen Augen entspannen, lassen Sie Ihre Umgebung allmählich schwinden. Sie finden sich auf dem Gipfel eines Hügels stehend: kein hoher, doch einer, der Ihnen nichtsdestoweniger erlaubt, die Sie umgebende Landschaft einigermaßen weit zu überblicken. Im Westen sehen Sie einen schmalen, doch viel begangenen Pfad vor sich, der den Hügel hinunter und in das flache Land an seinem Fuße führt. Auf jeder Seite erstreckt sich ein gradliniges Muster von Feldern, und wie Sie darauf hinunterblicken, bewegen diese sich und flüstern, von einer warmen Brise aus Süden berührt, und sehen aus wie ein vielfarbiges Meer. Doch durch ihre Mitte führt der Pfad weiter und weiter in die Ferne und verschwindet schließlich in einem Nebelschleier, der möglicherweise höhere Ebenen verbirgt.

Den Hügel hinuntergehend, folgen Sie dem Pfad. Insekten summen um Sie herum, und entfernt hört man Vogelgesang, doch sonst scheint die Welt so ruhig und still, als sei sie erst vor kurzem aus einem langen Schlaf erwacht.

Lange Zeit gehen Sie weiter, immer dem schmalen Pfad folgend. Allmählich geht die Sonne in einem Feuerschein unter, und die Abenddämmerung rückt in die Dunkelheit vor. Im schwindenden Tageslicht bemerken Sie, daß der Pfad wieder ansteigt und daß er ein wenig leuchtet.

Sie folgen ihm weiter, seit geraumer Weile gleichmäßig kletternd, bis Sie sich am Beginn einer Hügelkette wiederfinden, die zu einer hoch aufragenden Gebirgslandschaft führt. Der Mond ist aufgegangen und überflutet die Szenerie mit silbernem Licht. Obwohl es Sie erstaunt, daß Sie nicht müde sind, eilen Sie weiter, immer höher durch die kühle Nachtluft aufsteigend, die nach Nachtblumen und einem Hauch wachsenden und keimenden Lebens duftet.

Endlich, nachdem Sie einige Zeit geklettert sind, umrunden Sie eine Bergkuppe und sehen den Eingang zu einem schmalen Tal vor sich, das von Mondlicht und Schatten erfüllt ist. Als Sie einen Moment pausieren, sehen Sie, daß am Eingang des Tals auf einer großen Felsenplatte am Fuß weiterer Berge ein großer Kreis alter, verwitterter Steine steht, die in weiße Nebelschwaden gehüllt sind. Der Pfad, dem Sie gefolgt sind, führt geradewegs zu dem Kreis. Schnell eilen Sie weiter, denn dies ist Ihr Ziel.

Bei dem Kreis angekommen, stellen Sie fest, daß die Steine weitaus größer sind, als Sie sich vorgestellt hatten. Sie türmen sich hoch über Ihnen auf, lange Schatten auf die Erde werfend. Aber es geht keine Bedrohung von ihnen aus. Sie sind willkommen hier und eilen furchtlos weiter.

Innen im Zentrum des Kreises befindet sich ein großer Monolith, der der Länge nach auf der Erde liegt. Darauf sitzt, wie in einem natürlichen Stuhl, eine schmale Frauengestalt. Ihr Haar ist lang und schimmernd, und ihr Gewand ist aus kostbarem roten Stoff mit Gold gesäumt. Darüber trägt sie einen kostbaren blauen Umhang, der an der linken Schulter von einer runden Brosche gehalten wird, die von feinster Kunstfertigkeit ist. Ihr Gesicht ist von solcher Schönheit, daß Sie erkennen, sie gehört nicht zu den Sterblichen, und Sie verbeugen sich tief in Ehrfurcht und Verwunderung vor ihr.

Einige Augenblicke knien Sie so vor der Goldenen Frau, bis Sie schließlich Worte hören, die sich von selbst in Ihrem Geist zu formen scheinen.

«Was suchst du hier?»

Sie müssen wahrheitsgemäß und ohne zu zögern antworten: «Ich suche Sarn Elen. Ich suche einen Schlüssel zum leuchtenden Weg.» «Sarn Elen hast du gefunden. Warum suchst du den leuchtenden Weg?»

«Um auf den Weg zu kommen, das Mysterium des Landes zu erlernen.»

«Dann bist du wohlgekommen.»

Die Frau, von der Sie nun wissen, daß sie Sarn Elen ist, erhebt sich ruhig von dem Stein und bittet Sie, ihr zu folgen. Als Sie dies tun, bemerken Sie, daß sowohl der mittlere Stein als auch die anderen in dem Kreis mit kunstvoll eingemeißelten Spiralen und Linien versehen sind wie riesige Landkarten. Versuchen Sie, einiges, was Sie sehen, zu behalten, Sie könnten es später gebrauchen.

Sie folgen der Frau zum westlichen Rand des Kreises und entdecken, daß Sie wie in einem Torweg stehen. Vor Ihnen fällt der Boden schnell ab auf eine große Ebene zu, die sich bis zum Horizont erstreckt. Kreuz und quer darüber laufen viele schwach leuchtende Linien, an bestimmten Punkten mit Lichtspiralen durchsetzt. Ihnen wird klar, daß die Zeichnungen auf den Steinen des Kreises direkt zu ihnen in Verbindung stehen, und daß, was Sie jetzt sehen, ein Netzwerk uralter Fährten ist, das andere Kreise und stehende Steine über das ganze Land und darüber hinaus miteinander verbindet.

Während Sie beobachten, erhebt die Frau ihren Arm, und auf ihren Befehl brennen die Lichtlinien immer heller, bis Sie es kaum noch ertragen können, sie anzusehen. Sie fühlen die Energie durch das Land zu Ihren Füßen strömen und dann durch Ihren eigenen Körper aufsteigen, bis sie das Kronenchabra erreicht und über Sie fließt. Sie fühlen sich selbst in Licht gebadet, und obwohl Sie es nicht wagen, die Frau direkt anzusehen, wissen Sie, daß sie wie ein großer Leitstern in der Nacht erstrahlt.

Langsam beginnt das Licht zu verblassen, bis es wieder nur ein schwacher Schimmer in dem mondgebadeten Land ist. Als Sie sich abwenden, sehen Sie, daß *Elen von den Straßen* nicht länger an Ihrer Seite ist, noch überhaupt irgendwo in dem Kreis, und daß der Himmel beginnt, im ersten rosigen Schein der Morgendämmerung zu erröten. Während Sie in der Mitte des großen Steinkreises stehen, verschwindet langsam die Szenerie, und Sie finden sich wieder dort sitzend, wo Sie die Reise begannen. Kehren Sie allmählich ins Normalbewußtsein zurück, doch denken Sie daran, daß die leuchtenden Wege nun immer für Ihren Besuch geöffnet sind, und daß Sie, wenn Sie das nächste Mal einen der alten Wege beschreiten, die Energie und das Leben wahrnehmen werden, die ein Teil der Wege sind und nun auch ein Teil von Ihnen.

Übung 5   Der irdische Tierkreis

Sie stehen auf einer Anhöhe und schauen auf einen großen Hügel hin. Es ist Nacht, aber der Vollmond scheint, und Sie haben keine Schwierigkeiten, zu sehen, was folgt. Der Hügel ist von Wasser umgeben, auf dem kleine leichte Schiffe im Mondlicht hin und her fahren. Nebel steigt auf allen Seiten von der Erde auf, so daß Sie wie auf einer Insel zu stehen scheinen. Auf der Seite des Hügels, der Ihnen am nächsten liegt, sehen Sie Menschen umhergehen. Sie sind in lange Gewänder gekleidet und tragen Fackeln, die in der feuchten Luft flackern und rauchen und zum geheimnisvollen Charakter der Szene beitragen. Auf dem Gipfel des Hügels befindet sich ein großes Trilithon uralter Steine, und als Sie hinsehen, beginnt eine strahlende Helle aus ihrer Mitte zu scheinen. Sie wird heller und heller, bis alles in Licht gebadet ist und ein großer Feuerball sich von dem Hügel erhebt und in den Himmel aufsteigt, wo er schweben bleibt und ein strahlendes Leuchten über alles gießt. Aus ihm schießen Lichtstrahlen hervor, die rundum auf die Gipfel der Hügel fallen, einige nahebei, manche weit entfernt. Wie zur Antwort blinken Lichter von diesen Hügeln, und Sie werden sich dessen bewußt, daß eine große Anzahl von Menschen sich auf allen Seiten versammelt hat, obwohl Sie sie nicht sehen können. Ihr Blick wird wieder zu dem Hügel gezogen, und dort sehen Sie eine große Gestalt, von der Sie wissen, daß es der König ist, der den letzten Abschnitt des Hügels erklimmt, über den ausgestreckten Armen ein großes Schwert in rotgoldener Scheide tragend.

Auf dem Gipfel, gerade am Rand des Trilithons, steht eine in schimmernde Gewänder gekleidete Gestalt. Dies ist die Herrscherin, und obwohl sie nicht größer als der König zu sein scheint, ist sie irgendwie überlebensgroß, von titanischer Statur und Majestät. Dicht neben ihr steht ein großes weißes Pferd, sein Fell schimmert im Licht, die Augen funkeln, als es seinen Kopf schüttelt. Der König tritt vor und tauscht einen symbolischen Gruß mit der Herrin des Hügels aus. Dann besteigt er das große Roß und erhebt das Schwert, immer noch in der Scheide, über seinen Kopf. Aus der scheinbar undurchdringlichen Dunkelheit um die Steine herum erscheinen zwölf Gestalten, jede mit einem Zeichen des Tierkreises auf ihrer Stirn. Jede von ihnen trägt ein Symbol, von denen Sie einige vielleicht sehen können, andere nicht. Dieses sind die zwölf Schätze des Jahres, die mit dem inneren Leben des Landes verbunden sind, und die Gestalten sind ihre Wächter. Sie bilden einen Kreis und erheben ihre Symbole in Richtung der Herrscherin und des Königs. Dann drehen sie sich, bis sie nach außen blicken, und beginnen, sich im Kreis zu bewegen. Schneller und schneller bewegen sie sich, bis sie einen hellen Lichtring formen. Der König und die Herrscherin bleiben immer noch im Zentrum, die Achse des sich drehenden Rades bildend. Bald wird das Licht zu hell, als daß Sie die Gestalten noch klar sehen könnten. Sie werden zu einem wirbelnden Lichtrad, das sich nun von dem Hügel zu dem glühenden Licht erhebt, das immer noch darüber schwebt. Beide treffen aufeinander und werden eins, einen Moment lang brennen sie noch heller, bevor sie allmählich verblassen und sich nach außen zu den Sternen verteilen. Langsam bekommt die Szenerie ihr normales Aussehen zurück. Der Gipfel ist verlassen, und nur das Licht des Mondes scheint hell über allem. Erwachen Sie nun langsam wieder an Ihrem Platz; versuchen Sie, sich an so viel wie möglich von dem, was Sie gesehen haben, zu erinnern.

Sie haben die Möglichkeit, jeden Monat mit einer Gestalt des Tierkreises zu arbeiten, so wie sich das Rad des Jahres dreht. Sehen Sie, wie das Rad Ihr Land und Ihr Volk umgibt, und vermitteln Sie die Energien des entsprechenden Zeichens nach außen. In Zeiten nationaler Krisen konzentrieren Sie sich auf den König und die Herrin des Hügels als die ausgleichende Achse des Rades, denn sie sind die symbolischen Wächter des Landes.

KAPITEL 3

Begegnung mit den Göttern

Zusammen mit unserer reinen Essenz existiert ein angeborenes Wissen um die Götter.

Iamblichus: *De Mysterii*

Alle Götter sind ein Gott; und alle Göttinnen sind eine Göttin, und es gibt einen Urheber.

Dion Fortune: *Aspects of Occultism*

Einheimische Mythen und Gott-Formen

Jedes Land hat seine einheimischen Mythen-Zyklen: sie machen die innere Wirklichkeit des Landes aus. Es ist also sehr wichtig für uns, mit der Mythologie unseres eigenen Ortes vertraut zu sein und ein Verständnis davon zu haben, wo es in das übergreifende Mythenmuster des Westens hineinpaßt. Anthropologen wie Ken Wilber[287] oder John Layard[135] können uns dabei helfen; wie auch die Mythenforscher wie Joseph Campbell[39] und Robert Graves.[92] Doch wir müssen über jeden von diesen hinausgehen, wenn wir das notwendige genaue Wissen erlangen wollen. In einem Buch dieses Umfangs ist es offensichtlich nicht möglich, sich mit mehr als einer Auswahl der Archetypen und Szenarios, die den einheimischen Mythos ausmachen, zu beschäftigen. Wir haben entschieden, hauptsächlich keltische Mythen zu behandeln, da diese im allgemeinen zugänglicher sind als zum Beispiel nordische oder teutonische Mythen. Indem wir uns auf eine Mythologie beschränken, und zwar auf die, mit der wir vertraut sind und selbst gearbeitet haben, können wir leichter einen vollständigen in Gebrauch befindlichen Satz von Archetypen zeigen.

Dies heißt nicht, daß andere weniger gültig sind. Für einen Einheimischen der germanischen Welt wäre der in das *Nibelungenlied*[187] eingebettete Siegfried-Mythos angemessener als der Ulster-Zyklus oder der Arthurianische Mythos. Dasselbe gilt für das finnische Kalevala[125], den französischen Charlemagne-Zyklus[50] oder das spanische Epos vom Cid.[55] Auf den amerikanischen Kontinenten gibt es die Erdmagien der Hopi-Indianer[280] oder die finstere Mythologie der aztekischen und der tolketischen Kulturen[138]. Jede von diesen ist der einheimische Mythos des betreffenden Landes. Alle sind Teil der westlichen Mysterientradition, und viele haben unserem eigenen vertrauteren Territorium Aspekte ihrer selbst verliehen. Der Grund dafür ist, daß alle Mythen einst die gleichen Mythen waren: die Suche nach Feuer, die Namensgebung der Götter, die Übergangsriten und die Entdeckung von Landwirtschaft und Tierzucht wie auch der Prozeß, durch den die Metamorphose des *genius loci* in anthropomorphische Formen stattfand. Nur die enorme Zeitspanne hat die Linien des mythischen Universums verwirrt und verdunkelt, indem sie Gottheiten von Sonne und Mond, Erde und Sternen miteinander verband, die von Getreide und Wein, Blitz und Regen voneinander trennte; indem sie Formen immer wieder untereinander vermischte, bis es einer beträchtlichen Geistesanstrengung bedurfte, um sie in ihre ursprünglichen Formen und Beschreibungen zu zertrennen.

Es ist nicht einfach, die Umrisse der frühen keltischen Gottheiten zu erkennen. Schriftliche Aufzeichnungen sind rar. Cäsar, dessen Bericht wir das meiste unserer heutigen Information verdanken, ist weniger verläßlich, als er hätte sein können.[37] Doch wenn wir über die alten Götter nichts lesen können, ist es doch möglich, sich ihrer auf andere Weise bewußt zu sein. Dafür müssen wir lernen, mit den wichtigsten westlichen Archetypen zu arbeiten. Und das können wir nur tun, indem wir lernen, die individuellen Qualitäten unserer einheimischen Gott-Formen anzuerkennen und mit ihnen zu arbeiten.

Einst hatte jeder Baum, Stein und Quell einen Schutzgeist, den jeder, der sich ihm näherte, aufsuchen und mit dem er Kontakt aufnehmen konnte. In einem weiteren Sinne hatte das ganze Land eine nationale Identität, die im Geist des Ortes verkörpert war oder wie man es heute ausdrücken würde, im rassischen Archetyp. Die faltigen Gesichter alter Steine waren die Gesichter der Götter und die Stimmen von Bach und Strom die Stimmen ihrer Identität. Wir haben die Namen dieser Personifizierungen größtenteils vergessen – obwohl man sie in den alten Namen der Orte, wo unsere Urahnen einst ihre Andacht verrichteten, noch entdecken kann. Die größeren Kräfte, deren Charakteristika über den rein örtlichen Bereich hinausgingen, wurden oft vernachlässigt, doch nicht vergessen. Sie lebten in veränderter Form weiter in den Geschichten und Gedichten, die um sie herum wuchsen und etwas von ihrem Geheimnis und ihrer Andacht bewahrten, während ihre äußeren Formen sich mit der Zeit verwischten.

Dies waren die Götter, und ihre Kinder waren die Figuren der Märchen und Heldensagen: wie der Bären-Gott Artos, dessen Kult in England einst weit verbreitet war, der aber in den Geschichten-Zyklus, der sich um den Nationalhelden Arthur von England konzentrierte, einverleibt wurde. Oder wie Arianrhod, einst eine Mondgöttin, die aber im *Mabinogion*[146] eine halbmenschliche Gestalt wird, deren Name «Silberrad», die einzige Spur von ihrer ursprünglichen Rolle ist.

So veränderten sich die Formen, und die alten Namen wurden entweder vergessen oder bekamen neue Bedeutungen und Identitäten. Aber sie verschwanden nie gänzlich; ihre Anbetung setzte sich in isolierten Gebieten fort, lange nach der Ankunft der neuen Wege und Glaubenshaltungen. Manchmal starben sie schließlich auch hier aus oder wurden von neuen Gottheiten vereinnahmt, oder aber sie verschwanden, um zu den Bewohnern der Hollow-Hills zu werden, dem Feenvolk, von dem so viel geschrieben und so wenig verstanden wird. Das Volksgedächtnis verwahrte ihre Namen und Arten, aber selten ihre Funktionen. Sie wurden alt und müde und gingen vielleicht mit der Zeit fort. Doch andere paßten sich an, zogen sich in die tiefen Orte der Erde zurück oder verfielen in zeitlosen Schlaf, der sich keine Gedanken über die sonderbaren Possen menschlicher Wesen machte.

Schließlich begannen die Menschen, diese alten Bewohner der inneren Welt wieder aufzusuchen, um ihr einst stolzes Erbe als

Herrscher von Himmel und Erde anzuerkennen. Die mittelalterlichen Hexenkulte erkannten das Mysterium der natürlichen Elemente und begannen diese anzubeten, wie ihre Vorfahren es getan hatten. Sie folgten dem natürlichen Zyklus von Verfall und Wiedergeburt, von dem wir bereits sprachen: dem Gesetz, das besagt, daß nichts je verschwendet ist, das scheinbar vergessene Glaubenshaltungen und Mächte veranlaßt, mit erneuter Kraft wieder hervorzusprudeln und neue Anhänger unter den Unzufriedenen und Weisen zu finden.

Die auf dem westlichen Weg vorangehen, sind ebensolche Menschen: für sie sind die alten Götter und Göttinnen nicht tot, sie sind mächtige Kräfte in archetypischer Verkleidung. Wenn wir den einheimischen Mysterien folgen wollen, müssen wir in der Lage sein, die Gesichter der Götter wiederzuerkennen. Studieren Sie das folgende besonders ausgewählte Lexikon: diese Archetypen sollten Teil Ihrer täglichen Meditation und Übung werden. Dies ist der erste Schritt zu einer tieferen Wertschätzung der Götter hinter den Göttern, den archetypischen Energien, von denen wir in Kapitel 2 sprachen. Dennoch ist es wichtig, zu realisieren, daß, was in der äußeren Welt als Gottheit angebetet wird, im inneren Reich eine personalisierte Energie werden kann, mit der man direkt arbeitet.

Die ist eins der tiefgründigsten Mysterien des westlichen Weges. Es zeigt, wie wir die Harmonie mit der inneren Realität, die von den Kindern der Erde repräsentiert wird, wieder aufbauen können. Unsere Ahnen wußten dieses gut und verwahrten es in ihren religiösen Glaubenshaltungen und Übungen. Für unsere Ahnen waren die ersten Kinder der Erde die Götter und *ihre* Kinder die Helden, die danach kamen. In der durch die enorme Zeitspanne, die uns von ihnen trennt, entstandenen Unklarheit ist oft schwierig, zu sagen, wo Gott oder Göttin endet und Held oder Heldin beginnt. So ist die Figur des Bran im walisischen Pantheon eindeutig ein Gott und Gawain im Arthur-Zyklus ebenso klar ein Held, jedoch einer, der zufällig den Sonnenmantel der Mittsommer-Gottheit anlegt. Doch wer oder was ist Merlin? Kein Gott vielleicht, doch sicher ein großer schützender Wächter des inneren Reiches. Es gibt viele Antworten auf diese Fragen, und niemand kann sie alle wissen. Die Götter haben viele Gewänder, und jedes ist ein Name. Wir können hier nicht versuchen, sie in eine Ordnung von Sterblichen und Unsterblichen zu unterteilen. Die

Antworten auf solche Fragen werden ebenso wahrscheinlich von denen geliefert, die mit diesen Archetypen arbeiten als auch von Buchautoren. Gleich welches Ihr eigener Hintergrund sein mag, oder aus welchem Lande Sie stammen, Sie werden die Art der Götter wiedererkennen – der Donnernde, der Leuchtende, der Wächter über das Land. Der Herr oder die Herrin des Mondes ist in allen Ländern bekannt, wie auch die Götter von Fluß und Baum und Stein.

Es ist viel über die Götter, besonders die der nordischen und griechischen Welten, geschrieben worden – doch wenige Autoren gehen je über die Schilderung von Typ und Charakter hinaus: Bacchus als typischer Wein-Gott oder Poseidon ausschließlich der Gott des Meeres. Doch diese waren nicht nur Abstraktionen für die, die sie anbeteten. Wir scheinen zu vergessen, daß die Völker der alten Welt auch von Vertrauen beseelt waren, daß sie an die absolute Macht ihrer Götter glaubten. Man muß nur Iamblichus[115] oder Plutarch[203] oder Apulejus[5] lesen, um die Wahrheit dessen zu sehen. Sie hatten ein Glaubenssystem, eine Theologie, ebenso komplex und bedeutungsvoll wie jede heute ausgeübte. Die Götter durchdrangen alles. Wie der Neo-Platoniker Iamblichus (AD 250–325) sagt:

> Die Macht der Götter ist nicht teilweise in irgendeinem Ort enthalten oder teils menschlicher Körper... doch sie ist vollends überall gegenwärtig innerhalb der Naturen, die fähig sind, sie zu empfangen... Mehr noch, da sie selbst vor allen Dingen existierte und durch ihre eigene besondere Natur, genügt sie, um alle Dinge zu erfüllen, soweit diese in der Lage sind, daran teilzuhaben.[115]

Es ist doppelt wichtig, daß wir dieses heute realisieren, denn es fordert uns auf, vorsichtig auszuschreiten. Wir sind nicht gänzlich leere Gefäße, die darauf warten, von einem plötzlichen Strom von Gottes- oder Erd-Energie gefüllt zu werden. Iamblichus macht es klar: die Macht genügt, um alle Dinge zu erfüllen, *soweit diese in der Lage sind, daran teilzuhaben*. Dies sind nicht nur leere Abstraktionen, mit denen wir uns beschäftigen. Denken Sie auch daran, daß die Gott-Formen der einheimischen Tradition, wenn sie auch immer noch in ebenso gültiger Weise wie die messianischen Gestalten der Offenbahrungsreligion verwendet werden können, doch vorher wiederbelebt werden müssen. Eines der Probleme bei der Beschäftigung mit alten Archetypen in esoterischer

Arbeit, ist die Qualität des Materials, das durch analeptische Erinnerung übermittelt wird. Die Eigenart der heidnischen Kontakte spiegelt häufig frühere und ursprünglichere Belange wider. Das Material und die Kontakte sind an sich gültig, doch sie müssen durch die Vermittlung von Liebe, Weisheit und Macht für das moderne Bewußtsein wieder aufgebaut werden.

Wer den Gottesdienst der orthodoxen Religion schwierig findet, dem wird die Arbeit mit alten Gott-Formen wahrscheinlich kaum angemessener erscheinen. Die Wahrheit ist, daß *die Gott-Form der Repräsentant einer abstrakten Energie ist*, die der Esoteriker, statt sie anzubeten, eher an die Mittel-Erde übermittelt. Gott und Initiand sind Ko-Schöpfer, die jeder die Welten, in denen sie leben, reflektieren (siehe Kapitel 4). Durch Identifizierung und anschließende Verbindung an den Gott arbeitet der Initiand mit bestimmten Energien, die selbst transformierend sind. Durch gespannte Aufmerksamkeit und Sensibilität für die von der Gott-Form repräsentierten Energien wird der Initiand in engen Kontakt mit und zur Erkenntnis von dieser archetypischen Energie gebracht. Das ist gemeint, wenn wir davon sprechen, daß mit jemandem «Kontakt aufgenommen» wird. Es bildet die Basis der Religion, wenn es von kosmischem Verständnis statt naivem Aberglauben beseelt ist. Auf diese Weise ist es möglich, mit heidnischen Gott-Formen zu arbeiten (wenn man sie in ihrer eigentlichen Form auf Energien bezieht, die wir heute als Archetypen bezeichnen), solange ihre Energien voll in das moderne Bewußtsein integriert werden.

Wenn wir dies einmal akzeptieren, dann sind wir in der Lage, die volle Bedeutung und Wirksamkeit der Zeichen, die der Ausdruck der Götter sind, zu verstehen. Iamblichus nennt dies *synthamata*, unerklärliche Bilder, und er billigt ihnen eine individuelle Macht zu, um im Rahmen der Schöpfung zu arbeiten. *Wir*, sagt er,

> vollbringen diese Dinge nicht durch intellektuelle Wahrnehmung; denn wäre dies der Fall, dann würde die intellektuelle Energie... von uns eingesetzt... [statt dessen] wenn wir intellektuell nicht tätig werden, vollbringen die *synthamata* selbst ihre eigene Arbeit, und die unaussprechliche Macht der Götter kennt durch sich selbst ihre eigenen Bilder. [115]

Um es noch einmal zu wiederholen: die Realitäten, die wir *äußerlich* wahrnehmen, haben ihre eigenen *inneren* Korrelative, ob wir sie Götter oder Archetypen nennen, und mit ihnen zu arbeiten heißt, mit ihnen für die Partnerschaft der göttlichen Arbeit in Beziehung zu treten.

Die Gesichter der Götter

Arianrhod, Göttin des Mondes und der Sterne. Ihre Legende erscheint im *Mabinogion* in der Geschichte von Math, Sohn des Mathonwy. Wie Ceridwen (s. d.), mit der sie viel gemeinsam hat, ist Arianrhod eine Zauberin und Urheberin. Sie ist eine harte, ernste Gebieterin des Schicksals, die dem Lernenden schwere *geasa* (Verbote) auferlegt. Taliesin (s. d.) sagt, daß er drei Epochen im Gefängnis der Arianrhod verbrachte, wobei er sich auf das sich ewig-drehende Schloß der keltischen Anderwelt, dessen Herrin sie ist, bezieht und auf seine Initiation dortselbst. Caer Arianrhod ist sowohl das Schloß des Todes als auch der Wiedergeburt und steht im Walisischen für die Corona Borealis – die Krone des Nordens –, eine Verbindung zwischen Arianrhod und der griechischen Ariadne andeutend, die von Dionysos eine Krone erhielt, welche in darauffolgenden Mythen als die Corona bekannt wurde. Da sie so fest in der Anderwelt verwurzelt ist, werden mit Arianrhod keine Orte assoziiert, obwohl sie definitiv ein Sternen-Kontakt ist.

Literatur: *Mabinogion* [146], Gruffydd [96], Ross [215].

Arthur, Sohn von Uther Pendragon, König von England, und Igraine, einer atlantischen Prinzessin, die von Merlin (s. d.) hierher gebracht wurde. Arthur wurde von dem Zauberer bei seiner Geburt fortgenommen, um im verborgenen aufgezogen und in den Künsten der Königsherrschaft, des Krieges und der Magie ausgebildet zu werden; später gewann er das Mysterium des *Schwertes im Stein* und stellte damit seine Berechtigung zu herrschen unter Beweis. Er begründete die Tafelrunde der Ritter, die sich der Aufgabe weihten, Ordnung in die Welt zu bringen – ihre Arbeit spiegelte sich in inneren wie auch in äußeren Reichen wider. Er heiratete Guinevere, die die matriarchalischen Mysterienschulen Englands repräsentierte und deren Liebe zu Lancelot den Niedergang von Arthurs Königreich herbeiführte. Nach einer letzten Schlacht, in der er seinen Sohn Mordred tötete und von ihm verwundet wurde, ging er hinüber nach Avalon, einer der vielen Namen für die Anderwelt, wo Morgan le Fay (s. d.) ihn von seinen Wunden heilte. Er schläft unter hohlen Hügeln, die so weit auseinanderliegen wie Alderley Edge in Cheshire und der Ätna in Italien, wobei einige glauben, daß er auf die Zeit wartet, wenn er gebraucht wird. Man kann keinen bestimmten Kontaktort hervorheben, obwohl es zahlreiche Stätten gibt, die seinen Namen tragen. Man kann ihn, der in Wahrheit der Schutzgeist der Britischen Inseln ist, an beinahe jeder Stelle treffen, wenn Herz und Wille des Suchers wirklich darauf ausgerichtet sind, ihn zu entdecken.

Literatur: Malory[157], *Geoffrey of Monmouth*[85], *Mabinogion*[146], *The Welsh Triads*[268], Loomis[144], Morris[172], Ashe[8], Knight[132].

Bran der Gesegnete, Titanischer Gott der Kelten. Er war so riesig, daß er, als seine Anhänger den Ozean zu überqueren wünschten, hinüberwatete und deren Schiffe hinter sich herzog. Er ist ein Gott der Erde und der Berge, seine Geschichte ist lang und komplex und findet sich im *Mabinogion*; doch das tiefste mit ihm assoziierte Mysterium betrifft seinen «Tod», bei dem er seinen Anhängern befahl, seinen Kopf von seinem Körper zu trennen und ihn danach mit sich zu tragen. Er fuhr eine Zeitlang fort, mit ihnen zu kommunizieren und führte sie schließlich zu einer geheimnisvollen Insel (die manchmal als Bardsey vor der Küste von Süd-Wales identifiziert wird), wo die «Gesellschaft des Edlen Kopfes» Unterkunft fand und von Brans Kopf in einem Zustand zeitloser Freude ernährt und unterhalten wurde. Schließlich öffnete einer der Gesellschaft eine verbotene Tür, die nach Westen gerichtet war, und so wurden sie an ihre Sterblichkeit und die Vergänglichkeit der Zeit erinnert. Danach trugen einige von der Gesellschaft, von denen einer Taliesin (s. d.) war, den wundersamen Kopf zu dem Weißen Hügel (heute Tower Hill in London) und begruben ihn dort. Man glaubte, daß niemand das Land je besiegen könne, solange er ungestört bliebe, doch Arthur (s. d.) grub ihn in dem Glauben, daß niemand außer ihm England beschützen solle, aus, und danach ging er verloren. Es gibt viele Aspekte der Geschichte und des Charakters von Bran, die aus ihm einen Prototyp des Gralkontakts machen – seine Verbindungen mit dem Schicksal des Landes sind die offensichtlichsten. Er ist auch ein Typus der Chronos-Gestalt (s. d.), deren Einfluß man an bestimmten Stellen noch spürt. Dinas Bran in Wales hat starke Anklänge an ihn; doch wie auch Arthurs, ist seine Gegenwart diffus und mag an vielen Orten im ganzen Land gefühlt werden.

Literatur: *Mabinogion*[146], Ross[215], MacCana[148], Newstead[186].

Brigit/Brigantia. Die Irin Brigit, Tochter des Dagda von den Tuatha de Danaan (s. d.), ist die Göttin der Dichter, Heilung und Schmiedekunst. Sie wird manchmal eine dreifache Göttin genannt. Sie ist außergewöhnlich, da ihr Kult bis heute fast ohne Veränderung überliefert ist. St. Brigit von Kildare (AD 525) schloß in ihre Legende vieles aus der Sammlung der heidnischen Brigit ein. Der christliche Schrein in Kildare wurde von zwanzig Nonnen gepflegt und geschützt – die einundzwanzigste war Brigit selbst; in der Mitte des für Männer verbotenen Heiligtums ließ man ein heiliges Feuer brennen. In der Reformation wurde es ausgelöscht, doch der Kult von St. Brigit ist noch stark. Sie ist die zweitwichtigste Schutzheilige Irlands, doch ihr christlicher Einfluß ist in Schottland etwas abgemildert, wo sie sich mit Frauenkrankheiten und Viehpflege befaßt. Ihr Festtag ist der 1. Februar, und Anrufungen an ihren heidnischen sowohl als auch ihren christlichen Aspekt werden am besten zu dieser Zeit gemacht. In England wird sie mit der Figur der Brigantia assoziiert, der örtlichen Göttin der Briganten, einem keltischen Stamm Nordenglands. Eine Statue der Brigantia fand man in Birrens, wo sie die Embleme einer Siegergöttin und der Minerva in römisch-englischer Gestalt trägt. Ihre Orte sind (für St. Brigit) der Schrein in Kildare, County Kildare, und (für Brigantia) das gesamte Gebiet von Yorkshire, der starke natürliche Verbindungen zu ihr hat.

Literatur: Ross[215], Rees[210], Carmichael[42], *Oxford Dictionary of Saints*[191].

Cailleach Beare oder Bheur, Carlin. Cailleach bedeutet «häßliches altes Weib»; in höflichem Gälisch wird es noch als Bezeichnung für eine alte (Ehe-)Frau oder Großmutter verwendet. Die Cailleach ist eine der großen Titaninnen der Britischen Inseln: Hinweise auf sie sind in der Folklore vorhanden, seltener in Textquellen. Die Cailleach Beare oder das alte Weib von Beare ist die Urgöttin von Südwest-Irland und springt, wie ihr schottisches Äquivalent die Cailleach Bheur, über Gebirgsketten, die aus Steinen entstanden sind, die aus ihrer Schürze fielen. Wie Ceridwen (s. d.) verfolgt sie ihren Sohn – obwohl die Geschichte manchmal umgedreht wird, so daß sie die Jagdbeute ist und die beiden einer halbjährlichen Jagd nachgehen, bei der Sommer und Winter um die Herrschaft wetteifern. Wie die Göttin Tiamat aus dem Nahen Osten hat die Cailleach viele Verbindungen zu Wasserdrachengeschichten. Obwohl sie als verwelktes altes Weib erscheint, hat sie die Fähigkeit, sich als Jungfrau zu zeigen: die das Fest von St. Brigit (s. d.) begleitenden Volksrituale geben einen Hinweis darauf, daß diese Transformation beim Übergang von Winter zu Frühling stattfindet. In der schottischen Tiefland-Folklore wird die Cailleach zur Gyre Carlin, manchmal auch Nicnevin oder «Tochter der Knochen» genannt, in der Tat nicht unähnlich der indischen Kali, woraus man entnehmen kann, daß sie kaum zu den angenehmsten der Archetypen gehört, mit denen man arbeiten kann. Die mit der Cailleach verbundenen Orte sind zu zahlreich, um sie aufzuführen, doch man findet sie oft in Ortsnamen wie den zahlreichen Bergen mit Namen Sliabh na Cailleach in Irland und Schottland. Auch die alten Felsen der Beare-Halbinsel, County Cork, und die Gletscherhügel von Nordwestschottland erinnern an sie.

Literatur: MacKenzie[152], Ross[215].

Ceridwen, Göttin des Getreides und der Inspiration; sie wird in *The Welsh Triads* als eine der drei schönsten Frauen der Britischen Inseln beschrieben. Sie ist die oberste Urheberin, die Herrin der Mysterien. Sie besitzt den «Tiegel der Wiedergeburt», den frühesten Prototyp des Grals. Darin braute sie einen Initiationstrank, den Taliesin (s. d.) aus Versehen kostete und dadurch alles Wissen erlangte. Sie kann ihre Gestalt verändern, so daß sie dem Initianten in vielen Masken erscheint. Als ein Wächter der Weisheit kann sie viele erschreckende Gestalten annehmen, wie die der Sau-Göttin, aber ihr Ziel war, Verantwortung für das Wissen und seine Verwendung zu wecken. Aspekte ihrer Persönlichkeit findet man in Morgan le Fay (s. d.) und bei der keltischen Schlachtgöttin, die als Morrigan bekannt ist. Sie wurzelt tief in der Erde, deren Mutter sie ist, und man trifft sie daher am besten auf Erdhügeln oder den allgemein älteren heiligen Stätten. Sie ist besonders mit Llyn Tegid, Bala in Wales und mit Glastonbury in Somerset verbunden.

Literatur: *Mabinogion*[146], Spence[240], Graves[92], Ashe[7].

Cernunnos / Herne. Gott der grünen und wachsenden Dinge; Jägersmann, Geist von Erde und Geburt und Männlichkeit. Er wird meistens mit übergeschlagenen Beinen sitzend und mit Hörnern, die aus seiner Stirn wachsen, dargestellt, so auf dem Gundestrup-Kessel.[149] Manchmal als Gefährte von Ceridwen (s. d.) gesehen, mit der er eine Schutzgottheit vieler moderner Hexenversammlungen ist. Als Herne der Jäger wird er als Führer der wilden Jagd dargestellt, einem Rudel weißer Hunde mit roten Ohren, etwa in der Art von Gwynn-ap-Nudd (s. d.) oder Arawn (s. d.). Man kann ihn zu gewissen Zeiten im Jahr noch im Windsor-Park sehen, obwohl der Baum, der allgemein als «Hernes Eiche» bezeichnet wird, nicht der beste Platz ist, um ihn aufzusuchen. In der Tat ist es am besten, ihn überhaupt nicht zu suchen, da er sicher aus eigenem Antrieb kommt, hat er erst einmal Aktivität in seiner Nachbarschaft gerochen. Ein machtvoller und ursprünglicher Kontakt, der die Augen für die tiefsten Ebenen der Natur öffnet.

Literatur: Spence[237], Ross[215], Markale[160], Petry[198], Mottram[173].

Cronos. Ältester und erster der alten Götter. Gehört eigentlich dem klassischen Mythos an; die ihm nächst vergleichbare keltische Gestalt ist Bran (s. d.), doch Cronos ist besonders bedeutungsvoll aufgrund seiner Assoziation mit England. Diodorus Siculus[67] berichtete, daß er in ewiger und unveränderlicher Gefangenschaft tief in der Erde der Britischen Inseln gehalten wurde (siehe Kapitel 2). So wird er zum ältesten der vielen «schlafenden» Gott-Archetypen, zu denen Arthur (s. d.) und Bran gehören. Als Schutzgeist ist er außergewöhnlich machtvoll, und man sollte sich ihm nur mit Vorsicht nähern. Es ist sein Schicksal, in irgendeinem zukünftigen Zeitalter aufzuwachen, und da man von ihm sagt, er habe das letzte große Goldene Zeitalter in der Vergangenheit der Menschheit ausgeläutet, mag sein allmähliches Erwachen wohl das Signal für eine Rückkehr zu den Wegen und Glaubenshaltungen dieser Zeit sein. Er ist ein Gott von Erde und Zeit, und nur in der Zeitlosigkeit einer Höhle oder eines Erdhügels kann man seine Gegenwart fühlen.

Literatur: Ashe[8], Graves[91], Powys[205].

Gawain / Cuchulainn. Heroische Gestalten, die viele Aspekte der solaren Gottheiten teilen und dennoch ihre eigene Individualität bewahren. Beide sind für feuriges Temperament, rote Haare und die Abnahme und Zunahme ihrer Kraft im Tageslauf bekannt. Cuchulainn, auch der Hund von Ulster genannt, ist die primitivere Gestalt im irischen Mythos, obwohl man Teilaspekte eines früheren Gawain in den *Triads* erkennen kann, wo er Gwalchmai genannt wird: «Der Falke des Mai». Während sein Charakter sich entwickelt, wird er nach und nach christianisiert, bis er in dem großen mittelalterlichen Gedicht *Sir Gawain and the Green Knight* ein exemplarisches Beispiel an christlichen Tugenden geworden ist, das der bösen Magie von Morgan le Fay (s. d.) und dem Grünen Ritter, einer weit älteren und dunkleren Figur, die Cernunnos (s. d.) gleicht, entgegengestellt wird. In Gawain zeigt sich nur ein schwaches Abbild des «Schlachtenwahnsinns» von Cuchulainn, der während eines Kampfes eine körperliche Transformation durchmacht. Als solare Wesen haben beide eine Frische und Kraft, die sie zu exellenten Weggefährten macht und die man leicht im Freien unter einem heißen sommerlichen Himmel spüren kann. Für einige repräsentiert Gawain die alten Winter-Mysterien, die in piktische Zeiten zurückreichen, und seine Assoziation mit den Orkney-Inseln deutet eine Anderwelt-Verbindung an, da die Orkneys als Torweg in die «Leuchtenden Gebiete» betrachtet wurden. Man kann sagen, daß Cuchulainn besonders in Ulster präsent ist.

Literatur: *Sir Gawain & the Green Knight*[233], Malory[157], *The Welsh Triads*[268], O'Rahilly[190], *Tain*[256], Sutcliff[254], Steiner[247].

Gwynn ap Nudd / Arawn / Nuada / Nodens. Gwynn ist der Herr von Annwn, der Unterwelt und der Feenkönig. Er wird im

Mabinogion (s. d.) als Gefährte von Arthur (s. d.) erwähnt und ist für die Entführung von Creiddylad, der Tochter des Gottes Lyr, verantwortlich. Er muß darum kämpfen, sie jeden 1. Mai zu besitzen, indem er Gwythyr, den Sohn von Griedawl, zu einem Wettkampf herausfordert, der eine Prüfung von Sommer und Winter ist. Diese Erzählung ist eine Parallele zu der von Pwyll und Arawn im ersten Zweig der *Mabinogion*. Arawn ist auch der Herr von Annwn, der Jäger mit einem Rudel weißer, rotohriger Hunde – den Höllenhunden oder Gabrielhunden, von denen man auch sagt, sie jagten mit Herne (s. d.). Pwyll muß auch in einem alljährlichen Wettkampf um seine Braut Rhiannon (s. d.) kämpfen. In dem walisischen Gedicht *Preiddeu Annwn* – der Raum von Annwn – reist Arthur in Gwynns Königreich, um die magischen Schätze der Britischen Insel (s. d.) einschließlich des Kessels, über den neun Jungfrauen wachen – ein früher Prototyp des Grals –, zurückzubringen. In dem mittelalterlichen *Das Leben des St. Collen* gibt es eine Begegnung zwischen dem Heiligen und Gwynn: St. Collen betritt Gwynns Palast, indem er vom Glastonbury Tor herabsteigt, wohin, wie man annahm, Gwynns böser Einfluß durch die Verwendung heiligen Wassers verbannt worden war.

Geoffrey Ashe[8] setzt Gwynn ap Nudd mit dem römisch-britischen Gott Nodens gleich, der selbst eine Variante des irischen Nuada war. Nodens wurde als Jäger angesehen, ein Hüter des Waldlands und ein Seelenführer. Sein Tempel, der in Lydney ausgegraben wurde, bietet Möglichkeiten für Inkubation. – Pilger können in einen Schlaf fallen, so daß der Gott ihnen durch Träume Botschaften geben kann.

Nuada Airgetlam (Silberarm) war König der Tuatha de Danaan (s. d.) und wurde so genannt, weil er im Kampfe einen Arm verloren hatte. Da die irischen Könige – und tatsächlich alle alten Könige – nicht regieren konnten, wenn sie verstümmelt oder in irgendeiner Weise verunstaltet waren, legte er seine Königsherrschaft nieder, und der Gott der Heilung gab ihm einen silbernen, voll funktionsfähigen Arm. Als dieser später durch einen aus Fleisch ersetzt wurde, nahm er seine Königsherrschaft wieder auf.

Diese verwandten Götter haben alle besondere Kräfte der Wächterschaft und Verantwortung für das Land. Als Unterweltgötter stehen Gwynn ap Nudd und Arawn in ausdrücklichem Gegensatz zu den Göttern des Lichts, aber sie haben dennoch einen bestimmten Platz im großen Plan und können als Wächter der Winterhälfte des Jahres mit ihren Persephone-ähnlichen Begleitern gesehen werden. Sie sind die Beschützer der Unterseite der Dinge, der Seelenqualen und können den Reisenden in das tiefste der inneren Reiche leiten. Orte, die mit ihnen assoziiert werden, sind Lydney, Gloucestershire (für Nodens); Glastonbury, Somerset und Neath, Glamorgan (für Gwynn); Arbeth, Pembroke (für Arawn).

Literatur: Ross[215], Ashe[8], *Mabinogion*[146], Rees[210], Spence[239], Markale[160].

Helen von den Straßen. Göttin der Wege und alten Straßen. Manchmal als Elen bekannt, wirkt sie in dem «Traum von Maxen Wledig» im *Mabinogion* mit, wo sie das Land der Träume regiert. Auch als Göttin von Abend und Morgen bekannt, spielt sie die Rolle des Führers und Lehrers für diejenigen, die die alten Schlangenpfade zu den Stätten des geheimen Wissens suchen (siehe Kapitel 2). Vielleicht eine der ältesten einheimischen Gottheiten, nahm sie römischen Einfluß an und wurde mit St. Helen von Colchester, der Mutter von Konstantin dem Großen, identifiziert. Einer der großen alten Landwege in Wales ist als Sarn Helen, Helens Straße, bekannt, und ihm zu Fuß zu folgen, ist eine großartige Möglichkeit, Kontakt mit diesem besonderen Archetyp herzustellen. Aus den Übungen am Ende des zweiten Kapitels ist ersichtlich, wie sie beim Öffnen der Pforten zu den alten Stätten helfen kann.

Literatur: *Mabinogion*[146], Chant[48], Spence[239], Ashe[8].

Mabon / Maponus. Über Mabon, der seinen Platz als *puer aeternus* im keltischen Pantheon einnehmen muß, ist sehr wenig Textmaterial erhalten. Er wird immer als Mabon, Sohn der Modron, bezeichnet – Jüngling, Sohn der Mutter –, und von seiner Einkerkerung wird im *Mabinogion* (s. d.) in der Geschichte von Kilhwch und Olwen erzählt. Er ist das Urkind, das zu Beginn aller Dinge existierte und nach dem durch die ganze Geschichte hindurch mit folgender Frage gesucht wird: «Sag, wissest du etwas von Mabon, Sohn der Modron, den man seiner Mutter fortnahm, als er drei Nächte alt war?» Vögel und Tiere geben Zeugnis von ihm und Hinweise darauf, wo man ihn finden könnte, doch diese Frage wird wieder und wieder mit trauriger Liturgie gestellt. Die Mysterien des verlorenen Kindes sind eng mit der Mutter verbunden, der Matrone oder Modron – der Göttin früherer Zeiten –, und obwohl uns keine persönlichen Namen überliefert sind, ist die Wirkung von Mabon und seiner Mutter noch stark. Maponus oder göttlicher Sohn ist eine nördliche römisch-britische Variante, die in Inschriften oft mit Apollo assoziiert wird. Glouchestershire ist der mit Mabon assoziierte Ort und Lochmaben und die Lochmaben-Steine und Dumfries mit Maponus. Entlang der schottischen Grenze kann man viele ihm gewidmete Inschriften finden.

Literatur: Ross[215], *Mabinogion*[146], Gruffydd[96], Ashe[7].

Manannan/Manawyddan. Er ist der Meister der Meere, der Lotse der Seelen, die den Weg zu den gesegneten Inseln suchen; doch sein Interesse ist nicht auf die Dinge des Meeres beschränkt. Obwohl er ursprünglich nicht als einer der Tuatha de Danaan (s. d.) erwähnt wird, ist er in späteren Texten darin eingeschlossen. Sein Titel ist Mac Lir – vom Meer –, und sein walisisches Äquivalent ist Manawyddan, der im *Mabinogion* hilft, einen über das Land gelegten Zauber aufzuheben und eines der Kinder von Don (s. d.) ist. Beide, die walisische und die gälische Gestalt, verändern ihr Aussehen und besuchen diese Welt in der Maske von Reisenden und Handwerkern. Manannans Pferd oder sein Glasboot tragen den Sucher in die Anderwelt. Er hat auch eine große Anzahl von Schätzen, die im Crane-Bag aufbewahrt werden, der selbst ein Behälter der Weisheit ist. Seine Orte sind die Isle of Man; Emain Abhlach oder Emain von den Apfelbäumen, die als Isle of Arran im Firth of Clyde identifiziert wird; und jeder Platz der Verzauberung, der seine Resonanz in der Anderwelt hat. Sein Symbol ist das Rad mit den drei Speichen oder Triskel, das man im Symbol der Isle of Man sieht.

Literatur: *Mabinogion*[146], Rees[200], Roos[215], Graves[92].

Math vab Mathonwy. Archetypischer Gott der Zauberei und Transformation. Obwohl er einige der Charakteristika von Merlin hat, ist er eine viel ältere Gestalt, deren Magie zeitweilig sowohl roh als auch unerbittlich ist. Er handelt weitgehend nach seinen eigenen Gesetzen und ist als solches eher eine Gott-Gestalt als ein Zauberer. Er zeichnet sich durch die Fähigkeit aus, sich selbst und andere in Tiere oder Vögel zu verwandeln. Im *Mabinogion* ist er für die Anfertigung einer aus Blumen gemachten Braut für den Gott Llew (s. d.) verantwortlich. Er ist Führer zu vielen Mysterien und scheint tatsächlich ein Stadium der Weisheit zu repräsentieren, das sowohl älter als auch tiefer als das der meisten seiner «Kollegen» ist.

Literatur: *Mabinogion*[146], Markale[160], Spence[240], Graves[92], Garner[84], Gruffydd[96].

Merlin. Kein Gott, aber eine der wichtigsten Gestalten in der westlichen Tradition. Er umspannt sowohl heidnische als auch christliche Mysterien, ist die wichtigste Triebkraft im Zeitalter von Arthur (s. d.) und befindet sich im Herzen der Gralsgeschichte. Mit ihm Kontakt aufzunehmen, bedeutet, sich selbst direkt in das Zentrum sowohl der alten «druidischen» Mysterien (siehe Kapitel 1) als auch der hohen christlichen Magie des hermetischen Weges (siehe Band 2) zu begeben. Wie Taliesin (s. d.) ist er ein Kontakt, der viele Türen öffnet: die nach Atlantis, in die Anderwelt, das Land des Grals und die druidischen Wege, von denen er ein Teil ist. Es gibt viele Orte, wo man seinen Einfluß spüren kann (Merlins Höhle in Tintagel in Cornwall oder das ganze Gebiet von Marlborough in Wiltshire), doch nirgendwo so stark wie an der auf einem Hügel gelegenen Stätte in Wales, die als Dinas Emrys bekannt ist. Emrys ist der Name, unter dem Merlin in einigen Teilen des Landes bekannt ist, und der Hügel ist die wahrscheinliche Stätte seines ersten großen Abenteuers, bei dem er die Bedeutung des rot-weißen Drachen, der unter der Erde lag, enthüllte, und von wo aus er seine erste große Folge von Prophezeiungen machte (Sie können die ganze Geschichte und den Text der Prophezeiungen in *Geoffrey of Monmouth's History of the Kings of Britain,*[85] nachlesen). Als Herr der Meeresküste und des Höhlendunkels ist Merlin ein Bindeglied zwischen vielen verschiedenen Kräften. Wenn er gesucht wird, kann er schwer faßbar sein, doch er neigt in den unerwartetsten Momenten dazu, den Sucher aufzusuchen.

Literatur: *Geoffrey of Monmouth*[85], Spence[240], Markale[160], Jarman[117].

Morgan le Fay / Nimuë / Herrin des Sees (Lady of the Lake). In vieler Hinsicht eine der wichtigsten Figuren der westlichen Tradition. Als «Morgan le Fay» erscheint sie im Arthurianischen Zyklus (s. d.) als Kraft des Chaos und des Bösen, obwohl sie, verwirrend genug, auch als besonders um Arthur (s. d.) besorgt beschrieben wird, als er in der letzten Schlacht von Camlan verwundet wird. Ebenso anwesend bei dieser Szene, in der ein dunkles Boot erscheint, um Arthur nach Avalon zu bringen, ist Nimuë, die sowohl ein anderer Aspekt von Morgan, als auch Merlins (s. d.) Betrügerin ist. Gemeinsam mit der mysteriösen Gestalt, die als Herrin vom See (Lady of the Lake) bekannt ist, bilden sie eine Dreiheit, die sich bis zur Figur der Morrigan in irischen und walisischen Mythen zurückdatieren läßt, in denen sie als Schlachtgöttin bekannt ist. Ihre Rollen im Arthur-Mythos sind die der Helfer, aber auch Behinderer. So pflegt die Herrin des Sees Lancelot und stattet Arthur mit dem magischen Schwert Excalibur aus; während Morgan le Fay häufig sowohl Merlin als auch Arthur mit ihrer dunklen Magie entgegenwirkt. Nimuë dient als Lockmittel und ist schließlich der Untergang Merlins, doch zuvor ist sie eine loyale Vertraute an Arthurs Hof. Hinter all diesen Gestalten steht eine weitaus dunklere, ältere und geheimnisvollere Gestalt – eine Muttergöttin mit sowohl furchterregendem als auch sanftmütigem Aspekt, eine Lehrerin und Führerin und eine erbarmungslos Tötende und Hoffnung-Erweckende in einem. Als Kontakt bringt sie diese beiden Aspekte mit und muß vorsichtig behandelt werden. Man kann sie auf offenen Hügeln, in Dornenbäumen und an Flußufern in einen dunklen Mantel mit Kapuze gekleidet finden, manchmal um die Seelen toter Helden wehklagend oder als Vogel, gewöhnlich ein Rabe, der auf hohen Bäumen oder vorstehenden Felsen Wache hält.

Literatur: Graves[92], Spence[240], Markale[160], Malory[157], Rhys[212], Ross[215], *Vita Merlini*[276], Knight[132].

Rhiannon. Ihre Geschichte findet man im *Mabinogion* (s. d.), in der Geschichte von *Pwyll, Prince of Dyfed.* Sie ist tief mit den Mysterien von Mabon und Modron (s. d.) verbunden, denn auch sie verliert ein Kind, erleidet schwere Strafen und gewinnt ihren früheren Ruhm zurück. Sie ist zweifellos die walisische Persephone. Ihr Name – so nimmt man an – bedeutet «Große Königin», und ihr Kult ist mit dem der gallischen Stuten-Göttin Epona verknüpft, der selbst aus der früheren Verehrung der griechischen Schwarzen Demeter herrühren mag. Rhiannon ist auch die Herrin anderweltlicher Vögel, deren Gesang dem Zuhörer Vergessen und vielleicht auch Visionen bringt. Ihre Orte sind Arberth, Pembroke, dessen Hügel ein Eingang zu Awnn war; und jeder unterirdische Ort sowie Stätten, die der Stute heilig sind, wie White Horse Hill, Uffington und Berkshire.

Literatur: *Mabinogion*[146], Ross[215], Gruffydd[96], Graves[92].

Taliesin. Hauptbarde der Britischen Inseln, einer der «Gesellschaft des Edlen Kopfes» (siehe Bran) und ein Magier, der nur von Merlin übertroffen wird. Das Mysterium seiner Geburt, im *Mabinogion* beschrieben (s. d.), ist eine Metamorphose durch Vogel- und Tiergestalten und verbirgt ein Initationsritual, das einst in vielen Teilen der Welt Gültigkeit hatte, bei dem der Initiand einen speziell zubereiteten Trank zu sich nahm, der ihn veranlaßte, Visionen zu haben und durch wechselnde Bewußtseinszustände hindurchzugehen. Hier haben viele der überlieferten Gedichte Taliesins ihren Ursprung, die sich in *The Black Book of Carmarthen*[81] finden, und die in Rätseln eine Reise durch die gesamte Geschichte beschreiben. Teilweise von Robert Graves in *Die weiße Göttin*[92] enträtselt, bleibt dennoch viel Arbeit an ihnen zu leisten. Taliesin hat die Macht, das Individuum, das Verbindung zu ihm aufnimmt, durch viele Dimensionen von Raum und Zeit und durch die Elemente selbst hindurchzuführen. Er ist der Begleiter all derer, die den schwierigen einsamen «schmalen Pfad» des Verstehens durch die höchsten elementaren Kontakte beschreiten.

Literatur: *Mabinogion*[146], Nash[178], Skene[81], Markale[160], Spence[239].

Tuatha de Danaan/Kinder von Donn. Dies sind Namen, die jeweils dem Pantheon der irischen bzw. walisischen Gottheiten der frühen keltischen Periode gegeben wurden. Einheimische Götter folgten normalerweise nicht dem klassischen Modell einer verbundenen Familie, sondern fielen im allgemeinen unter getrennte und individuelle Kulte lokaler Provenienz. Wir müssen annehmen, daß die Familie von Donn oder Dann die ererbten Götter eines anderen Volkes waren. Im irischen *Book of Invasions* sind die Tuath de Danaan die fünfte Gruppe von Invasoren und wurden selbst von den Milesiern unterworfen, was eine historische Chronologie in die Christianisierung Irlands brachte. Diese Form ist in den walisischen Erzählungen keineswegs so klar. Obwohl Spuren der Tuatha bei den Kindern von Donn erkennbar sind, sind sie keineswegs in Charakter oder Erzählungsinhalt identisch. Dies ist vielleicht erklärlich, wenn wir die bekannte Kolonisierung von West-Wales betrachten, besonders an der Pembroke-Küste des alten Dyfed; Erinnerungen an diese Zeit verbleiben in der Form von vierzig Ogham-Steinen, die heute noch in Wales stehen. Danu, Anu oder Donn ist eine schemenhafte Matriarchin, deren Ursprung uns unbekannt ist; sie wurde mit der indischen Göttin Dánu, der Mutter von Vrtra in der *Rig Veda*[214], gleichgesetzt. Als was wir sie auch ansehen, sie ist eine titanische Gestalt, der griechischen Rhea vergleichbar, die auch eine Götterlinie gründete.

Der Charakter von Danu oder Donns Kindern wird durch ihre Meisterschaft in den Künsten, Fertigkeiten vieler Art, in Magie und Kampf definiert. Sie haben kein landwirtschaftliches Geschick, und diese Funktion wird besiegten, niedrigeren Göttern zugeschrieben. Danu ist die Mutter der Götter; Dagda – der gute Gott –, auch Ruad Rofessa genannt, «Herr des großen Wissens» – ist der Gott der Magie. Seine Tochter Brigit (s. d.) ist die Schutzgöttin der Dichter, Schmiede und Frauen. Diancecht ist der Gott des Heilens. Nuadu (s. d.) ist König der Tuatha. Lugh, genannt *Sabd il Danach* oder «Prinz der vielen Fertigkeiten», ist der Held der Tuatha, der schließlich die älteren Götter besiegt. Manaanan (s. d.), obgleich älter als die Tuatha, wird zu einem der ihren und stattet sie mit vielen unsterblichen Gaben aus. Sowohl er als auch Lugh überlebten am stärksten im Volksgedächtnis, nachdem die Tuatha in die Hollow Hills vertrieben wurden, als die Milesianer sie besiegten: sie erscheinen Königen und Helden als anderweltliche Helfer, wobei Manannan besonderes Interesse an der Pflege und Sorge für schutzlose Kinder und Frauen hat. Goibnin (s. d.) ist der Gott der Schmiede. Ogma, dessen Beiname Grian-Ainech oder «der Sonnengesichtige» ist, ist Gott der Dichtkunst und der Schriftstellerei. Die Erfindung der als Ogham bekannten Sprache wird ihm zugeschrieben.

Die walisischen Kinder von Donn zeichnen sich besonders

durch ihre magischen Fähigkeiten aus. Sie erscheinen im *Mabinogion* in der Geschichte von *Math, Son of Mathonwy*, wo ihr Einfluß auf Ereignisse die Welt auf den Kopf stellt. Gwydion (s. d.), der als Sohn von Donn und Neffe von König Math beschrieben wird, ist der Bogenführer und Magier. Mit seinem Bruder Gilfaethwy zettelt er eine Intrige an, durch die Pryderi, Rhiannons Sohn (s. d.), getötet wird. Dies zeigt vielleicht die Unterdrückung einer alten Gottesfamilie an, da Rhiannons Ursprünge in der Unterwelt liegen und daher dem Anfang aller Dinge näher sind. Gwydions Schwester Arianrhod (s. d.) gebiert zwei Söhne, Dylan, den Sohn der Welle, dessen Wesen eins ist mit dem Meer, und Llew Llaw Gyffes, Lleu oder «die geschickte Hand», das Äquivalent von Lugh Lamhfada, Lugh «vom langen Arm», in der Tuatha. Arianrhod erlegt ihm ein unüberwindliches *geasa* oder Verbot auf, daß er kein sterbliches menschliches Wesen heiraten dürfe. Als Folge davon machen Gwydion und Math eine Frau aus Blumen, Blodenwedd – Blumengesicht – für Lleu. Doch sie betrügt ihn, und Lleu, der nicht völlig getötet werden kann, verwandelt sich in einen Adler. Zur Strafe für ihren Betrug wird Bloddenwedd in eine Eule verwandelt, während Lleu wieder in sterbliche Gestalt zurückkehrt. Bis heute werden Eulen in Teilen von Wales bei ihrem Namen genannt.

Einen Brauch im frühen christlichen Irland zufolge schienen Mitglieder der Tuatha den Mönchen oder Eremiten, um von ihren Taten zu berichten und getauft zu werden, so daß sie aus den Hollow Hills in den christlichen Himmel übergehen konnten, was zeigt, wie stark der Einfluß dieser Archetypen war, sogar nachdem ihre Herrschaft angeblich beendet war. Wer die inneren Reiche des westlichen Weges beschreitet, wird wahrscheinlich einige von ihnen oder alle treffen und mag sie hilfreich oder hinderlich finden, je nach ihrer Natur. Sie sind, soweit man dies esoterisch verstehen mag, unsere einheimischen Titanen.

Literatur: Rees[210], Ross[215], de Jubainville[64], MacCana[149], Garner[84], *Mabinogion*[146].

Wieland / Govannon / Goibnui. Drei Typen der einen Gestalt: dem Schmied der Götter. Ein ungeheuer starker, tief verwurzelter Kontakt, von dem gesagt wird, daß er anbietet, Ihr Pferd zu beschlagen, wenn Sie die richtige Bezahlung bieten können; und er mag auch die Tür zur Unterwelt öffnen, wo er von Geburt ein König ist. Wielands Schmiede in Berkshire hat die stärksten Assoziationen mit ihm. An ihm ist interessant, daß er beinahe die einzige aktiv gebliebene sächsische Gottheit ist, indem er die Rollen früherer walisischer wie auch irischer Götter annahm. Dies ist ein Hinweis auf die besondere Position der Schmiede, die die ersten Schöpfer waren und das Geheimnis des Eisens kannten – den Ursprung des Volksglaubens, daß Hexen und Feenvolk eine von «kaltem Eisen» beschützte Schwelle nicht überschreiten können. Wieland teilt viele Ähnlichkeiten mit dem alten Grünen König, dem Mann der Wälder, der immer zu den tieferen Ebenen der Überlieferung führt. Man sagt auch, daß er viele magische Waffen gefertigt hat, einschließlich aller Wahrscheinlichkeit nach Arthurs Schwert Excalibur.

Literatur: Branston[28], Hayles[106], Graves[92].

Die meisten der oben erörterten Gestalten haben einen Platz in den großen mythologischen Zyklen des Westens: den Zyklen von Arthur, von Fionn, dem Ulster-Zyklus und den vier Romanzen des *Mabinogion*. Jede von ihnen erfordert beträchtliches Studium und verdient eigentlich ein eigenes Buch. Alles, was wir hier tun können, ist, wenn auch unvollständig, auf ihren wesentlichen Gehalt hinzuweisen, der einige der tiefgründigsten Mysterien des westlichen Weges einschließt. Das Wissen von diesen Zyklen ist für jeden, der diesem Weg zu folgen wünscht, unentbehrlich: ihre Gestalten und Geschichten sind alle Zugänge zu anderen Reichen, in die der heutige Novize nach Belieben hinein- und herauswandern können sollte. Einige geprüfte und erprobte Methoden, mit denen dies erreicht werden kann, finden Sie später in diesem Kapitel, doch vorher fügen wir eine kurze Erörterung der individuellen Zyklen und ihrer inneren Bedeutung an.

Der Arthur-Zyklus. Von den vier zu erörternden Zyklen ist dieser der bekannteste, aufgrund seiner zeitlosen Faszination für Menschen jeder Art und Altersgruppe. Die Geschichten um König Arthur und seine Ritter der Tafelrunde sind eigentlich eine lose verknüpfte Sammlung von Mythen, Legenden und Heldensagen, die keltischen, französischen und germanischen Ursprungs sind und von zahllosen Autoren durch die Zeitalter hindurch ausgearbeitet und vervollkommnet wurden. Vom Höhepunkt der Popularität des Mythos im Mittelalter haben wir das Bild einer Gruppe gepanzerter Ritter, die, von einem mächtigen König geleitet und von dem weisen Seher Merlin beraten, auf der Suche sowohl nach Liebe und Kampf als auch nach dem heiligen Gral waren. Sie stehen für viele der edelsten Sehnsüchte menschlicher Bemühung, dem Bedürfnis, Harmonie aus dem Chaos zu erschaffen, das Wertvollste zu erhalten und die höchstmöglichen Ideale anzustreben. Daher enthält der Zyklus als Ganzes wahrscheinlich das weitestmögliche Spektrum menschlicher Liebe, Dummheit, Begierde und Errungenschaften. Arthur ist der edelste der Männer und steht für den Stoff, aus dem das Land ist – tatsächlich *ist* er das Land und wird daher als in Höhlen darunter schlafend dargestellt, bis man ihn ruft, um zurückzukehren und der menschlichen Rasse beizustehen. Guinevere, unbesonnen und menschlich in ihrer heftigen Liebe zu Lancelot, steht für ein älteres, weibliches Mysterium (siehe Knight [132]), wie viele der Gestalten des Zyklus, von denen einige bereits Erwähnung fanden: so Morgan, Nimuë, Lunet, Lionors, Dindrain und Isolde. Ihre männlichen Pendants, die großen Ritter Galahad, Gawain, Parzival, Lamorack, Gareth – deren Namen wie ihre Taten Legion sind –, stehen jeder zu einem gewissen Grad in Verbindung mit den westlichen Mysterien. Als Begleiter auf dem Weg können sie machtvolle Wächter, Führer und Vorbilder sein, unendlich fasziniert von der modernen Welt wie von ihrer eigenen. Durch das nie endende Interesse, mit dem man sie überhäuft, sind sie mit Zeitlosigkeit ausgestattet worden; und sie reagieren gut auf direkten Kontakt in der Meditation oder im Traum. Ist der Kontakt einmal hergestellt, mögen Sie erleben, daß ein einzelner Ritter oder eine Herrin sich an Sie anschließt und sich wie eine ständige Eskorte in Ihrem täglichen magischen und weltlichen Leben verhält.

Da die Basis des Mythos keltisch, germanisch und sogar atlantisch ist, kann die Arbeit mit dem Arthur-Zyklus besonders lohnend sein, weil sie zu einer oder mehreren der inneren Realitäten dieser Kulturen führen mag. Für den, der sich mit den Mysterien des Grals befaßt, ist die Kenntnis der Arthur-Geschichten unerläßlich. Die Abenteuer der Gralssucher und das innige Verständnis des esoterischen Gralsreiches, das viele der *Romances* besitzen, sind ohnegleichen als Führer zu diesen häufig verwirrenden Orten. Das Mysterium im Herzen des Grals ist Dienen, und jeder

der Ritter, der dieses Mysterium erlangt hat, besitzt die Fähigkeit, zu helfen und uns auf unserem Weg zu dem Ort, wo der verwundete König unser Kommen so ungeduldig wie seit unermeßlichen Zeiten erwartet, zu unterstützen.

Quellenbücher über Arthur sind im Überfluß vorhanden, und es gibt einige gute Geschichtsbücher und Bibliographien, die dem Sucher in das dichte Waldland des Englands Arthurs hineinhelfen. Eine ausgewählte Liste befindet sich am Ende dieses Buches. Doch auch romanhafte Wiedererzählungen sollte man nicht ignorieren: viele enthalten große Einsichten, von denen wir lernen können, und sind aus diesem Grunde mit aufgeführt. Eine detailliertere Betrachtung der Rolle moderner Geschichtenerzähler folgt später in diesem Kapitel.

Die vier Romanzen des Mabinogion und verwandte Geschichten, insgesamt als das *Mabinogion* [146] bekannt – «Mabinog» heißt übersetzt «Jugendromanzen» –, bestehen aus zwei getrennten, wenn auch verwandten Arten von Textmaterial. Die vier Romanzen selbst, *Pwyll Prince of Dyfed*, *Branwen Daughter of Lyr*, *Manawyddan Son of Lyr* und *Math Son of Mathonwy*, bilden einen lose geknüpften Zyklus von Balladen, die im neunten Jahrhundert niedergeschrieben wurden, jedoch Textmaterial viel früherer Zeiten einschließen. Sie sind die frühesten «vollständigen» Mythen Englands – obwohl sie von christlich-klösterlichen Schreibern entstellt und umgeschrieben wurden, wobei diese Veränderungen vornahmen, die schwer mit dem Originaltext in Einklang zu bringen sind. Nichtsdestoweniger sind sie eine lohnende Quelle, deren Ausbeute der Stoff der Mysterien ist; denn nirgendwo sonst werden Sie derart vollständige Schilderungen einheimischer Götter finden.

Die restlichen unter der Überschrift «Mabinogi» gesammelten Romanzen sind unzusammenhängender und bestehen aus mehreren Arthur-Geschichten, die von modernen Gelehrten – Loomis [144], Brown [31], Bromwich [268] – für Kopien des mittelalterlichen französischen Epos von Chrétien de Troyes gehalten werden (obwohl dies keinesfalls notwendigerweise stimmt), wie auch aus einer sehr alten Arthur-Romanze *Kilhwch and Olwen*, die einiges vom frühesten vorhandenen Text des ganzen Zyklus enthält; und aus zwei vor allem mythischen Geschichten: *The Dream of Maxcen Wledig* (siehe Kapitel 2) und *The Dream of Rhonawby*, die beide Text bedeutend früherer Art enthalten. Die Sammlung wird mit der Romanze von *Lludd and Llevellys* vervollständigt, die sich auf die Drachenmythen und Merlin bezieht, und der sehr wichtigen *Hanes Taliesin*, die aufgrund ihrer «schwierigen» und fragmentarischen Natur in neueren Ausgaben der Texte ausgelassen wird. Sie findet sich jedoch in der Originalausgabe von Lady Charlotte Guest[146] und sollte unbedingt wegen ihres magischen und initiatorischen Inhalts gelesen werden.

Unähnlich dem Arthur-Zyklus neigt die Gesamtrichtung des *Mabinogion* eher zum heldischen als zum ritterlichen. Trotz aller dünnen Überlagerung durch spätere Texthinzufügungen findet man hierin den frühesten und ursprünglichsten Stoff des einheimischen keltischen Mythos. In einer der drei Arthur-Romanzen *Peredur Son of Evrawc* findet sich die einfachste Form der Gralslegende; in einer anderen, *The Lady of the Fountain*, ist die Atmosphäre sehr viel magischer als in Chrétien de Troyes' eleganter französischer Version.[54] Für *Geraint Son of Erbin*, das dritte der Stücke, gilt dasselbe. Wie immer der Text auch überliefert wurde, er ist offenkundig älter als die mittelalterlichen Versionen, auf die es sich angeblich stützt.

Schließlich muß in diesem Zusammenhang die Sammlung von Sinnsprüchen und historischen Erzählungen, die als *Triads*[268] bekannt ist, Erwähnung finden. Diese ist eine Form der Gedächtnisstütze, die von alten Geschichtenerzählern und Barden benutzt wurde, um die Hauptthemen ihres umfassenden Repertoires zu bewahren. So erinnern die «Three Disastrous Revealings» oder die «Three Golden-Torqued Bards of Britain» folgerichtig an die mit ihnen assoziierten Geschichten – manchmal epigrammartig hinzugefügt, und da viele der Geschichten untergegangen sind, bieten diese Einblicke in eine Welt, von der wir nur quälend wenig wissen. Tatsächlich ist eine der besten Übungen, die wir kennen, um mit den einheimischen Gott-Gestalten vertraut zu werden, eine der Triads zu nehmen und sie als Meditationsthema zu benutzen. Sie mögen überrascht sein über die Menge, die auf diese Art und Weise «wiederentdeckt» werden kann und über die Einsichten, die dadurch in ihrem täglichem Leben plötzlich deutlich werden.

Der Fionn-Zyklus ist dem Ulster-Zyklus (s. d.) ähnlich, wenn auch leichter gestimmt. Fionn Mac Cumhal ist der Kapitän von König Cormac MacAirts *fiana*- oder Heldenschar. Sie durchstrei-

fen die ländlichen Gebiete Südirlands, und ihre Abenteuer nehmen viel Raum in dem Zyklus ein. Die Zulassung zu der Schar ist
auf die beschränkt, die alle Arten körperlicher Kunststücke ausüben können; so mußte der Kandidat zum Beispiel durch einen
Wald laufen, ohne ein Haar auf seinem Kopf oder einen Baum-
zweig zu verrücken, oder er mußte in der Lage sein, im Laufen
einen Dorn aus seinem Fuß zu ziehen, ohne seinen Schritt zu ver-
langsamen. Vom Kandidaten wurde erwartet, daß er in der Dichtkunst wie auch im Kampf ausgebildet war. Die Parallelen zu Robin Hood (s. d.) und seiner Schar sind unschwer zu ziehen. Wie im
Ulster-Zyklus (s. d.) kommt die Geschichte wegen einer Frau zu
einem tragischen Ende. Grainne, die versprochene Ehefrau
Fionns, läuft mit seinem besten Freund Diarmuid nach Schottland fort, wo sie ein idyllisches, wenn auch kurzes Leben in der
Wildnis verbringen. Die enge Verbindung zu den Arthur-Geschichten und der von Kilhwch und Olwen (*Mabinogion*, s. d.) ist
ebenso deutlich wie auch die zu den Tristan-und-Isolde-Legenden.
Fionn selbst ist ein Initiand nach der Art Taliesins (s. d.), da er den
Lachs des Wissens berührte, während er ihn für seinen Dichter-
Herrn kochte. Dies gibt ihm Immunität vor seinen Feinden (Dichter wurden von Kampfhandlungen verschont) wie auch Zugang
zur Anderwelt, mit der er in der Volkstradition noch verbunden
wird. Fionns Sohn Oisin läßt man bis zur christlichen Ära überleben, in der er St. Patrick trifft und ihm die Taten der Fiana berichtet. Wie alle die hier erörterten uralten Mythen geben die Helden
des Fionn-Zyklus gute Begleiter bei einem Besuch und der Erkundung der einheimischen magischen Stätten und Gebiete des Landes ab.

Literatur: Rees[210], MacCana[149], Sutcliff[253].

Der Ulster-Zyklus. Was die Fiana für den Süden, sind die Helden dieses Zyklus für den Norden. Tatsächlich hat der noch heute
offensichtlich kriegerische Charakter von Ulster seine Wurzeln
innerhalb des Ulster-Zyklus verwandter Geschichten. Hier sind
wir immer noch mit den Festtagen der Tuatha de Danaan (s. d.)
verbunden; doch wenn die Tuatha das Goldene Zeitalter repräsentieren, dann repräsentiert die heroische Tradition von Ulster das
Silberne Zeitalter. Großtaten, Ehre, heroische Verhaltenskodices
erinnern uns stark an die Trojanischen Kriege, wie Homer sie be-

schrieb. Im Ulster-Zyklus werden den Menschen schwere *geasa* auferlegt, oder sie sind Objekte böser Verwünschungen, die ihre Handlungen in solchem Maß beschränken, daß nur ein tragischer Ausgang möglich ist. Ulaidh, das vormalige Ulster, wurde von Conchobar mac Nessa regiert, dessen Hof in Emain Mhacha war, nahe der heutigen Stadt Armagh. An seinem Hof finden sich die Kämpfer und Helden, die zusammen die «Rotzweig-Ritter» bilden: Conall Cernach, Fergus mac Roich und, der berühmteste von allen, Cuchulainn, dessen Heldentaten beinahe einen eigenen Zyklus bilden (s. d.). Ulsters Schicksal ist mit Stammesfehden, besonders mit dem rivalisierenden Hof von Königin Maebh von Connacht, verknüpft. Die berühmteste Romanze ist die der *Tain Bo Cuailnge*, dem Viehraub von Cooley, nach dem Cuchulainn durch die Magie der Morrighan getötet wird – der ursprünglichen Cailleach (s. d.), deren Bösartigkeit noch aus der Zeit vor der Herrschaft der Tuatha de Danaan (s. d.) herrührt. Verwandte Geschichten im Zyklus sind *Deirdre and the Sons of Uisnech*, die Parallelen zur *Pursuit of Diarmuid and Grainne* aus dem Fionn-Zyklus (s. d.) aufweist, in der die Schönheit Deirdres und die ehrenwerten und unmöglichen *geasa*, die denen um sie herum auferlegt waren, die Basis für die folgende Tragödie von Ulster bilden. *Bricriu's Feast* und *Mac Da Tho's Pig* sind humorvolle Zwischenspiele, in denen die Helden anderweltliche Abenteuer und sehr reale Erniedrigungen erleben. Die erstgenannte Geschichte enthält das erste Beispiel des Enthauptungsspiels, das später in dem mittelalterlichen *Sir Gawain and the Green Knight*[233] verbunden mit einem anderen Cuchulainn-ähnlichen Held erscheint. Der Ulster-Zyklus insgesamt ist von dunkler Rachsucht und stolzem Ehrgefühl erfüllt und vielleicht der schwierigste, mit dem man in heutiger Zeit arbeiten kann.

Literatur: MacCana[149], Rees[210], *Tain*[256], Sutcliff[254].

Robin Hood. Dem Kinopublikum wahrscheinlich besser bekannt als den Schülern der Esoterik, ist Robin Hood oder Wood nichtsdestoweniger eine wichtige Gestalt in den westlichen Mysterien. Ursprünglich ein Geist des englischen Waldlands, ist er ein höchst englischer Charaktertyp. Seine Anfänge verlieren sich im Nebel der Zeit und wurden mit einer zweifelhaften historischen Gestalt, die wechselweise als Robin of Huntingdon oder Robin of Locksley bekannt ist, überlagert. Eine Serie von Balladen aus dem zwölften und dreizehnten Jahrhundert beschreibt die Abenteuer des großen Gesetzlosen von Sherwood Forest: ein kleiner Zyklus von Erzählungen, der so pittoreske Charaktere wie Little John, Will Scarlet, Alan à Dale und Friar Tuck einschließt; viele mit älterem und dunklerem Selbst waren zu dem Zeitpunkt kaum mehr als schwache Erinnerungen. Robin ist vor allem ein Mann des Volkes, ein Ausgleichender, dessen Bild in zeitgenössischen Figuren, wie dem einsamen maskierten Rächer der Unterdrückten, noch wieder auftaucht. Als kontaktierter Archetyp öffnet er das Mysterium des Waldlandes und schattiger überwachsener Lichtungen. Er ist tiefgründig, schnell und beflissen, die, die ihm folgen, auf neue und überraschende Pfade zu führen. Mit der Maid Marian als Begleiterin herrscht er über das Waldland Englands wie ein Feenkönig.

Literatur: Holt[112], Child[53], Vansittart[272].

Moderne Mythographen und Geschichtenerzähler

Die einheimische Tradition besitzt kein autorisiertes Buch oder eine Heilige Schrift, aus der nachfolgende Generationen zitieren, auf die sie sich beziehen und die sie als Wegweiser zum Leben verwenden könnten. Statt dessen gibt es die Urmythen, archetypische Situationen und Themen, die in einem losen Rahmen zusammengebunden sind und von Charakteren in der Verkleidung von Göttern und Göttinnen, Engeln und Dämonen, Helden und Liebhabern illustriert werden. Texte wie die Bibel, der Koran, das Popol Vuh[204] oder die Veden bleiben, haben sie einmal feste Form erlangt, praktisch unverändert: es gibt sie, damit man sich zu jedem gegebenen Zeitpunkt auf sie beziehen kann. Mythen jedoch fahren fort, zu wachsen und sich zu verändern. Sie sind für endlose Neuinterpretationen offen. James Joyce kann uns eine neue Sichtweise von Odysseus geben, indem er ihn im modernen Dublin ansiedelt. Die anscheinend endlose Wiederholung griechischer

Mythen oder Arthur-Legenden vom Mittelalter an ist ein weiterer Beweis. Die darin enthaltenen Themen sind endlos und zeitlos und reichen bis in das tiefste Innerste menschlicher Erfahrung – dasselbe, das sie gebar. Dies sind die Wurzeln von Erzählung, die Bewahrung von Mythos und Archetyp, ob von der legendären Geburt eines Helden oder der individuellen Reaktion auf die Krise in Nordirland. Die Kunst des Geschichtenerzählers besteht darin, die tiefstmögliche Ebene zu erreichen, und alle echten Könner dieser Kunst kann man daran erkennen. Indem sie dies tun, erhalten und vermehren sie die Bedeutungsebenen, die jede nachfolgende Generation im Fundament der Originalerzählung findet.

Wie wir im ersten Kapitel sahen, war der Schamane / Priester der erste Mythen-Erschaffer – und der erste Geschichtenerzähler. Indem sie aus ihrer unmittelbaren Erfahrung der Anderwelt und ihrer Archetypen und ihrer eigenen inneren Wirklichkeit schöpften, erweckten sie die ersten Mythen zum Leben. Später wurden die auf diese Mythen bezogenen Erzählungen und Ereignisse zum Kern der Religion, Mysterien und dem Ort des Stammes im Zusammenhang der Dinge.

Doch wie mit jeder Geschichte, die mehr als einmal erzählt wird, wurde hinzugefügt und ausgeschmückt, bis es eine komplexe Geschichte war. Während der Mythos das Aufgabengebiet des Schamanen / Priesters blieb und daher als heilig angesehen wurde, war die Erzählung für jedermann offen. Dies änderte sich später, als das Thema zu Legenden, Märchen und schließlich Kinderunterhaltung degradiert wurde. Doch niemand bezweifelte die Macht des Wortes. Ray Bradburys berühmter Science-fiction-Roman *Fahrenheit 451* [26] erzählt von einer zukünftigen Zeit, in der Bücher als subversive Elemente der Gesellschaft verboten sind: sie stimulieren die Emotionen und geben eine vollkommen andere Sicht der Welt als die von der Regierung akzeptierte. In Bradburys Geschichte nehmen verschiedene Menschen die Aufgabe auf sich, ein ganzes Buch Wort für Wort auswendig zu lernen, damit die Geschichte nicht verlorengeht. Jeder wird ein «lebendes» Buch. Dieser Zustand scheint vielleicht weit hergeholt, doch dies ist genau, was die alten Geschichtenerzähler taten – sie lernten eine Geschichte auswendig, deren Erzählung oft mehrere Wochen dauern konnte, und danach gaben sie die Geschichte bei wichtigen Stammesereignissen zum besten. Diese Tradition war bis vor kurzem in Irland und dem Westen Schottlands noch vorhanden, bis das Bedürfnis nach solchen langen Geschichten mit der Ankunft von Radio und Fernsehen schwand. Ein besonders trauriges Schicksal für den Geschichtenerzähler wurde der Mangel an Publikum:

> Es kam eine Zeit, als es selten wurde, daß er eine Gelegenheit hatte, seine Kunst in der Öffentlichkeit auszuüben. Um also nicht die Kunst und Erinnerung an die Erzählungen, die er liebte, zu verlieren, pflegte er sie laut zu wiederholen… dabei die Gesten und die Betonung und alle anderen Erzähltricks verwendend, als sei er wieder der Mittelpunkt des Geschichtenerzählens am Feuer… Bei der Rückkehr vom Markt, wenn er langsam hinter seiner alten grauen Stute die Hügel hinaufging, konnte man ihn seine Erzählungen an die Rückseite seines alten Wagens deklamieren hören.[210]

Diese beinahe ausgestorbene Tradition stammte aus dem hochorganisierten Repertoire des professionellen Dichters, dessen Pflicht es war, bis zu einhundertfünfzig Geschichten im Verlauf der Ausbildung zu lernen. Diese Geschichten wurden in Kategorien klassifiziert, die als angemessen für die Rezitation bei bestimmten Ereignissen angesehen wurden. Klassifizierungen wie Zerstörung, Viehraubzüge, Entführungen, Empfängnisse, Visionen, Reisen, Invasionen usw. Da jede Geschichte ein bestimmtes Thema zum Inhalt hatte, wurde die Geschichte zu einem Anlaß oder bei einem Ereignis erzählt, zu dem die Geschichte paßte. So wurde die *Wooing of Emer by Cuchulainn* (Cuchulainns Werbung um Emer) bei einer Hochzeit oder Verlobung rezitiert. Der traditionelle Segen, Fluch oder die Abschwörung gingen oft mit der Erzählung einher, und dieses Element drang in die mittelalterliche Literatur ein, wo der Leser davor gewarnt wurde, ein Wort der Geschichte zu verändern oder sie zu kürzen und wo ein Segen für den eingeschlossen wird, «der diese Worte hört und sie behält».

Die Worte der Geschichte sind daher Worte der Macht, mit denen der Unkundige sich hüten muß, herumzupfuschen. Daher die Eröffnung vieler Geschichten mit der Formel «Diese Geschichte ist eine wahre Geschichte, und ich habe sie von X, der sie von Y hat. Wer immer mir nicht glaubt, sollte diese Gesellschaft besser verlassen, als die Geschichte ungläubig zu hören.» Die Macht des Wortes in diesem Ausmaß blieb in Schriften und heiligen Werken aller Menschen erhalten. Noch heute wird unter einfachen Mos lems ein Papierstreifen mit einer Koran-Sure um eine Wunde gebunden und als wirkungsvolleres Heilmittel erachtet als ein Stück Heftpflaster. Das *Guru Granth Sahib*, das heilige Buch der Sikhs, wird als lebendes Wesen behandelt und entsprechend konsultiert; und auch Hindus gehen immer noch in Notzeiten zu einem Priester, um einige Verse der heiligen Schriften lesen und sich gleichsam damit segnen zu lassen.

Wir gewähren Geschichten wenig von diesem Respekt. Das Wort «Fiktion», auf Geschichten angewendet, ist zu einem Begriff der Geringschätzung geworden. Wenn es Fiktion ist, dann ist es faktisch nicht wahr, so lautet die Argumentation. Und doch wird das Leben vieler Menschen heute von der Macht der Dauerserie in Knechtschaft gehalten – selbst eine unendlich lange Geschichte, deren Erzählung viele Nächte andauert. Wenn eine Figur in einer Serie heiratet oder getötet wird, verspürt das Publikum Entzücken oder Schmerz, je nach Stärke der Identifikation mit dieser Figur.

Die Geschichte hat sicherlich immer noch Macht, wenn sie gehört, gelesen oder aufgeführt wird. Sie ist charakterbildend, da die Hörer ihren eigenen Lebensstil unmerklich verändern, um ihn mit dem des Helden oder der Heldin des Stücks in Übereinstimmung zu bringen. Die Geschichte ist nährend, sie versorgt unsere Freizeit heute, wie sie einst die Realität der langen kalten, dunklen Winternächte auslöschte, als der Geschichtenerzähler ein willkommener Gast war, der wie ein König behandelt wurde und dem man das Beste gab, was der Haushalt zu bieten hatte, oder als die Alten mit gutem Gedächtnis aufgerufen wurden, die Geschichten von uralten Zeiten wieder zu erzählen:

> Einer der alten Weisen des Stammes kommt, um seinen Platz einzunehmen. Um seinen Hals hängt eine Kette aus Bärenzähnen, deren Zahl sich auf die der Geschichten, die er kennt, beläuft. Er trägt vielleicht seine eigene Trommel oder ein Lehrling mag sie tragen, einer, der die Stammesgeschichten und den Akt ihrer Erzählung erlernt. Die Trommel gibt den Rhythmus für den Gesang; sie kennzeichnet die Pausen; sie schlägt glorreich zur Beendigung.[224]

Das literarische oder «hohe» Erzählen war immer ein Hauptbestandteil des Geschichtenerzählens: die poetischen Klagen von Deirdrui in Alba, die kunstvollen Beschreibungen Helenas von Troja bei Homer, die *entrelacement*-Techniken der mittelalterlichen Romanciers oder die facettenreiche Schilderung in Lawrence Durrells *Alexandria-Quartett*[72] teilen alle diesen Stil des Geschichtenerzählens. Gleichermaßen ist Raum für die Familien-Saga: vom *Nibelungenlied*[187] bis zur *Forsyte Saga* besitzen sie die gleiche Anziehungskraft. So auch die Abenteuer-Geschichte, ob über die Reise von Bran oder die letzte Reise Tim Severins.[229] Oder Kriegserzählungen von der *Tain Bo Cualigne*[256] bis zur Schlacht um die Falkland-Inseln, beides Geschichten von sich Bewähren auf die eine oder andere Art. Sie alle zeigen, daß die Themen unaufhörlich zur klassischen Definition der Geschichte zurückkehren.

In Wahrheit gibt es nur eine Handvoll Geschichten, und alle sind Variationen von DER GESCHICHTE. Die Volkserzählung, von «Steh auf und schließ die Tür» bis zur neuesten Fernseh-Komödie, hat bleibende Anziehungskraft, in dem sie sich mit den allgemeinen Lebenserfahrungen befaßt; peinliche Situationen sind für den Hörer immer lustiger als für den Betroffenen, und der Geschichtenerzähler muß sein Publikum sowohl zum Lachen als auch zum Weinen bringen.

Die Macht der Geschichte mag wohl in den Reihen der Mächtigen nicht zählen, doch ihre bleibende Macht wird deren Herrschaft überdauern. Sie mögen versuchen, sie Propagandazwecken zu unterwerfen, doch das Resultat ist nicht von langer Dauer. Regierungen, die sich wie in *Fahrenheit 451* verhalten und die Publikation und Verbreitung von Büchern bannen und zensieren, entdecken, daß die Geschichte auf ihre Art entkommt, wie wir in der Erfahrung mit der Samisdat-Untergrundliteratur sehen – die von Hand zu Hand als schlechte Fotokopie weitergegeben wurde, oder, noch suversiver, mündlich die Runde machte.

Geschichten sterben nie; sie verändern sich. Die neuen Volkslegenden wie die von *Phantom-Hitch-Hiker* oder der *Ufo-Entführung*, sind heute ein etabliertes Phänomen – spätere Versionen des geheimnisvollen Gastes. Gleichermaßen ist das Poltergeist-spukende Rathaus nur die jüngste Häuserspukgeschichte. Während wir also den Tod der Geschichte nicht zu sehr fürchten müssen, müssen wir uns davor in acht nehmen, daß diejenigen mündlich überlieferten Erzählungen, die unser Erbe sind, aus dem Gedächtnis schwinden. In einer Zeit, in der man alles niederschreibt oder auf Computerdisketten speichert und als Resultat an schlechtem Gedächtnis leidet, werden sie leicht übersehen oder unterbewertet. Doch sollte eine Zeit kommen, in der viele nicht mehr fähig sind, zu lesen, dann könnte Ray Bradburys Vision sehr wohl Realität werden und die klassischen Romane und Geschichten unserer Literatur Gegenstand einer neuen mündlichen Tradition.

Eine viel größere Sorge gilt dem Verlust der wunderbaren Dimension der zukünftigen Literatur. Hätten einige Kultur-Kommentatoren freie Bahn, wäre dies schon vor langer Zeit geschehen. Es ist ihnen bereits gelungen, vieles, das für den Sucher von großem Wert war, in das Reich der Kindererzählungen oder Gute-Nacht-Geschichten zu verbannen. Zur Zeit gibt es eine offensichtlich endlose Nachfrage nach Groschenromanen und den verschiedenen Genres der Science-fiction, doch diese werden vom Establishment angeprangert, und denjenigen, die sie schreiben oder lesen, wirft man «Eskapismus» vor – sie steckten ihre Köpfe in den Sand und lehnten es ab, die «reale» Welt anzuerkennen. Und doch, wie wir wiederholt gesehen haben, übertrifft die Art der Realität – vielleicht der Über-Realität – die die sich endlos entfaltende Dimension der Anderwelt bietet, bei weitem alles, was wir vom Ansehen eines Dutzend durchschnittlicher Seifenoper-Episoden gewinnen können. Die Anderwelt, von der die großen Traditionen – sowohl die einheimische als auch die hermetische – ein Hauptausdruck sind, besitzt eine zeit- und dimensionslose Realität, in der die Archetypen der von Jung[123], Rank[208] und ihresgleichen eingesetzten Art sich frei bewegen und ihre Existenz haben. Moderne Mythographen wie «A. E.»[219], W.B. Yates[291], George MacDonald[150], J. R. R. Tolkien[263] und C. S. Lewis[142] schrieben alle aus einem tiefen Verständnis dieser archetypischen Realität heraus – daher das Phänomen ihrer Popularität. Individuen reagieren heftig auf solche Literatur, lieben oder hassen sie, entsprechend ihrem Bewußtsein von der Realität, aus der sie schöpft.

Dahinter liegt ein sehr fundamentales Problem. «Die Menschheit kann nicht zuviel Realität ertragen», sagt Eliot[73], und sowohl Lewis[141] als auch Tolkien[264] warnen vor der Art und Weise, in der unsere Humanität von denen unterminiert wird, die darauf bestehen, daß der Glaube an irgend etwas, das man nicht sehen, fühlen oder hören kann, sowohl kindisch als auch unwürdig ist. Dies ist auch nicht die Stelle, um diesen Punkt vollständig zu erörtern, doch es sollte gesagt werden, daß diejenigen, die sich selbst in dem täglichen Kreislauf eindimensionaler Realität vergraben – ob in ihrem Leben oder ihrem künstlerischen Verständnis –, die die

Realität ihrer inneren Lebensebenen nicht ertragen können, am schlechtesten ausgerüstet sind, dem Weg der westlichen Mysterien zu folgen – obwohl sie es am nötigsten hätten. Als einer der besten Schriftsteller zeitgenössischer Fantasy-Literatur nahm Richard Monaco in einer Bemerkung zu einem neueren Buch Stellung[170]:

> Einige von uns verwechseln Fantasy mit Realitätsflucht. Flucht? Doch wohin? Am Ende in unseren eigenen Geist und unsere Bilder. Und sie werden sich mit den Tatsachen und Ängsten, Schmerzen, Frustrationen und Hoffnungen auseinandersetzen müssen... und der Suche, die zu innerer Freiheit führt und einer Intensität, die mehr Freude und wahre Leidenschaft bringt, als Sie jemals in irgendeiner Literatur der Tagträume finden werden.

Er hätte hinzufügen können, daß es diese Verwechslung zwischen Entkommen und Eskapismus ist, die an der Wurzel von vielem liegt, das in unserer derzeitigen Gesellschaft nicht in Ordnung ist. Indem wir die inneren Reiche betreten, fliehen oder verstecken wir uns nicht vor der äußeren Welt, sondern suchen vielmehr danach, unser Bewußtsein von einem multi-dimensionalen Universum zu vertiefen und zu bereichern. Fantasy öffnet unser Leben. Sie ist ein Laboratorium, in dem die alchemischen Möglichkeiten erst geprüft und erprobt werden. Sie ist das magische Erwachen unseres Lebens. Dies ist die Suche, von der Richard Monaco spricht: die Suche nach der Realität hinter den Göttern und inneren Archetypen der Anderwelt. Ob sie durch die griechischen Mythen oder die Abenteuer des amerikanischen Volkshelden Coyote zu Ihnen gelangen, durch die Arthur-Legenden oder die seltsamen wilden Mythen der Kelten; oder ob Sie sich durch die modernen, auf Mythen basierenden Techniken der Psychosynthese[10] oder der Traumworkshops von Progoff[206], Whitmont[285] oder Spiegleman[242] einstimmen, Sie werden sich unausweichlich in das Reich der Anderwelt geführt sehen, zu den Göttern, die es regieren, und deren Dienern. Es gibt ebenso viele Eingänge wie Sterne am Himmel – tatsächlich sind einige dieser Sterne selbst Eingänge –, von denen wir einige im nächsten Kapitel erörtern werden. Der Weg der Geschichte ist nur ein Eingang, aber ein unermeßlich wertvoller: denn durch ihn mögen Sie Ihre erste Begegnung mit der Landschaft und den Gestalten haben, die sie wieder und wieder auf Ihrer Suche treffen werden. Eines Tages mögen Ihnen sogar die

Herren der Geschichte selbst begegnen, denen die Tradition den Ursprung und die Bildung aller Geschichten, Mythen und Erzählungen zuschreibt, die im Licht des Feuers erzählt werden oder die sich zwischen den Seiten eines alten Buches finden oder einer neuen mythenorientierten Saga von Schwert und Hexerei. Sie sind es, die das Schicksal des kreativen Künstlers kontrollieren, indem sie ständig die äußeren Linien der archetypischen Welten verschieben und umdefinieren. Sie sind Wächter der Erfahrung und Gestalter von Anfängen und Enden. Sie zu treffen, heißt im gleichen Atemzug und gleichen Maße Furcht und Freude zu begegnen: nicht unähnlich dem Gefühl, wenn man den ersten Schritt jenseits der Grenzen der «realen» Welt in diesen endlosen und zeitlosen Raum macht, wo alle Abenteuer und Suchen beginnen und enden, doch wo es paradoxerweise überhaupt keinen endgültigen Anfang oder Ende gibt, nur einen zeitlosen Fluß, in dem alle Formen und Gestalten ihren Ursprung haben und wo die Mysterien der Schöpfung selbst bewahrt werden. Wie der irische Mystiker und Visionär «A. E.» von dem Augenblick, «wenn Inneres und Äußeres sich erstmals vermischt» als «Hochzeitsnacht von Seele und Körper» schrieb:

> Ein Keim ist gelegt, aus dem sich unausweichlich der Charakter und die Psyche entwickelt. Es ist ebenso wahrhaftig ein Same, als sei er in die Erde oder Gebärmutter gelegt. Doch was aus ihm geboren wird, ist ein geistig Ding, und es wächst und läßt sich im Körper bei seinen anderen erd- oder himmelsgeborenen Bewohnern nieder.[218]

Diese Dinge sind beim Beginn der Suche noch weit entfernt. Vielleicht haben Sie sie schon erlebt, ohne sie zu erkennen; vielleicht geschieht dies nie. Doch Sie können sichergehen, daß die Suche unendlich herausfordernd sein wird, und daß Sie sie, obwohl das Verfolgen dieses Zieles Sie ermüdet, niemals wirklich aufgeben wollen, wenn Sie einmal damit begonnen haben.

In dieser Übung werden Sie versuchen, eine Verbindung mit einer Anderwelt-Gestalt herzustellen. Beginnen Sie mit einer Gestalt, für die Sie Sympathie empfinden. Es muß nicht eine der zuvor aufgeführten sein. Es kann zum Beispiel genausogut ein Heiliger als auch ein Gott oder Held sein; doch wen immer Sie auswählen, beginnen Sie damit, so viel wie möglich über ihn zu oder sie zu lesen. Werden Sie vertraut mit seiner Geschichte und, wenn Sie können, mit jeglichen Stätten, die besonders mit ihm/ihr assoziiert werden. (Wo es möglich war, finden sich Hinweise darauf in der o. a. Aufzählung.) Wenn es keine Stätten gibt, stellen Sie sich vor, an welchem Ort sie ihn/sie erwarten würden: an einem Fluß oder See, auf einem Berg oder Hügel, in Wäldern oder auf Klippen über dem Meer. Doch bedenken Sie immer, daß er oder sie überall sein können – sowohl in Ihrem eigenen Wohnzimmer als auch an einem wilden und einsamen Ort im Freien. (Ihre Anderwelt-Figur mag männlich oder weiblich sein; wenn wir das maskuline Pronomen benutzen, dient dies ausschließlich der Klarheit.)

Beginnen Sie, Ihre Einbildungskraft zu benutzen, um zu visualisieren, wie die von Ihnen gewählte Gestalt aussehen könnte: wie wäre er gekleidet, welche Augen- oder Haarfarbe hätte er und so weiter. Bauen Sie allmählich ein Bild in Ihrem Geist auf – zeichnen Sie es, wenn Ihnen das hilft – doch lassen Sie sich Zeit: diese Dinge gelingen nicht so leicht, und Sie haben alle Zeit, die Sie brauchen, zu Ihrer Verfügung.

Wenn Sie das Gefühl haben, ein gutes visuelles Bild zu haben, das Sie sich ohne Anstrengung in kürzester Zeit ins Gedächtnis rufen können, dann gehen Sie zu der vorher ausgewählten Stätte. Zu Beginn mag es notwendig sein, ziemlich oft dorthin zu gehen, bis Sie ein Gefühl für den Ort bekommen. Er sollte vorzugsweise verlassen sein, bis auf einen Freund, den Sie mitnehmen können; doch wenn das nicht möglich ist (wie zum Beispiel bei einer der größeren Stätten, die sogar früh oder spät am Tag selten verlassen sind), machen Sie sich keine Sorgen. Alles, was Sie tun müssen, ist, ganz locker zu sitzen oder zu stehen und sich die Figur, die Sie in den letzten Wochen aufgebaut haben, ins Gedächtnis zu rufen. Seien Sie nicht überrascht oder enttäuscht, wenn zuerst nichts passiert: diese Dinge brauchen Zeit. Wenn Sie wollen, können Sie sich einen Gesang ausdenken, der den Namen der gewählten Gestalt enthält, und ihn leise oder laut, wie die Umstände es erlauben, wiederholen. Sie können auch ein vertrautes Lesestück oder ein Gedicht lesen, das Sie geschrieben oder an dem Sie sich erfreut haben, welches mit der fraglichen Person zu tun hat.

Nach einiger Zeit sollten Sie «blitzartige» Einsichten über die fragliche Gestalt bekommen, die sogar beginnen mag, zu Ihnen zu «sprechen». Doch wenn Sie sich Zeit genommen haben, das Bild in Ihrem Geist aufzubauen, wird dies ganz natürlich erscheinen. Da immer ein Austausch zwischen inneren und äußeren Welten stattfindet, wird einiges, das Sie in Ihre Visualisierung gegeben haben, von der inneren Realität gespeist worden sein, und dies wird das Bild noch lebendiger machen. Sie sollten feststellen, daß Sie nach einiger Zeit einen ständigen Rapport mit Ihrer gewählten Gestalt aufbauen und daß sie beginnen wird, Sie tiefer in das Reich, von dem Sie ein Teil sind, zu führen. Dies kann eine der lohnendsten Erfahrungen sein, die uns heute offenstehen, und sie steht übrigens in genauer Wechselbeziehung zu der Art, in der unsere Vorfahren ihre Andacht verrichteten. Auf diese Weise bauen Sie eine Brücke oder einen Torweg zwischen den Welten, der danach immer für Sie offen sein wird.

Dennoch ein Wort der Warnung. Viele Energien werden auf diese Weise losgelassen, die jahrhundertelang nicht vertreten waren: Erdenergie, Verbindungsglieder einheimischer Weisheit und uralte Kräfte, die Erinnerungen mit sich bringen, die in unserer heutigen Zeit hilfreich sein können (siehe Kapitel 2). Während es völlig zulässig ist, Kontakt mit den vitalen Energien zu schaffen, besteht immer die Gefahr, daß auch verderbte Formen auftauchen. Diesen sollte man erlauben, sich zu entfernen, und nicht um der einheimischen traditionellen alten Zeit willen an ihnen festhalten. Viele dieser alten Zeiten waren keine guten Zeiten, trotz der Erinnerungen an das verlorene Goldene Zeitalter. Das Leben war zu nahe an der Grenze des Überlebens, als daß hochentwickelte Energien sich manifestieren konnten. Diese Energien und ihre entsprechenden Gott-Gestalten, die immer noch wirken können, sind in diesem Kapitel aufgelistet: kein Element heidnischer Anbetung muß notwendigerweise auf sie angewendet werden. Es ist jedoch von höchster Wichtigkeit, ihre Energien zu vermitteln. Wer die Stätten aus alter Zeit besucht, bemerkt häufig, daß die Steine einsam sind oder daß die Erde hungrig ist – man nimmt die Art der Riten subjektiv wahr, die dort einst vollzogen wurden. Es ist eine Sache, eine Stätte zu erwecken, und eine andere, sie wieder zu verschließen. Unsere Vorschläge befassen sich mit Erweckung, Läuterung, wenn nötig, und wirkungsvoller Handhabung dieser Zentren zum Wohl aller Kommenden.

Zuerst mag der Kontakt mit einer alten Stätte ängstigend oder wenigstens sehr machtvoll sein. Was immer Ihre Religion sein mag, was immer die Energie sein mag, die Sie gewohnt sind zu vermitteln, rufen Sie Ihren schützenden Einfluß an, wenn Sie sich bedroht fühlen oder etwas aus dem Gleichgewicht gerät. Es geschieht oft, daß nach anfänglichem Kontakt und Erwachen ein immenser Ansturm von Ur-Energie freigelassen wird. Sie sollten sich auf deren unschädliche Zerstreuung als Dampf in die Atmosphäre konzentrieren. Die uralte Traurigkeit einiger Stätten besteht infolge der Einsamkeit oder Isolation einer wichtigen Energie, und diese wird willens sein, mit den Initianden zu kooperieren, der in der Lage ist, sie objektiv zu vermitteln. Diese Vermittlung wird häufig auf geringe, unbedeutende Art in den Monaten, die Ihrem Besuch folgen, spürbar sein, und man sollte sorgfältig darüber meditieren, um sie für ihren wahren Nutzen nach dem Maßstab unserer Zeit zu untersuchen.

Schließlich denken Sie stets daran, Ihre Kontaktperson zu entlassen, nachdem sie so lange Sie es wünschen in Ihrer Gesellschaft verbracht haben. Dies können Sie ganz leicht mit einer selbsterdachten Formel tun. Lassen Sie nie den Eindruck Ihrer gewählten Gestalt zurück, dies könnte andere sensible Besucher stören und die Fortsetzung des Rapports, den Sie aufzubauen begonnen haben, erschweren.

Jeglichem Eindruck, einen zwanghaften oder quälenden Kontakt aufgebaut zu haben, sollten Sie sofort entgegenwirken. Wenn Sie erfahren sind, sollten Sie in der Lage sein, den Kontakt geduldig zu untersuchen und seine Ungeduld, wirksam zu werden, zu kontrollieren. Die weniger Erfahrenen sollten den Kontakt rituell unterbrechen und zur Erde zurückkehren – möglicherweise ist eine erfahrenere Person in der Lage, diese Energie ein anderes Mal zu integrieren.

Um solch einen quälenden Kontakt zu unterbrechen, nehmen Sie ein reinigendes Salzwasserbad, schaffen Sie Kontakt mit der Gott-Gestalt oder Energie, mit der Sie gewohnt sind zu arbeiten, und bitten Sie um Hilfe; fordern Sie den lästigen Kontakt bestimmt und verständnisvoll auf, Sie zu verlassen, während Sie emotional objektiv bleiben. Mit einem kleinen Glaskrug oder becherförmigen Stein vor sich, stellen Sie sich vor, Ihr Atem sei ein Lichtkreis, der Sie umgibt: wenn Sie einatmen, wird Ihr Sie umgebender Lichtkreis von Blau durchflutet; beim Ausatmen stellen Sie sich vor, daß der Kontakt und jegliche andere negative Energie über den Bereich ihres blauen Lichtkreises hinaus ihr System verläßt. Sehen Sie ihn in den Behälter vor sich hineingehen. Ein Umlauf von zehn Atemzügen sollte genügen. Tragen Sie den Behälter vorsichtig nach draußen und vergraben Sie ihn in der Erde, wo er neutralisiert wird.

Mit diesen Vorsichtsmaßnahmen im Sinn können Sie eine lohnende Beziehung fortsetzen, die Sie eine Menge lehren wird und Ihnen bei Ihrer Suche nach weiterem Wissen über die westlichen Mysterien hilft. Doch denken Sie daran, daß die Götter, wie wir zu zeigen versuchten, auch formalisierte «Bilder» archetypischer Energien sind. Kontakt mit ihnen aufzunehmen bedeutet auch, Kontakt mit der von ihnen repräsentierten Energie aufzunehmen; einer Realität jenseits der äußeren Gott-Gestalt. Diese muß auch erarbeitet und integriert werden, bevor ein volles Verständnis der Götter erreicht wird. Wenn Sie einmal einen direkten Kontakt mit einem der Herrscher der See, des Himmels oder der Erde gemacht haben, dann werden diese Elemente, die uns umgeben, jedoch oft von unserer alltäglichen Existenz getrennt gesehen werden, nie mehr anders als ein unentbehrlicher Erfahrungsbestandteil erscheinen. Sie zu kennen heißt, auf eine sowohl unbeschreiblich einfache als auch immens komplexe Weise in die Mysterien des Lebens initiiert zu sein.

KAPITEL 4

Reisen in die Anderwelt

Facilis descensus Averno;
Noctes atque dies patet atri janua Ditis;
Sed revocare gradum, superasque evadere ad auras,
Hoc opus, hic labor est.

Aeneid VI, 126

Sanft ist der Abstieg und leicht ist der Weg;
Die Tore zur Hölle stehen offen Nacht und Tag;
Doch zurückzukehren und die heiteren Himmel zu sehen,
Darin liegt die Aufgabe und die mächtige Arbeit.

Wie schön sie sind,
Die Herrlichen,
Die in den Hügeln wohnen,
In den hohlen Hügeln.

Aus dem Libretto von «The Immortal Hour»
von Rutland Boughton,
Text von Fiona McLeod (William Sharp).

Das Paradies der Ahnen

Wir haben in diesem Buch ständig von der Anderwelt gesprochen, aber was meinen wir wirklich damit? Unsere Wahrnehmungen informieren uns bereitwillig über die physische Realität unserer Welt, aber sie sind weniger fähig, uns viel über andere Realitäten, besonders die metaphysischen, zu sagen. Dies ist eine Fähigkeit, die wir seit der Vorzeit verloren oder vernachlässigt haben. Schamanen, Mystiker und Visionäre haben immer Zugang zur Anderwelt gehabt, ebenso wie einfache, «primitive» Völker sich des Traumreisens bewußt waren. Die Wahrheiten des westlichen Weges liegen nicht in der offensichtlichen Realität dieser Welt, obwohl diese Wahrheiten in Mittelerde, wie wir die physische Ebene der Existenz nennen können, geltend gemacht werden; die Weisheit des Westens liegt tiefer als die oberflächliche Realität, sie ruht im Inneren oder der Anderwelt, die ihre Entsprechung in inneren Bewußtseinszuständen hat. Die Anderwelt ist eine Realität, doch jede Generation hat ihre eigene Metapher gefunden, um ihre Existenz zu beschreiben: angestammter Ort der Toten, irdisches Paradies, Himmel, die ewigen Jagdgründe, Hölle, Feenland, Astralebene, höheres Bewußtsein und das kollektive Unbewußte – all diese Begriffe sind anwendbar, um die anderweltliche Realität zu beschreiben, die in vielen Kulturen als ein Ort, ein Zustand oder ein Aufenthalt nach dem Tode wahrgenommen wurde. Da das Ausgesetztsein gegenüber metaphysischen Konzepten zu einem Gefühl unausgesprochener Verwirrung führt, würden wir gern eine grobe Unterscheidung zwischen den Arten der Realität, wie wir sie sehen, machen.

Es gibt heute solch eine Vielzahl von Jargons im Zusammenhang mit psychologischen Zuständen und kosmologischen Begriffsfindungen, die mit verschiedenen spirituellen Denkschulen verbunden sind, daß wir die übliche Terminologie um der Einfachheit willen vermieden haben. Wir möchten gerne drei Ebenen oder Welten voneinander unterscheiden: die Welt des Hier und Jetzt oder die physische Realität, welche wir Mittelerde nennen; die metaphysische Welt oder psychische (astrale) Realität, die Anderwelt genannt; und das spirituelle Reich, welches der Wohnsitz der abbildungslosen Gottheit ist. Dieses sind grobe Unterscheidungen, die der sich überschneidenden und voneinander abhängigen Natur der Menschheit, der Vorfahren, der Engel und Götter nicht Rechnung tragen, sondern sie erst einmal als Repräsentanten eines vielschichtigen Verständnisses stehen läßt.

In der Vorzeit waren anderweltliche Konzepte durch das Reich der Vorfahren, die Anderwelt, begrenzt. Diesem Kapitel steht die berühmte Warnung der cumäischen Sibylle an Äneas vor, als er die Reise in den Hades versucht, um mit seinem toten Vater zu sprechen: der Abstieg ist leicht, doch nicht die Wiederkehr.[116] Schamanen übten viele Jahre, um gerade diese Reise zu den Vorfahren zu unternehmen, eine Reise voller Gefahren, von der sie mit Ratschlägen der Vorfahren zum Wohl des Stammes zurückkehren mußten. Die gefährlichen Begegnungen waren so real, daß die Trommel des Schamanen, wie die in Kapitel 2 erwähnten tjuringas der Aborigines, häufig eine Unterweltlandkarte darstellten, auf der die Grenzsteine eingezeichnet waren, die sowohl hilfreiche als auch weniger hilfreiche Geister anzeigten und, besonders wichtig, den Rückweg, der häufig durch ein persönliches Symbol gekennzeichnet war. Von der Unterwelt nahm man als sicher an, daß sie einen Eingang hatte, der an die Mittelerde angrenzte; oft war dies ein Höhleneingang oder ein halb-aktiver vulkanischer Spalt, wie der, in den Äneas am Avernus-See hinabsteigt, der vogellose Eingang zur klassischen Hölle. Wenn die Knochen der Toten in der Erde vergraben wurden, nahm man als selbstverständlich an, daß sie darunter, in der Unterwelt, ihren Wohnsitz nahmen. Die meisten einheimischen Kulturen haben eine eigene Unterwelt-Tradition: die nordische Mythologie, die der nördlichen schamanischen Praxis am nächsten steht, hat *Niffheim*; klassische kanaanische und sumerische Mythologien teilten die Ansicht von einem elenden trostlosen *Hades* voller bebender Geister; während die walisische Unterwelt *Annwn* ein chthonischer, machtvoller Ort voller gewaltiger Vorfahren war. Die Idee von der Unterwelt als einem Ort des Gerichts über ein böses Leben war der Vorzeit fremd. Es war lediglich der Ort, zu dem alle Toten gingen, wenn der Verstorbene nicht aufgrund der Übertretung eines Stammesgesetzes verdammt war, als einsamer Geist, der sogar nach seinem Tod vom Stamm ausgeschlossen war, umherzuwandern.

Die machtvolle und wirkungsvolle Interaktion der Unterwelt mit der Mittelerde ist von dem Autor und Musiker Bob Stewart in seinem Buch *The Initiation of the Underworld*[248] überzeugend erörtert worden. Er hat die britische Unterwelt-Tradition mittels schamanischer Eingangs-Meditation über viele Jahre hinweg erforscht, und seine Erfahrungen auf einem Tonband mit dem Titel *The Underworld Journey*[312] mitgeteilt. Die Unmittelbarkeit und Kraft dieser ursprünglichen Erfahrung bringt einen auf eine Weise mit den Vorfahren in Berührung, die seit der Vorzeit nicht ihresgleichen gehabt haben kann. Die Unterwelt ist die Basis und Grundlage der Anderwelt-Realität: es ist die tiefste Schicht einheimischen Bewußtseins, wo wir den unnachgiebigsten Einwohnern begegnen. Stewart zieht es vor, diese nicht «Archetypen» zu nennen, da diese eine Gruppe psychologischer Personae und somit Unwirklichkeit bedeuten. Wie die Götter (siehe Kapitel 3) ist die Anderwelt und ihre Bewohner real *in ihren eigenen Welten, in ihrem eigenen Recht*, sie sind nicht das Ergebnis imaginärer oder geistiger Zustände; denn obwohl ihre Formen, wie wir sehen werden, häufig in den Kulturen variieren, gibt es eine nahe Übereinstimmung in der Art, in der sie wahrgenommen werden.

Anderweltliche Kosmologie ist nicht leicht in den Griff zu bekommen. Sie hängt von der Art der Wahrnehmung ab. Wir verlassen uns auf die Erzählungen der Wanderer, die Berichte von den Reisen der Schamanen: wir erinnern uns, daß «Menschen den Dichtern zuhörten und die Versionen jener vernahmen, von denen man annahm, daß sie den Schleier durchdrungen hatten»[116]. Ein Faktor kommt durch das Anhören dieser Erzählungen zum Vorschein: anderweltliche Reisen befanden sich im Herzen vieler Mythologien.

Nehmen wir zum Beispiel den Abstieg in die Unterwelt: dieser bildete im klassischen Griechenland ein eigenes Genre, die *katabaseis*[116], doch Berichte über den Abstieg sind in jeder Tradition vorhanden. Wir sprachen bereits über Äneas' Abstieg, um Information zu gewinnen, doch der Besuch der Anderwelt hat einen tieferen Grund als bloße Neugier. Die babylonische Göttin Ishtar, ähnlich ihrem früheren Prototyp, der sumerischen Inanna, steigt in die Unterwelt hinab, um ihren Geliebten aus dem Reich der Toten zu befreien, wo sie eine rituelle Häutung und selbst den Tod erleidet. Ishtars Erfahrung gleicht der des nordischen Odin, der neun Tage und Nächte von der Esche Yggdrasil herabhängt als Gabe an sich selbst:

Ich mir selbst gegeben
An diesen Baum
Dessen Wurzeln
Niemand kennt…
In die Tiefen blickte ich,
Ich ergriff die Runen,
Schreiend begriff ich sie
Und fiel dann zurück

Dies ist die Erfahrung des Schamanen, und sie befindet sich im Herzen der Mysterien: eine kostbare Selbstentdeckung, die Wissen und Macht mittels der Initiation in die Anderwelt bringt. Die Weltesche Yggdrasil hat ihre Wurzeln in jeder der drei Ebenen, von denen wir sprachen: in der Mittelerde, in der Hölle und in Asgard, dem Ort der Götter.[60] Odin lernt insgesamt achtzehn Runen, die ihm Wissen von jeder der drei Ebenen geben, vor allem vom Reich der Toten. Der zentrale Baum ist die Achse, um die die Anderwelt in all ihren Erscheinungen angelegt ist. Der Baum erscheint – in verschiedenen Formen – in vielen der Übungen in diesem Buch und ist ein lebendiges Bild für sowohl einheimische als auch hermetische Traditionen.[59] Es ist der Baum des Lebens, des Todes und der Wiedergeburt; es ist der Pfahl oder die Leiter des Schamanen [100] und die Lichtleiter des Kabbalisten [93]; für Christen sind der Baum der Erkenntnis in Eden und der Baum des Kreuzes aus einem Holz.

Parallelen zwischen Odin, Ishtar und Christus sind leicht aufzuweisen: jeder erleidet Tod und Transformation an einem Baum und erlangt auf diese Weise Wissen über die Toten oder Befreiung von ihnen. Der Passierschein des Unterweltbesuchers ist der Wunsch, dem anderen Gutes zu tun: Liebe tötet den Tod. Gilgamesch und Orpheus reisen beide in die Unterwelt, um ihre Geliebte bzw. Gattin zu befreien. Quetzacoatl kehrt aus der Unterwelt mit den Knochen vorheriger Generationen zurück, um auf erhebliche eigene Kosten eine neue Rasse zu erschaffen.[40, 138] Christus martert die Hölle in apokrypher Tradition [4], was mit einheimischen Unterwelt-Traditionen in der gesamten westlichen Welt übereinstimmt. Der Preis für den Besucher der Unterwelt ist hoch, wie der alte finnische Held Vainamoinen herausfand. Er besuchte die Toten, um Zauberkünste zu lernen, die magisch das Boot fertigstellen würden, das er gerade baute. Er sagt nichts über seinen Besuch, doch warnt:

Geht nicht, zukünftige Menschen,
Geht nicht, frühere Menschen, aus, um Zauberkünste aus dem Reich
der Toten zu erlangen
…viele sind dorthin gegangen,
nicht viele kommen zurück…
aus der ewigen Hütte, dem Wohnsitz der Toten.[126]

Was man in Mittelerde erreichen kann, muß zuerst mit gewöhnlichen Mitteln erreicht werden: Neugier ist kein Passierschein in die Unterwelt.

Die Götter und Helden, die die Unterwelt besuchen, um die Toten zu erlösen, werden häufig als Vorläufer der späteren Retter-Offenbarungs-Religion abgeschrieben, doch es ist wichtig, sich daran zu erinnern, daß jede dieser Gestalten Stammesverantwortung auf jeder Ebene der Geschichte und des Bewußtseins verkörpert und außerhalb der Zeit eine Aufgabe erfüllt, die lebenswichtig für jedes Volk in jedem Zeitalter ist. Der Ort der Vorfahren wird nicht mit Angst und Furcht gesehen. Für die Juden bedeutete Sterben, in Abrahams Schoß versammelt zu werden: dieser Ausdruck fand seine eingeborene Ebene in der christlichen Ära, als Sterben hieß, in Arthurs Schoß zu gehen. Schlaf und Tod sind nur die ersten Auswirkungen anderweltlichen Reisens; doch es sind Reisen ins Unbekannte, und sie werden ungleich denen des ausgebildeten Schamanen ohne Kontrolle unternommen. Der angestammte Sitz der Unterwelt dient als Basis weiterer Entdeckungsreisen, doch er sollte nicht als Ausrede benutzt werden, um wie bei Séancen, Kontakt zu kürzlich Verstorbenen herzustellen; er sollte dagegen als Gelegenheit dienen, mit dem enormen Reservoir kollektiver Urweisheit in Kontakt zu treten. Die Unterwelt ist machtvoll und potentiell für jeden auf dem westlichen Weg hilfreich, wenn man sich ihr in diesem Geist nähert.

Man denkt bei Unterwelt leicht an «unten», doch wir dürfen nie vergessen, daß richtungweisende Partizipien auf Anderwelt-Realitäten nicht anwendbar sind: wir benutzen sie lediglich im Hinblick auf metaphysische Ebenen, um irgendein Verhältnis zur Anderwelt zu erhalten. Diese Verwirrung über die Ortsbestimmung der Anderwelt erscheint in vielen Kulturen. Hy Brasil, Avalon, die Hollow Hills, die Gesegneten Inseln, Sommerland, Feenland werden alle in diesen relativen Begriffen verstanden – sie sind fern, doch nicht so fern, daß es unmöglich ist, dorthin zu reisen.[8, 175] In der Vorzeit stellte man sich himmlische und paradiesische Orte nicht irgendwo im Himmel vor; sie waren fest in der irdischen Sphäre, an dem Ort jenseits des Sonnenuntergangs, immer westwärts, wo das Licht immer ein Dämmlicht ist, angesiedelt. Die keltische Anderwelt-Tradition ist besonders reich an eigenständigen Zeugnissen mythologischer Texte und Volkserzählungen, doch es ist bedeutsam, daß die Griechen die Britischen Inseln als *Hyperborea* bezeichneten – das Land jenseits des Nordwindes –, wo die Titanen noch lebten, der Ort, an den sie verbannt worden waren. Der griechische Dichter Pindar sprach von diesen Inseln in Verbindung mit den Reisen des Initianden:

> Alle, die dreimal ausgehalten haben
> Bei einem Aufenthalt in einer der Welten,
> Um ihre Seelen rein von Falschheit zu halten,
> Gehen auf Gottes Straße zum Turm von Kronos,
> Wo die Lüfte, Töchter des Ozeans,
> Um die Insel der Gesegneten wehen.[200]

Plutarchs Beschreibung von den Glücklichen Inseln:

> Regen fällt dort selten... sie haben allgemein sanfte Brisen
> ...die Luft ist stets angenehm und bekömmlich [165]

wurde für immer von Tennyson in seinen *Idylls of the King* bewahrt, wo er Arthur diese Worte in den Mund legt:

> Ich gehe einen weiten Weg...
> Zum Insel-Tal von Avilion;
> Wo weder Hagel fällt, noch Regen oder Schnee,
> Noch jemals Wind laut bläst.[259]

Es ist ein Ort, zu dem nicht nur die Toten gehen, sondern wo heroische Sterbliche noch im Vollbesitz ihrer Kräfte leben; es ist der Ort traditioneller Lehre und Weisheit, wo der Brunnen der Inspiration entspringt. Keine der keltischen Anderwelten hat einen genauen geographischen Ort, man glaubt sie irgendwo im Atlantik. Doch weder dies noch die starke atlantische Tradition, die seit Platos Zeiten ihre Faszination ausübt, müssen auf eine real existierende Insel hinweisen, die in irgendeine historische Ära fiel, sondern können eher auf anderweltliche Erinnerungen deuten, die aus dem psychischen ins irdische Reich schlüpften.[77, 132] Wie

Eden war Atlantis ein Ort inspirierenden Wissens, das *in potentia* gehalten wurde. Der Sündenfall des Menschen befaßt sich weitaus mehr mit der Verbannung von oder dem Stillstand der Kommunion mit der Anderwelt als mit den Konsequenzen von Sündhaftigkeit. Diese Erkenntnis war die Triebfeder für innere Erforschung zu jeder Zeit und an jedem Ort, bei jedem Volk; eine Erkenntnis von einem grundsätzlichen Geburtsrecht, mit dem es möglich ist, Kontakt aufzunehmen. Denn parallel zu offiziellen Stellungnahmen über Himmel und Hölle blühten immer die ewig-lebenden Reiche, die innerhalb der einheimischen Tradition erhalten blieben. Der offizielle Weg in den Himmel ist oft kalt und amtsmäßig, doch die einheimische Tradition hat immer ihre eigenen vertrauten, angestammten Wege und Orte vorgezogen.

Das Paradies ist jedoch nicht mit dem Himmel identisch. Es hat seine Wurzeln im persischen *paerodaeza*, was Park oder geschlossener Garten bedeutet. Doch Paradies ist ein treffendes Synonym für die Anderwelt – ein Zustand in der Mitte von Inkarnation und Seligkeit. Der eingeschlossene Garten und das Inselparadies sind deshalb ursprüngliche Zustände, innere Realitäten, wo jeder notwendige Bestandteil des Lebens Möglichkeit ist. Dieser Ort hat noch seine erste Wildheit, jedoch auch seinen eigenen Reiz und Regeln der Herrschaft. Hier gibt es keine menschliche Betrügerei oder Täuschung – noch wird solche falsche Münze unseren Transaktionen mit der Anderwelt dienen. Es ist ein Warteplatz, ein Platz des Lernens und der geistigen Nahrung. Die glückliche Anderwelt ist in vielen Legenden ein irdisches Paradies, ein Ort, wo Feiern und Liebe harmonisch fortbestehen. Die keltische Anderwelt-Tradition unterscheidet sich durch die Tatsache, daß sie keine Hölle hat, keine Parallele zum klassischen Hades mit seiner grauen Leere. Obwohl die Unterwelt in reichlichem Maße präsent ist – die Hollow Hills, die Feenreiche –, behält die keltische Anderwelt ihre Atmosphäre der Freude. Sie wird zutreffend als glückliche Insel, honigsüße Ebene der Seligkeit, Apfelinsel und Sommerland beschrieben: alle westlich des Sonnenuntergangs irgendwo im gewaltigen Ozean gelegen.

Anderwelt-Reisen zu diesen Inseln waren solch ein bemerkenswertes Kennzeichen keltischen Lebens, daß die Dichter ein besonderes Genre von Geschichten schufen, das *imrama* oder Reisen genannt wurde. Die berühmteste davon war die *Voyage of Bran, Son of Febal, to the Land of the Living*[165], die die Reisen von

Bran und seinen Gefährten schildert, ihre Ankunft auf einer anderweltlichen Insel und ihren Aufenthalt im Land der Frauen. Sie berichtet, wie nach einer kurzen Zeit einer aus der Gruppe Heimweh bekommt und sie sich darauf vorbereiten, nach Haus zu fahren. Als sie die Küste erreichen, werden sie begrüßt und gebeten, sich zu erkennen zu geben:

> «Ich bin Bran, der Sohn von Febal», sagt er. Jedoch der andere sagt: «Wir kennen solch einen nicht, obwohl die Reise von Bran in unseren alten Geschichten steht.»[165]

Der Mann, der an die Küste springt, wird zu Staub und läßt Bran und seine Gefährten fortsegeln. Wie in Keats *La Belle Dame Sans Merci* erwacht der Reisende, der von den Feen zurückkehren möchte, aus einem zu langen Schlaf «auf des kalten Hügels Seite». Wir werden mehr über anderweltliche Reisende und diese Zeitdiskrepanz sprechen.

Warum endeten die Reisen? Die Anderwelt ging nicht fort, obwohl Vorstellungen davon sich verengten oder sich dem christlich-kosmologischen Muster anpaßten; wir können sagen, daß die Anderwelt buchstäblich in den Untergrund ging, manchmal mit der alten Unterwelt verschmolz, sich manchmal, wie in Schottland und Irland, in die Hollow Hills zurückzog, wo die Anderwelt und ihre Bewohner einander weiterhin auf der Ebene der Volksseele ihren Einfluß behielt, und nie ganz aus dem Bewußtsein verschwand. Die Reisen, das Wandern-zwischen-den-Welten, dauerten an, jedoch heimlich und in Furcht vor Verfolgung oder Lächerlichkeit. Die Energien, die man einst in der Vorzeit verehrt hatte, die die Götter von Flüssen und Hügeln wurden, legten Lumpen an, während sie in der Anderwelt als das, was sie wirklich waren, enthüllt wurden – *die Leuchtenden*, deren Macht immer noch respektiert wurde, deren Hilfe diejenigen, die sie kannten, immer noch suchten. Die Anderwelt mag auf die Erscheinung eines grasbewachsenen Hügels zusammenschrumpfen und ihre Einwohner zu ländlichen Elementarwesen, doch die Realität des Feenlandes war lebendiger und kraftvoller als alles, was diejenigen, die hoffnungsvoll nach winzigen Feen am Ende ihres Gartens Ausschau hielten, sich vorgestellt hatten.[130]

Wenn die Götter von sich selbst sprechen, taucht ein anderes Bild auf:

> Wir sind vom Anfang der Schöpfung
> Ohne Alter, ohne Vollendung der Erde,

sagt Menannan mac Lir, der anderweltliche König in der *Voyage of Bran*[165]. Er spricht über die Einwohner des Landes der Lebenden: es sind diese *Leuchtenden*, denen wir uns als nächstes zuwenden.

Die Leuchtenden

Ich habe immer einen Unterschied zwischen Bildern, die in der Erinnerung der Natur gesehen wurden, und Visionen tatsächlicher Wesen, die jetzt in der inneren Welt existieren, gemacht. Wir können den gleichen Unterschied in unserer Welt machen: Ich mag meine Augen schließen und Sie als lebendiges Bild im Gedächtnis sehen, oder ich mag Sie mit meinen physischen Augen anschauen und Ihr tatsächliches Bild sehen. Beim Sehen dieser Wesen, von denen ich spreche, können die physischen Augen geöffnet oder geschlossen sein: mystische Wesen in ihrer eigenen Welt und Natur sieht man nie mit den physischen Augen.[283]

So spricht ein anonymer irischer Seher, den Evans-Wentz für sein Buch *Fairy-Faith in Celtic Countries* zu Beginn dieses Jahrhunderts interviewte. In vollkommener Weise beschreibt er die Methode, mit der man Anderwelt-Wesen wahrnimmt. Obwohl es eine deutliche Wechselwirkung und Verbindung zwischen Mittelerde, der Anderwelt und den sprituellen Reichen gibt, werden die fünf physischen Sinne nicht eingesetzt: es ist eher ein Zustand innerer Vision erforderlich. Dies soll jedoch nicht beinhalten, daß anderweltliche Wesen, *die Leuchtenden*, unwirklich sind. Wie der Seher sagt, gehören sie «in ihre eigene Welt und Natur». Doch was sind sie? Es gab viele Theorien; sie werden abwechselnd als Volksgedächtnis eines kleinen einheimischen Volkes betrachtet, eine Erinnerung an mächtige Priesterschaft, Überbleibsel vergessener Götter, unsterbliche Helden oder die Vorfahren. Wie wir bereits gesehen haben, spielen die Vorfahren eine große Rolle in der Unterwelttheologie, und wie die Götter sind sie eine Kraft, mit der man rechnen muß. Neuere psychologische Theorien, besonders Jungs Theorie vom kollektiven Unbewußten, haben angedeutet, daß *die Leuchtenden* nicht mehr als Archetypen seien – kollektive, formalisierte Energien, die unsere Psychen bewohnen. In all diesen Theorien liegt ein bißchen Wahrheit, denn es ist normal und natürlich für jedes Volk, seine eigene Metapher für einen Zustand zu finden, der mit menschlichen Begriffen verständlicherweise schwer auszudrücken ist. Wir überlassen es dem Leser, die annehmbarste Methode mit Rücksicht auf das Verständnis zu finden, solange jeder der Tatsache eingedenk bleibt, daß Archetypen sowohl die Anderwelt als auch die Psyche bewohnen können, daß *die Leuchtenden* in ihrer eigenen Welt real sind und nicht die Erfindungen eines gestörten Geistes. Während es derzeit akzeptabel ist, über die Möglichkeit von Leben auf anderen Planeten zu sprechen, wird Leben auf anderen Ebenen als Unsinn abgetan.

Wir haben in Kapitel 1 angedeutet, wie eine Gottheit Form gewinnt: ein allmählicher Bild-Aufbau, dessen Macht und Wirkung im Verhältnis zur Visualisierung der Gruppenseele wächst. Ähnlich sahen wir bei unserer Diskussion über die Gott-Gestalten der einheimischen Tradition die Bedeutung der latenten Macht der Elemente, die sich in den *synthemata* der Götter kristallisierte. Gottheit oder reiner Geist hat keine Form, und damit sie überhaupt mit der Menschheit kommunizieren kann, muß sie eine akzeptable Form oder Symbolik annehmen. Auf keine Weise kann irgendeiner von uns der Sprache des Symbolismus entfliehen, die manchmal tief verborgen in unserem kulturellen und genetischen Gedächtnis liegt. In der Vorzeit wurde die Welt von anheimelnden und vertrauten Geistern besucht und bewacht, deren Manifestationen eine Vielzahl von Gestalten und variierender Abstufungen der Intensität annahmen. Die Anderweltwesen reichen von dem psychischen Äquivalent der Tiere – den Elementarwesen – bis hinauf zu hochentwickelten Geistwesen, die wir als Götter kennen, mit vielen Variationen dazwischen, die wir als Engel oder Schutzgeister bezeichnen. Einige einheimische Anderwelt-Traditionen haben den Zugang zum vollen Spektrum der *Leuchtenden* durch eine Verschiebung des religiösen Brennpunktes verloren: Elementarwesen sind meist die ersten, die darunter leiden. Die Vorstellung, daß die Götter einer abtretenden Religion die Teufel der nachfolgenden werden, ist eine Binsenweisheit, doch sollte man diese nicht vergessen. Der mächtige Gott der Jagd oder der Unterwelt wurde schließlich mit Gottes Gegenspieler, dem Teufel, assoziiert, obwohl das großartige Geweih von Cernunnos von einer völlig anderen symbolischen Grundlage herrührte als die Hörner des Teufels. Hörner, einst gleichbedeutend mit Macht, wurden mit dem Bösen assoziiert.[58] Die weiblichen Geister von Brunnen und Quellen, ursprünglich als schöne Frauen angesehen, wurden zu Drachen, Wasserschlangen und Sirenen. Die Wächter des Waldes wurden zu bösartigen Menschenfressern, genauso wie die von Drachen personifizierten mächtigen Erdkräfte entwürdigt wurden. Wann immer die Menschen ihre Abhängigkeit von der Natur vernachlässigen, tritt diese Inversion des Symbolismus auf. Die Elementarwesen werden wütend, und man kann sie nicht überreden, Hilfe zu leisten.

Mechanisierte Schlacht- und Erntewerkzeuge vervollständigen heute das Bild und sind beispielhaft für die Degradierung des Schafhirten und des Landmanns: es ist kein Wunder, daß Feld und Wald von vernachlässigten Elementarwesen heimgesucht werden und daß Wanderer die Beute von Geistern werden, die ihren angestammten Wohnsitz nicht finden können. Aber es gibt höher entwickelte Wesen in der Anderwelt. Wir haben ausführlich über die Götter und die vielen Gestalten, die sie annehmen, gesprochen. Einige haben sich erfolgreicher in die moderne Welt übertragen lassen als andere, weil ihre Aspekte und Symbolismen für unsere Welt lebenswichtig geblieben sind. Sowohl die Götter als auch die Elementarwesen sind von der Menschheit abhängig, jedoch auf verschiedene Weise. Wo die Elementarwesen sich schlecht benehmen und wütend werden, ziehen sich die Energien, die unter der Benennung von Göttern formalisiert wurden, für eine Zeitlang zurück. Es ist unmöglich zu sagen, ob diese Energien zur Quelle der Gottheit zurückkehren, bereit, in verschiedenen Verkleidungen wiederzukehren, oder wie lange sie in der Schwebe bleiben und auf die erneute Stimulation menschlicher Aufmerksamkeit warten. Wir glauben, daß sie verfügbar sind, sozusagen auf Lager, für die, die sich mit ihrem «Rufzeichen», ihrem Symbol, vertraut machen. Die wahren Götter sind jene Herr-lichen auf einem höheren Bogen der Evolution innerhalb der Anderwelt; die Gelegenheit, sie zu treffen, ist heute selten und die Begegnung oft furchterregend. Wie platonische Gestalten sind dieses die personifizierten Urkräfte: riesige Speicher einer bestimmten Art von Energie.

Viele, die den Göttern ausgesetzt waren, blieben verrückt oder verstört zurück, weshalb man die Kontaktaufnahme mit den Urkräften am besten dem Priester oder Schamanen überläßt oder dem Medium des Erdkontaktes und der sorgfältig vorbereiteten Meditation, wie wir es in Kapitel 3 vorgeschlagen haben. Auch ist es wichtig, nur mit den dem modernen Bewußtsein angemessenen regenerierten Gestalten Kontakt aufzunehmen anstatt mit den degenerierten, in der Vorzeit verwendeten Gestalten. Hier kann uns die Anderweltreise helfen: hier ist die *grundlegende Energie* der Gott-Gestalten verfügbar und anzutreffen.

Die Götter wollen sich vielleicht nicht selbst manifestieren und sollten nicht auf die gleiche Art befehligt werden wie Elementarwesen, die unsere jüngeren Artgenossen sind. Ebenso sollte ihren Energien nicht erlaubt werden, Sie zu überwältigen. Bei Reisen in der Anderwelt wird man bemerken, daß die Wirklichkeit dort keine verwischten Grenzen aufweist. Die Einwohner sind, wenn überhaupt, realer als in Mittelerde. Einer schwachen Persönlichkeit mögen die Götter als ein Extrakt von allem Bekannten und Erfahrenen erscheinen, ein Urmuster, dem sie sich unterwerfen müssen. Oder es mag eine Überlagerung von einer Wirklichkeit auf die andere geben, so daß der Reisende ebenso verwirrt ist wie Petrus bei dem Ereignis der Transfiguration (Matthäus 17, 1–13). Er, ein menschliches Wesen, war von Christus, einem inkarnierten Gott, auf den Berg Tabor gebracht worden, und beide wurden von Elia und Moses besucht, zwei anderweltlichen Wesenheiten: kein Wunder, daß er für alle vier ein Lager aufschlagen wollte! Andere Bewußtseinsebenen oder verschiedene Wirklichkeiten können verwirrend sein. Wie wir bereits sagten, erfordern die nicht verzeichneten Reiche der Anderwelt einen guten Führer oder inneren Kontakt als Voraussetzung für Anderwelt-Reisen.

Es gibt ebenso viele Mittel, die Anderwelt wahrzunehmen, wie Verkleidungen ihrer Einwohner: diese sind von der einheimischen Tradition eines Volkes abhängig. Wir können ebensowenig hoffen, die volle Bandbreite abzudecken, wie wir eine vollständige Landkarte für Anderwelt-Reisen präsentieren können, obwohl wir Ihnen helfen wollen, Kontakt zu Ihrer eigenen Tradition zu finden. Jeder potentielle Reisende braucht einen Führer, und diese sind verfügbar, und Kontakt ist möglich. Nennen wir sie Engel, Geister, Wächter oder Dämon, jeder von uns hat Zugang zu einem persönlichen Wächter. Vorschläge, wie Sie mit Ihrem Kontakt aufnehmen können, erscheinen in Übung 7: Kontaktaufnahme mit dem Wächter.

Wir trachten nicht alle danach, Schamanen, Magiere oder Mystiker zu werden – für die meisten von uns liegt die Pflicht darin, unsere Berufung innerhalb der Grenzen einer Arbeit, des Heims und der Familie zu erfüllen. Doch wird von immer mehr Menschen so etwas wie eine kollektive Verantwortung gefühlt – nennen Sie es einen Druck von der Anderwelt, sich innerlich zu entwickeln. Der Weg zu innerem, spirituellem Wachstum ist sehr begehrt, und obwohl viele Methoden zur Verfügung stehen, sind nicht alle passend oder praktisch. Eine persönliche Erdung in ander- oder innenweltlicher Lebensweise ist die wertvollste Erfahrung, die spirituelles Wachstum innerhalb seiner eigenen Grenzen fördern kann oder als Grundlage für eine kollektivere religiöse Teilnahme oder spirituelle Evolution dienen kann. Der innere Wächter ist der Initiator für jeden von uns. Es muß nicht Mother Bunches in ihren Lumpen sein oder Black Elk in seinem Regenwolken-Anzug, doch jemand Vertrautes, dem wir nie ein Gesicht gaben; eine innere Stimme oder ein heimlicher Begleiter mag für Sie das Verbindungsglied sein. Die alten Lehrer sind vielleicht zu Staub geworden, doch unsere Reisen brauchen nicht führerlos zu sein. Der innere Wächter ist unser wahrer Norden, der Bewahrer der Karten und der Wegzeiger. Er oder sie ist jemand, der die Pfade bereits beschritten hat, auf denen wir zum erstenmal gehen. Ebenso wie der Schamane in der Vorzeit Anderwelt-Besuche bei seinem Totem-Geist oder Vorfahr machte, um zu lernen und Führung zu erhalten, können wir aus der Weisheit des Wächters schöpfen. Die scheinbar moderne Ansicht, daß sich die Menschheit nach dem Tod und einer angemessenen Anzahl von Inkarnationen in den engelhaften Zustand weiterentwickelt, um Lehrer in der psychischen Welt zu werden, kann man in vielen alten Traditionen finden.

«Dichter sagen wahrhaftig, daß, wenn ein guter Mann stirbt, er Ehre und eine mächtige Mitgift unter den Toten hat und zu einem Daemon wird, welches ein Name ist, der ihm gegeben wurde, um Weisheit anzuzeigen»[201] («Cratylus»). Das Wort *daemon* bedeutet «er, der richtig verteilt»[116]: der Wächter, der jedem von uns Erfahrung zumißt. Doch soll dies besagen, daß anderweltliche Einwohner unseren Lauf bereits vorbestimmt haben – daß wir keine frei Handelnden sind? Jedes Individuum hat ein Schicksal zu erfüllen,

eine Aufgabe, einen spirituellen Sinn, was nichts mit einer An-
häufung frommer Andachtsübungen zu tun hat, sondern damit,
daß diese Schöpfungsarbeit, die noch vollbracht werden muß,
durch individuelle Anstrengung wiederhergestellt wird. Die Anderwelt grenzt an das spirituelle Reich, von woher der Schöp-
fungsplan ausgeht: die Wächter, gleich den Engelshierarchien, die
wir in Band 2 des westlichen Weges treffen werden, sind diejenigen, die unser kreatives Potential fördern, in dem sie uns mit der
Lebenserfahrung nähren, die jeder von uns braucht, um ein effek-
tives menschliches Wesen zu sein. Dies läßt uns noch die Freiheit,
mit unserem Potential zu kooperieren oder es zu meiden. Es gibt
kein festgelegtes Schicksal, wir sind frei, unseren eigenen Weg zu
schaffen.

Der Wächter fungiert als Botschafter der Anderwelt; seine oder
ihre Aufgabe ist das anderweltliche Äquivalent zum Schamanen –
die Mittelerde zu erforschen und sich mit den Individuen in dieser
Welt zu beratschlagen. In Band 2 werden wir dieser gegenseitigen
Durchdringung von Welten wiederbegegnen.

Kontakt mit der Anderwelt verändert das Leben für immer. Ist
erst mal ein Kommunikationsmuster festgelegt, wird das innere
Leben unerhört bereichert, und dies hat, dementsprechend, Rück-
wirkungen auf Mittelerde und das äußere Leben. Doch bevor wir
weiter erörtern, wie wir reisen können, lassen Sie uns einige anderweltliche Besucher ansehen und die Methoden, die andere benutzt haben, um dorthin zu reisen.

Viele haben ein besonderes Symbol oder Andenken als Passierschein verwendet: Äneas pflückt den Goldenen Zweig, welchen
er Proserpina in der Unterwelt präsentieren muß; ähnlich hat
Bran, Febals Sohn, einen Silberzweig von einem Apfelbaum. Dies
sind offensichtlich beides Ableger des Achsenbaums des Lebens,
um den herum die Anderwelt ausstrahlt. In irischer Dichtertradi-
tion war der Goldene oder Silberne Zweig eigentlich ein Gegenstand schamanischer Insignien, der einem Dichter von hohem
Status vorangetragen wurde, was dessen Verbindung mit Weisheit
und Lehre der Anderwelt anzeigte. Der Silberne Zweig von Rhiannon brachte Schlaf und Erholung von der Mittelerde und ließ
Sterbliche vergessen, wie lange sie in der Anderwelt gewesen waren. Sehr oft ist Musik ein Faktor bei Anderwelt-Erlebnissen. Das
Feenvolk lehrt häufig jene Musiker Feenmusik, die geduldig nahe
seinen Behausungen in den hohlen Hügeln sitzen. Dieser Aspekt

ist besonders stark in englischer Feenkunde, wo anderweltliche Melodien die Ankunft der Feenschar vorhersagen: geheimnisvolle Musik kann man häufig bei den Schlupfwinkeln dieser mächtigen Anderwelt-Wesen hören, die keine Verbindung mit viktorianischen Feen haben.

Musik und Tanz sind häufig verbunden. In der Algonquin-Geschichte von Algon dem Jäger findet der Held einen kreisförmigen Pfad in der Prärie, der von vielen Füßen abgetreten scheint, obwohl außerhalb dieses Bereichs keine Fußspuren zu finden sind. Im hohen Gras versteckt, hört er lauter werdende Musik und sieht aus dem Himmel eine Schar von Sternenjungfrauen in einem Korbwagen herabsteigen. Sie landen und tanzen, und er fängt eine ein, damit sie seine Braut werde.²⁴¹ Die Anderwelt-Parallelen zwischen Amerika und England sind schnell offenbar, wie wir auch aus der Geschichte eines anderen tapferen Algonquin ersehen, dessen Frau stirbt. Wie Orpheus entschließt er sich, sie zu finden. Ein alter Mann sagt ihm, «*um die Inseln der Gesegneten zu erreichen, mußt du jenen Golf, den du in der Entfernung siehst, überqueren*»²⁴¹. Er findet sich selbst in einem Glasboot und seine Frau in einem anderen: sie rudern auf eine bewaldete Insel zu, die in der Mitte des Wassers liegt wie ein Smaragd in Silber gefaßt. Dieses Glasboot tritt auch bei keltischen Anderwelt-Reisen auf.

True Thomas, or Thomas of Erceldoune ist eine Grenzballade, die uns berichtet, wie Tom der Reimer die Königin des Elfenlandes trifft, die ihn ebendorthin führt, dabei die Sehenswürdigkeiten aufzeigend. Er ist ein überaus fähiger Lehrling:

> Er hat einen Mantel aus Elfenstoff bekommen,
> Und ein Paar Schuhe aus grünem Samt,
> Und als sieben Jahre vergangen und vorbei waren,
> Wurde der wahre Tom auf der Erde nie mehr gesehen.⁵³

Er ist nicht der einzige Schotte, der verschwand. Michael Scot, der Gelehrte des zwölften Jahrhunderts, verschwand ebenfalls nach einem anscheinend phantastisch langen und erfüllten Leben. Sein posthumer Ruf als Magier war so weit verbreitet, daß er in die Volksvorstellung als eine Art Merlin einging. Ein Kirchenmann im siebzehnten Jahrhundert, Robert Kirk, der die Erfahrung von Sehern und Feenkunde der schottisch-gälisch sprechenden Menschen dokumentierte, kehrte von einer Expedition ins Feenland nie zurück; obwohl sein Grabstein in Aberfoyle aufgestellt ist, befindet sich nichts darunter.[130] Dieses waren natürlich Meister – solche, die Kontakte mit anderweltlichen Wesen hatten und die erfahrene Reisende in andere Wirklichkeiten waren. Sie waren die Erben der schamanischen Tradition, lange nachdem die Vorzeit vergangen war. Heutzutage werden Menschen jahrelang mit lebensverlängernden Systemen am Leben erhalten oder auf die Ankunft höher entwickelter Technologien hin eingefroren, wer sind wir also, zu behaupten, daß diese Männer verschwunden sind? Jahre in Mittelerde sind nur Tage in der Anderwelt – vielleicht sind ihre Besuche noch nicht vorbei, oder wie Elia und Enoch, haben sie nicht den Tod gekostet, sondern sind in die Rolle anderweltlicher Helfer übergegangen.

Von Besuchern aus der Anderwelt ist auch in Mittelerde berichtet worden. Die Legende von den Grünen Kindern erzählt, wie in der Regierungszeit von König Stephen zwei Kinder mit grüner Haut in der Umgebung einer Höhle herumwandernd gefunden wurden: sie aßen nichts außer grünem Gemüse. Der Junge starb, doch das Mädchen lernte, normale Nahrung zu sich zu nehmen, und überlebte. Sie sagte, daß das Land ihrer Herkunft ein Ort sei, wo niemals die Sonne schien, sondern ein Licht herrschte wie das Zwielicht oder wie in der Abenddämmerung.[30]

Noch häufiger wird der anderweltliche Besucher zum Geliebten genommen. Der geisterhafte und dämonische Liebhaber ist ein Thema, das die Welt-Folklore durchzieht. Der Dybbuk der jüdischen Legende, der mittelalterliche Inkubus und Sukkubus, die Robbenfrau in schottischen und skandinavischen Geschichten, bezeugen alle eine enge Verbindung zwischen den Welten. Der anderweltliche Geliebte und der irdische Partner müssen einige Verbote beachten, wenn die Beziehung funktionieren soll: die wahre Erscheinung des anderweltlichen Wesens darf nie enthüllt werden, der irdische Geliebte darf niemals unfreundlich sprechen oder fordern, daß der andere vom heiligen Totemtier ißt oder sich darin kleidet. Die Sexualität der physischen Ebene mit der Polarität der Astralebene zu vermischen, die Welten miteinander zu verwechseln oder sich in einen Schatten zu verlieben, ist verheerend (siehe Kapitel 5). Die unangebrachte Phantasie anderweltlichen Ursprungs verursacht Kummer und Ärger im menschlichen Leben, weswegen ein klares Verständnis der Ebenen nötig ist. Wir werden später in Band 2 sehen, wie die Partnerschaft zwischen Ander-

welt- und Mittelerde-Wesen als ein positives Visualisierungs- und
Machtmittel wirkt. Lassen Sie uns nun die Wege, auf denen wir
reisen können, prüfen. Die Anderwelt-Ebene steigt wieder einmal
ins Bewußtsein: sie wird sich als lebenswichtiges Verbindungsglied zwischen Stammes- und kosmischem Bewußtsein erweisen,
indem sie die notwendige Evolution ermöglicht und die schnelle
Erlösung verderbter Formen aus dem einheimischen Bewußtsein
erleichtert. Zu lernen, ein Wanderer in diesen Reichen zu werden,
wird unsere spirituellen und ererbten Sehnsüchte verbinden und
uns auch helfen, wirkungsvoller mit den Erfahrungen von Mittelerde umzugehen.

Passierscheine in innere Reiche

Die Wirklichkeit der Anderwelt steht im Zentrum des westlichen
Weges. Ihre Erscheinungen verändern sich vielleicht, die Traditionen vermischen sich, doch der Weg steht Ihnen offen, sich jenen anzuschließen, die mit den Toten gesprochen haben, die das
Wissen von und den Umgang mit ihrem heiligen Schutzengel hatten oder die Mittel und Wege zu spiritueller Weisheit kannten.
Dies können Sie durch Meditation erreichen, und wir legen Ihnen
nahe, Ihre eigene Metapher für die Anderwelt zu finden und Ihren
eigenen Eingang zu erforschen. Wegen des besonderen Hinter-
grundes und Erbes jeder Person wird es ebenso viele Annäherun-
gen und Zugänge zur Anderwelt geben wie Individuen: Ihren
Schlüssel oder Ihr Symbol besitzen Sie bereits (siehe Übung 1), die
Zwei-Bäume-Eingangs-Meditation (Übung 8) wird Sie weiter in
eine Landschaft führen, die Ihre eigene ist, in der Sie weiterarbei-
ten können, um Ihren Führer kennenzulernen (siehe Übung 7).
Ihre Reise wird einzigartig sein und gleichzeitig der von anderen
ähneln. Es ist wahrscheinlich nicht hilfreich, Notizen zu vergleichen, da jede Person auf ihrem eigenen Niveau eintritt. Es gibt
keinen «richtigen Weg» zu reisen. Einsame Individuen gehen ihre
eigenen Risiken ein und haben ihre eigenen Abenteuer, während
andere vielleicht eine Pauschalreise unter dem Schutz einer My-

sterienschule vorziehen, die Landkarten und vorgefertigte Führer für die Vorsichtigen bereitstellt.

Warum überhaupt reisen? Für den Pragmatiker und den selbstbestimmenden Realisten, der keine Welt jenseits Mittelerde und keinen anderen Beweis als den seiner fünf Sinne anerkennt, ist dies schwer zu rechtfertigen. Das Gefühl der Selbsttäuschung kann sehr stark sein. Führer und Götter können in verwirrend modernen Verkleidungen auftauchen. Das richtige Maß an Kontrolle ist zuerst mitunter schwer zu etablieren. Doch trachten Sie nach einem wachen Bewußtseinszustand mit kontrollierter Atmung. Mit Übung werden Sie die Anderwelt betreten und Ihrem Führer und anderen begegnen. Sie werden Ihr Schicksal entdecken, Ihr Leitthema, Ihren inneren Impuls, kreativ zu handeln, den Sie dann in Ihrem täglichen Leben in Mittelerde erfahren und erfüllen können. Die Bilder und Begegnungen werden zuerst ebenso schwer faßbar wie Träume sein, doch Sie werden lernen, sie aufzuzeichnen und sich an sie zu erinnern. Die erforderliche Konzentration, um Kontakte herzustellen und zu erhalten, kann zuerst ermüden, vielleicht schlafen Sie sogar ein. Doch wenn Ihre Erfahrung von der Anderwelt zwischen den Sitzungen verblaßt, heißt dies ebensowenig, daß die Anderwelt ein Schatten ist, wie vertraute aber lange abwesende Freunde Schatten ohne Realität sind.

Es wird Tage geben, an denen das Reisen in die Anderwelt leicht ist, zu anderen Zeiten wird es scheinen, daß die Zwei-Wege-Schwingtür blockiert ist und sich nur nach außen, auf diese Seite der Dinge, öffnet. Die Türen verschieben sich, darüber besteht kein Zweifel, doch Sie werden sie immer finden. Wie man den Kindern in C.S. Lewis' *The Lion, the Witch and the Wardrobe* erzählt:

> Ich glaube nicht, daß es Sinn hat, zu versuchen, durch die Schranktür zurückzugehen… auf diesem Weg werdet ihr nicht wieder nach Narnia gelangen… versucht nicht, zweimal den gleichen Weg zu nehmen. In der Tat, versucht überhaupt nicht, dorthin zu kommen. Es wird geschehen, wenn ihr es nicht erwartet… und erwähnt es gegenüber niemand anders, es sei denn, ihr findet heraus, daß sie selbst Abenteuer von der gleichen Art hatten.[142]

Einige Zeiten sind passender als andere, doch wenn Sie Ihren Zutritt ausgearbeitet haben, brauchen Sie die ganze «Zollprozedur» nicht wieder zu durchlaufen. Während wir Anderwelt-Reisen in

Begriffen von Meditation beschrieben haben, können sie ebensogut während des Schlafs, im Tagtraum, in der Einweihung, in Visionen, auf Astralreisen, während Bewußtlosigkeit und todesähnlichen Zuständen vonstatten gehen. Zwei berühmte Beispiele der letztgenannten Erfahrung erscheinen in *The Vision of Aridaeus*[163] und der «Vision of Er»[201] (*The Republic*), wo Erfahrungen mit der klassischen Anderwelt, sowohl im Hades als auch dem Elysium, von einem Totgeglaubten beschrieben werden, der danach wieder zu Leben erwacht, um uns davon zu erzählen. Moderne Beispiele dieser Art der Erinnerung sind vielfältig.[107] Der vielfältige Bewußtseinsschleier kann sowohl wasserdicht als auch alltäglich sein oder ein unsichtbarer Mantel werden, je nach unseren Bedürfnissen.

Kontakte zu unserer einheimischen Anderwelt aufzunehmen bedeutet nicht, unsere eigene Welt zu vernachlässigen, sondern das ganze Wesen für ihre Anforderungen zu sensibilisieren, indem wir die Erde als eine lebendige Einheit sehen, die sich ebenso in gegenseitiger Abhängigkeit zur Anderwelt befindet, wie wir zu den Anderwelt-Wesen, den *Leuchtenden*. Die neue Wissenschaft beginnt festzustellen, daß die Bandbreite der Evolution größer ist, als wir je realisiert haben: Mystiker, Schamanen und Philosophen haben es uns seit Jahrhunderten verkündet.

Um vollkommen mit der Anderwelt zu kooperieren, müssen wir erst uns selbst betrachten. Die Maxime «Erkenne dich selbst» steht direkt vor jedem Individuum, das entschlossen ist, den westlichen Weg zu gehen. Dieses Gebot ist wesentlich: es ist eine Aufgabe, die nie beendet sein wird. Wenn unsere Selbst-Klärung mißlingt und wir eine tiefe Erforschung der Anderwelt versuchen, werden wir unausweichlich den Personifizierungen unserer schlimmsten Eigenschaften begegnen. Wenn wir fähig sind, unsere eigenen schlimmsten Charakterzüge zu erkennen und mit ihnen zu arbeiten, können wir vielleicht das tiefere Hinterland der inneren Welten erforschen. Wir werden nicht geblendet, wenn wir uns selbst kennen, doch wir beginnen anzuerkennen, wie wir in das Gesamtmuster der Dinge hineinpassen und wie die Anderwelt uns helfen kann, unser Schicksal zu erfüllen. Doch so, wie die menschliche Natur gebaut ist, beginnen wir, kaum daß wir unsere psychischen Dachböden von dem dort aufbewahrten Gerümpel gesäubert haben, neues anzusammeln. Der Augiasstall wird vielleicht nie ganz gereinigt sein, doch wir können wenigstens versuchen, ihn verhältnismäßig überschaubar zu halten. Einige Vorschläge zur Selbst-Klärung finden Sie in Übung 9.

Das wichtigste bei Anderwelt-Reisen ist, hinzugehen und zurückzukehren. Es gibt viele, die in den Labyrinthen der Anderwelt verlorengegangen sind, die verzaubert umherwandern und nicht mehr in Berührung mit sich selbst sind, sondern von einem Irrlicht geleitet werden. Der Zauberglanz spiritueller und medialer Arbeit führt viele in die Irre.[15] Wenn wir nicht gut auf der physischen Ebene geerdet sind, wenn wir uns nicht zuerst dem Pfad des heimischen Herdes verpflichten und unsere Leben in einem befriedigenden Normalmaß einrichten, bevor wir uns esoterischen Pfaden nähern, neigen wir dazu, wegzudriften. Deswegen bestehen so viele esoterische Schulen auf dem Erreichen eines reifen Alters, bevor sie Kandidaten akzeptieren. Wenn sich der individuelle Charakter nicht erst in Mittelerde zu einem effektiven menschlichen Kommunikationskanal entwickelt hat, ist der Anderwelt-Reisende wahrscheinlich schwach und leicht von allen, denen er oder sie begegnet, zu beeinflussen. In der Anderwelt ist es ebenso wichtig wie in Mittelerde, gegen alles, was im Widerspruch zur eigenen Integrität zu stehen scheint, anzugehen. Die Anderwelt ist von Archetypen bevölkert, deren Energie zu großer Stärke komprimiert ist. Die Hilfe des inneren Führers und die Verwendung des eigenen gesunden Menschenverstandes bietet einen Schutz dagegen, völlig unter die Kontrolle eines der Leuchtenden zu gelangen, denn während wir niemals vergessen sollten, daß wir helfen können, die anderweltlichen Ziele der spirituellen Entwicklung zu erfüllen, dürfen wir ebensowenig unsere irdischen Verantwortlichkeiten aus den Augen verlieren. Die Berührung der Leuchtenden ist manchmal unmenschlich, weil ihr Ziel das Individuum nicht berücksichtigt: ihre kollektive Energie ist auf ein gemeinsames Ziel, einen kosmischen Sinn gerichtet. Jedem anderweltlichen Versuch, Ihre Lebensrichtung mitreißend und leichthin zu beeinflussen, sollten Sie mit Standhaftigkeit und Integrität begegnen. Wenden Sie sich an Ihren persönlichen Wächter und Ihre höchsten spirituellen Quellen.

Wenn wir Beispiele anderweltlicher Reisen betrachten, werden wir sehen, daß dem Reisenden kein Leid geschieht, wenn er bestimmte Regeln beachtet. Jene, die aus Versehen ins Feenland fallen, rettet der Besitz von Salz oder Eisen – den Elementen irdischen Lebens, die nicht zur üblichen Währung der Anderwelt gehören. Unvorsichtige Frauen, die mit den Talenten oder der Schönheit – Geschenken der Anderwelt – ihrer Nachkommenschaft prahlen, verlieren ihre Kinder an die Feen, die an deren Stelle einen häßlichen Wechselbalg als Lektion zurücklassen. Dem Versuch, harte Arbeit zu vermeiden, wird auf der anderweltlichen Seite der Dinge von den älteren Schwestern, die das Glück ihrer jüngeren Schwester, als sie goldbedeckt von Frau Holles Haus zurückkehrt, teilen möchten, mit noch mehr harter Arbeit begegnet.[95] Stolz, Neugier, Leichtsinn, Undankbarkeit und Unehrlichkeit disqualifizieren den Reisenden, während das Befolgen der Regeln, das Beachten vernünftiger Vorsichtsmaßnahmen, bescheidenes Verhalten und aufrichtige Höflichkeit den Reisenden befähigen, weit zu wandern. Meist liegen die Hindernisse für sichere Wanderschaft beim Reisenden selbst. Aragorns Ratschlag für Boromir, der dem Gedanken, in das paradiesische Reich von Lothlorien in *Herr der Ringe* zu gehen, mißtraut, ist vernünftig. Als Boromir sich beklagt, daß «wenige herauskommen, die einmal hineingehen; und von diesen wenigen ist keiner unversehrt entkommen», antwortet Aragorn, «sag nicht unversehrt, aber wenn du sagst unverändert, dann sprichst du vielleicht die Wahrheit. Nur die Bösen brauchen es zu fürchten oder die, die Böses mit sich bringen»[263].

Menschliche Fehler werden bei innerer Arbeit verstärkt und können Hindernisse schaffen. Wie der Held einer Volkserzählung müssen wir einer Reihe oder Aufgaben ins Gesicht sehen, die unsere unvorbereitete und unausgebildete Natur reflektieren, Aufgaben, die gemeistert werden müssen, bevor wir die Hand der Prinzessin gewinnen können. Doch die Leistungen, die wir erbringen, sind nicht für unseren eigenen Gebrauch reserviert. Dies wird schön deutlich, wenn wir das Beispiel von Galahad, dem späteren Gralshelden, der, nachdem er den Gral erreicht hat, in der Stadt von Sarras einen spirituellen Zustand annimmt und für die Welt für immer stirbt, dem Beispiel von Peredur oder Parzifal gegenüberstellen, dem früheren Gralshelden, der nach seiner Errungenschaft zur Welt zurückkehrt und ein Meister der Graltradition wird, einer, der andere lehrt. Zu reisen und mit den Geschenken der Anderwelt *zurückzukehren*, ist unsere Bestimmung.[162]

Der Gedanke, daß die Anderwelt Sterbliche mit Geschenken ausstattet, die Feen-Patin, die dem Neugeborenen Segen und kreative Fähigkeiten verleiht – dies sind gültige Konzepte, die uns weitere Hinweise auf die Möglichkeit der Anderwelt geben, die Mittelerde mit lebenswichtiger und erlösender Energie wieder aufzuladen. Jeder von uns hat die Gabe oder Fähigkeit, bestimmte Dinge zu tun. Einige von uns perfektionieren diese Fähigkeiten und werden kreative Künstler, die die Volksseele der Menschen befruchten, andere arbeiten nie mit ihren Gaben, so daß sie schal und nutzlos werden. Unser Leben ist nur soweit wirkungsvoll, wie wir die Energien aus der Anderwelt herüberbringen und sie durch kreative Anstrengung in dieser Welt erden. In jeder Generation machen Künstler diese mystische Reise in sich selbst hinein und kehren mit neuer Lebensenergie und Sinn beladen zurück: auf diese Weise werden Lehren der Anderwelt ausgesät – nicht durch offene Lehrmethoden, sondern mittels Lied und Geschichte, Spiel und Film. Die harmlosen Übermittlungsmethoden haben einen mitreißenden Einfluß auf alle Ebenen des Bewußtseins. Es ist daher dringend notwendig, daß diese Übermittlung in den Händen derer liegt, die wissen, was sie tun.

Diese Anderwelt-Reisenden innerhalb jeder Generation erhalten den Impuls und übertragen ihre Kunst durch jede ihnen bekannte Art der Kreativität: so geht die Fackel von Hand zu Hand. Die Berufung des Künstlers ist wahrlich eine heilige: jene, die diese Berufung mit bescheidener Bewußtheit von der Verpflichtung, die sie der Anderwelt schulden, erfüllen, sind die wahren Künstler unserer Generation, nicht die sich selbst rühmenden, eigennützigen Egoisten, deren Kunst nur sie selbst reflektiert. Doch für uns alle bleibt der Ruf der Anderwelt zu erfüllen. Die plötzlichen Einsichten, die ohne unsere Bitte auftauchen, der überwältigende Drang, mit unseren Fähigkeiten etwas Neues zu kreieren, das Gefühl von erfülltem Schicksal, das aus diesem Drang resultiert – dies sind klare Zeichen unserer Verpflichtung an die gemeinsame Arbeit.

> Denn die Götter haben verborgen und halten verborgen,
> Was der Menschen Lebensunterhalt sein könnte [109]

und es ist unsere Pflicht, für uns selbst herauszufinden, was wir am besten in Mittelerde tun können.

Das verlorene und wiedergewonnene Paradies

Ohne Zugang zur Anderwelt wird Mittelerde ein trauriger, toter Ort. Im Westen ist heutzutage unsere allgemeine Wahrnehmung von ihr auf ein von klassischen und christlichen fundamentalen Konzepten diktiertes Niveau verdrängt – Dämonen, Gespenster, böse Geister und Hexen sind die einzigen Bewohner der modernen Anderwelt – eine Welt, deren freudloses, seelenloses Gesicht man fast jeden Abend auf Videos mit satanischen Manifestationen und fremdartigen Eingriffen sehen kann. Dies ist nicht die wahre Anderwelt, sondern das Schattenland, eine bloße Fata Morgana einer inneren Realität, deren sanfte heilende Kraft abgelenkt und von Bildern der Gewalt und übelkeiterregenden Horrors repräsentiert wird. Der Weg zwischen den Welten ist nie ganz verschlossen worden, doch vor ihm wurden Hindernisse errichtet, und viele glauben nicht mehr, daß der Weg existiert. Jene, für die der Himmel ein viktorianischer Mythos und die Hölle eine omnipräsente Realität ist, sind von der führenden Mythologie der Anderwelt abgeschnitten. Ohne Vertrauen in die spirituellen Reiche, die Anderwelt und die Unterwelt, werden wir zur Beute fadenscheiniger Doktrinen und Verzweiflung: und ihr wachsender Einfluß auf die Welt breitet sich immer noch aus, zu Zweifel und Zerstörung mahnend. Wenn wir aufhören, für die Toten zu beten, für jene im Fegefeuer und für jene an den angestammten Orten, dann beginnen wir, Gespenster und heimatlose Geister zu fürchten.[32] Wenn wir der Stimme unseres inneren Führers nicht mehr zuhören, dann hören wir die Versuchungen unserer schlimmsten Seite. Wenn wir unsere spirituellen Sehnsüchte nicht mehr erfüllen, wird Gott zum Teufel.

In dieses Vakuum von Zweifel und Unsicherheit sind viele neue Anderwelt-Szenarios gesprungen, nach denen verzweiflungsvoll, hoffnungsvoll und sehnsuchtsvoll gegriffen wurde. Gott als Astronaut und interstellare überwachende Besucher scheinen die neuen Metaphern der Anderwelt im modernen Zeitalter zu sein. Andere greifen nach psychologischen Entdeckungen, die der schamanischen Erfahrung zu gleichen scheinen, jedoch häufig in ihrer Anwendung auf das Leben Theorie bleiben. Andere, die der von Kirche, Synagoge und Moschee proklamierten milden Anderwelt müde sind, sehen nach Osten, um befriedigendere Paradigmen zu finden. Doch obwohl die einheimische Anderwelt-Tradition tot erscheint, ist sie weit davon entfernt, verstorben zu sein. Sie beseelt jedes der neuen Anderwelt-Konzepte immer noch aus der gleichen Quelle.

Jene, die damit rechnen, daß fremde Intelligenzen unserer Welt helfen, ihre Fehler zu überwinden und sie vor der technologischen Katastrophe retten, entdecken vielleicht, daß die alten Leuchtenden zurückkehren. Wenn Reisen in die Anderwelt heute in der allgemeinen Phantasie auf Reisen ins All beschränkt sind – den neuen *imrama* –, könnte man die paradiesischen Inseln nicht in den Sternen wieder ausfindig machen, da wir eher außen als innen nach Hilfe suchen? Wir könnten die Konstellationen als Sternentore der Anderwelt betrachten, die ihre archetypischen Kräfte vermitteln und die auch ihre weltlichen Korrelative auf der Erde selbst haben (siehe Übung 5). Es ist möglich, daß die läuternde Erfahrung der Psychoanalyse beschädigte Psychen in Kontakt mit ihren eigenen inneren Räumen bringt, wo sie sich mit anderweltlichen Archetypen austauschen können. Ohne Zweifel können östliche Techniken, die selbst von gültigen spirituellen Disziplinen herstammen, unsere eigenen einheimischen Anderwelt-Traditionen stimulieren, obwohl sie in die angemessene westliche Metapher umgeformt werden müssen.

Anderweltliche Reiche und ihre Einwohner können durch spirituelles Erbe und Blutsbande auf andere Länder und Kulturen übertragen werden. Keltische Immigranten brachten ihr Feenvolk, das Volk des Friedens, mit sich nach Amerika und Australien, obwohl jedes dieser Länder seine eigenen einheimischen Anderwelten in der Kultur der Indianer und Aborigines hat. Die Anderwelt braucht viel Zeit, um sich zu etablieren, wie John Crowley in seinem Roman über die Anderwelt, *Little, Big*, über Amerika bemerkt:

Wir als Volk sind zu jung, um Geschichten, wie die von Arthur erzählten, kultiviert zu haben, und vielleicht zu selbstgefällig, um das Bedürfnis danach verspürt zu haben. Mit Sicherheit werden auch keine über die sogenannten Väter unseres Landes erzählt; die Vorstellung, daß einer dieser Herren nicht gestorben ist, sondern, sagen wir, in den Ozark oder den Rockies schläft, ist komisch, wird aber nirgendwo geglaubt. Nur der verachtete, geistertanzende Rote Mann hat eine lang genug zurückreichende Geschichte und Erinnerung, um einen solchen Helden zu liefern.[61]

Doch die im letzten Jahrhundert begonnene Wiederentdeckung unseres Volkserbes und seiner Anderwelt-Tradition dauert an. Die als *Keltisches Zwielicht* bekannte Bewegung brachte auf der einen Seite ein Niemandsland hervor, das aus unrealistischen Sehnsüchten gewoben war und auf der anderen Seite ein breites und erfülltes Bild von der Anderwelt bot, zu dessen Verfechtern der große Dichter W. B. Yeats und der Mystiker «A. E.» (George Russell) gehörten. Deren Genie und Vision entflammten die gesamte keltische Welt und sind immer noch die Basis für viele Fantasy-Romane, deren Autoren dadurch einen Blick auf die Strahlen des Paradieses erhaschen. In anderen Ländern sammelten Folkloristen die letzten Überbleibsel einheimischer Traditionen, bevor der letzte Geschichtenerzähler seine Kunst vergaß. Antiquare und Dichter begannen die Bedeutung ihres Erbes wahrzunehmen: in nur zu kurzer Zeit würden die Bindeglieder zur Vergangenheit gestorben sein. Wir dürfen nicht glauben, daß Fachleute und Folklore-Experten all dies für uns aufzeichnen. Die Anderwelt-Traditionen vieler lebendiger Kulturen sind in Gefahr. Im letzten Jahrhundert und bis in dieses hinein haben viele Indianerstämme ihre eigenen Bindeglieder verloren, sind bis zur Ausrottung gehetzt oder zu Bürgern zweiter Klasse gemacht worden. Der lebendige Impuls dieser Traditionen wurde glücklicherweise bewahrt oder wiederbelebt, jedoch im Angesicht noch nie dagewesenen Widerstands und systematischer Ausrottung kultureller Identität. In Australien ist die Bewegung, von den Aborigines selbst initiiert und motiviert, im Gange, um ihren Lebensstil und ihren Zugang zum *Träumen* an jene Mitglieder ihres Volkes weiterzugeben, die keinen Platz in der Ökologie des weißen Mannes haben. Und überall wird die Wächterschaft einheimischer Erd-Stätten und Orte zusammen mit der Überlieferung der Anderwelt-Traditionen gelehrt. Dies ist ermutigend, doch wir können es uns nicht leisten, selbstzufrieden über unsere eigenen Traditionen zu sein.

Ein Verständnis von der Anderwelt ist innerhalb des Kontexts des westlichen Weges oder tatsächlich jeder spirituellen Tradition unerläßlich. Es ist die Grundlage, aus der alle mystischen Schriften erwachsen. Die Anderwelt konzentriert die spirituelle Erfahrung von Sehern, Propheten, Schamanen und Visionären, die wiederum Nachfolger inspirieren. Ohne eine Vision vergehen die Menschen, jedoch gibt es nie einen Mangel an spiritueller Vision. Die Wiederentdeckung der Anderwelt-Wirklichkeit innerhalb jeder Generation war der Impetus spirituellen Lebens. Spirituelle Weisheit hat eine gemeinsame Quelle, auch wenn ihr anderweltliches System auf so viele verschiedene Weisen, den kulturellen Anforderungen entsprechend, wahrgenommen und interpretiert wird.

Unser Anteil an dieser Übermittlung der Tradition ist lebenswichtig. Wir reisen in unsere innere Heimat, unser ‹Heim›, in das wir still gerufen werden und aus der wir wieder in unser gewöhnliches Leben hinausfahren und das mitbringen, was wir erfahren haben. Darüber kann man nicht mit Worten sprechen, aber man kann es durch Gesten und Einstellungen vermitteln, die für andere auf tieferen Ebenen, als jeder von uns wahrnimmt, offenbar sind. Ohne den Einfluß der Anderwelt wäre der westliche Weg eine Sackgasse, die Reisenden auf diesem Weg bloß Lehnstuhlesoteriker. Den Ruf der Anderwelt hören viele, die keine Mittel haben, bewußt dorthin zu kommen, obwohl sie sie in Träumen, Tagträumen und Visionen besuchen. Sie lesen darüber und sehnen sich nach ihr: «Jerusalem, mein glückliches Heim, wann werde ich zu dir kommen?» Es ist die Sehnsucht des Herzens, ein dauerhaftes Heim zu haben, einen inneren Ort, der hell und von unvergänglicher Freude ist. Die Sehnsucht nach einem irdischen Paradies hat bei vielen zur Erforschung der unbekannten Mittelerde geführt, um einen Anspruch auf heilige Orte zu erheben, so wie Moslems, Juden und Christen alle Jerusalem als ihr Eigentum beanspruchen. Aber das irdische Paradies kann nicht von Armeen sichergestellt werden; es ist eine Erforschung, die in eine völlig andere Richtung führt,[162] und seiner Entdeckung wird auf andere Art gehuldigt. Wir sind bei der Anderwelt in der Lehre, so wie die Leuchtenden nur Reisende in die spirituellen Reiche, die dahinter liegen, sind.

Die einheimische Anderwelt-Tradition wird allgemein als Mittel spiritueller Wahrnehmung übersehen, doch wir stellen sie Seite an Seite mit den Wegen der Offenbarungsreligion und der hermetischen Esoterik vor, die wir in Band 2 erörtern werden. Ebenso wie Dante seine drei Welten des Fegefeuers, der Hölle und des Himmels mit seinem Führer Virgil erforschte, so können wir mit unserem Führer durch die scheinbar komplexen Zeitskalen der Anderwelt passieren und Vorfahren, Archetypen, Göttern, Engeln, Feen, Verstorbenen und denen, die noch inkarniert werden, begegnen. Mit dem englischen Mystiker des siebzehnten Jahrhunderts, Traherne, können wir ausrufen:

Ein Fremder hier
Trifft auf seltsame Dinge, sieht seltsame Herrlichkeiten;
Seltsame Schätze in dieser schönen Welt verborgen, erscheinen,
Alle seltsam und neu für mich,
Doch, daß sie mein sein sollten, der ich nichts war,
Das ist am seltsamsten an allem, doch genau das geschah.[265]

Der Pfad zur inneren Erleuchtung und die Reise nach Außen, um die Erkenntnis zu aktualisieren, sind lang, schmerzhaft und mit Fehlschlägen beladen. Doch die Reise ist es wert. Es ist die einzige Reise.

Schiffen Sie sich zu Ihren gesegneten Inseln ein, fahren Sie dorthin, lernen Sie Wunder und Mysterien kennen. Reisen Sie, aber *kommen Sie zurück.*

Übung 7 Kontaktaufnahme mit dem Wächter

Die Wesen, die Sie in der *Zwei-Bäume-Meditation* treffen (Übung 8), sind Wächter, aber sie sind auch allgemeine Führer, die Sie zur nächsten Erfahrung voranleiten; sie übernehmen keine Verantwortung für Sie. Der persönliche innere Wächter ist vielleicht näher als Sie denken, obwohl viele mit ihm nicht in Berührung sind. Wir alle haben einen, ob wir ihn nun Daimon, inneren Begleiter, Schutzengel oder Führer nennen: die Rolle des Wächters ist nicht, Sie vor Erfahrungen zu bewahren, sondern Sie in Erfahrungen einzuweihen, die Sie weiterbringen. Jeder Wächter handelt im Namen seines oder ihres eigenen Führers – einem inneren Lehrer von großer spiritueller Weisheit, der oder die in den spirituellen Reichen existiert, aber manchmal in der Anderwelt angetroffen werden kann. Mit der kollektiven Weisheit dieser Lehrer kann man sowohl innerhalb der Zwei-Bäume-Meditation als auch innerhalb anderer spiritueller Disziplinen Kontakt aufnehmen. Diese ineinandergreifende Kette von Verantwortung wird selten im Westen gelehrt: Engel wie auch Feen sind innerhalb der spirituellen Ökologie fakultativ geworden. Und obwohl es noch üblich ist, für ein Neugeborenes Paten zu benennen und damit eine spirituelle Verwandtschaft und gegenseitige Verpflichtung zu schaffen, hat man die Funktion eines inneren Wächters heute fast gänzlich aus den Augen verloren.

Im Goldenen Zeitalter der Kindheit machen wir zum erstenmal Bekanntschaft mit dem Wächter, wenn wir uns einen heimlichen Begleiter ausdenken, den wir aktiv bei stillen Spielen visualisieren. Dieses Bild tritt im jugendlichen Alter zurück, um von dem ersetzt zu werden, was die Jungsche Schule den Animus oder die Anima nennt: das männliche oder weibliche psychische Gegenstück von Frau bzw. Mann. Nicht jeder ist sich dieser inneren Einflüsse bewußt, die sich innerhalb der Vorstellung entsprechend ihrer kulturellen und experimentellen Färbung ausdrücken. Jeder findet seine oder ihre besondere Metapher, Symbolismus und phantasievolle Kleidung für den Wächter, obwohl sie ihn nicht als solchen bezeichnen würden. Andere sind sich einer unausgesprochenen inneren Stimme oder eines Gewissens bewußt oder eines Beobachters. Wenn Sie irgend etwas davon in Ihrem Leben erfahren haben, sind Sie bereits mit Ihrem Wächter in Verbindung. Und wenn nicht?

Setzen Sie sich und meditieren Sie. Sehen Sie einen hohen gerahmten Spiegel vor sich. Nähern Sie sich ihm. Seine Oberfläche reflektiert Sie nicht, weil Sie undurchsichtig wie ein milchiger Opal ist. Innerhalb des Spiegels ist jemand vor Ihrem Blick verschlossen. Atmen Sie auf die Oberfläche; sehen Sie Ihren Atem als einen Fluß von regenbogenfarbenen Lichtfunken. Dies ist lebenspendender Atem. Sehen Sie die vereiste Oberfläche langsam unter Ihrem Atem dahinschmelzen. Jemandes Gestalt wird in dem Spiegel deutlich. Sie mag männlich oder weiblich sein, alt oder jung, doch es ist niemals ein Tier oder eine nicht-menschliche Einheit, noch ist es jemand, den Sie im Leben kennen. Wenn die Gestalt noch undeutlich ist, konzentrieren Sie sich auf Ihren Atem und die regenbogenfarbenen Lichtfunken. Sie geben nicht so sehr Ihrem Wächter Leben als vielmehr sich selbst. Ihr Führer hat immer an dieser Tür auf Sie gewartet, um Sie zu begrüßen, und nun schaffen Sie aus Ihrem eigenen Willen heraus die Gelegenheit. Die Oberfläche des Spiegels ist nun klar wie der Tag; der Rahmen ist wie ein Torweg.

Begrüßen Sie Ihren Wächter, und fragen Sie nach seinem oder ihrem Namen. In ihrem Umgang mit dem Wächter müssen Sie immer zuerst sprechen: Ihr Wächter wird nicht mit Ihnen sprechen, wenn Sie nicht erst den Kontakt herstellen. Es ist wichtig, sich daran zu erinnern, so daß Sie von den Erscheinungen der medialen Welt nicht abhängig oder irregeführt werden. Wenn Sie den Namen des Wächters nicht verstehen, schaffen Sie ein gegenseitiges Erkennungszeichen, das Sie bei zukünftigen Treffen austauschen können – eine kleine Handbewegung genügt. Dies wird das Wesen in zukünftiger Meditation sofort als Ihren eigenen Führer bestätigen und nicht als einen zufälligen Kontakt.

Nun, da die Tür zwischen den Welten geöffnet ist, können Sie Ihren Begleiter/Wächter treffen und sprechen, wann immer Sie wollen. Sie möchten dies wahrscheinlich allein in Ihrem Zimmer tun, indem Sie laut sprechen oder sich auf dem Papier unterhalten. Außerdem können Sie den Kontakt durch Visualisierung und inneres Zuhören herstellen. Finden Sie Ihre eigene Ebene, und seien Sie geduldig. Wie in allen Beziehungen werden Freundschaft und Verständnis mit der Zeit gemeinsam wachsen.

Ihr Wächter kann ein Resonanzboden sein, Berater und Führer, nicht nur hilfreich in der Anderwelt, sondern auch in Mittelerde. Ein guter Rapport mit dem Daimon oder der Muse wird von kreativen Menschen immer noch für wertvoll gehalten, deren Lebensunterhalt von Inspiration, Technik und konzentrierter Anstrengung abhängt: die Freundschaft des Wächters befähigt sie, ihr Schicksal zu erfüllen, indem sie Anderwelt-Konzepte in das Handwerk, die Künste, Darstellung und Musik übersetzen. Man muß kein kreativer Künstler sein, um auf allen Ebenen kreativ zu leben.

Wenn Sie dazu neigen, sich an Wunder zu halten oder von stärkeren Persönlichkeiten in Ihrem täglichen Leben abhängig zu sein, geben Sie acht. Tun Sie nicht alles, was Ihr Wächter Ihnen sagt, sondern denken Sie darüber nach, ob sein Rat zu dieser Zeit richtig für Sie ist. Überprüfen Sie den Rat des Wächters anhand Ihrer höchsten Prinzipien, indem Sie ihn, wenn notwendig, der Quelle Ihrer spirituellen Einstellung übergeben. Unterwerfen Sie sich nicht völlig dem Wächter, sondern versuchen Sie, für Ihre eigenen Taten und Gedanken verantwortlich zu sein. Beten Sie Ihren Wächter nicht wie einen Gott an; er oder sie kann wie ein älterer Bruder oder eine ältere Schwester betrachtet werden, ein Begleiter mit ein wenig mehr Erfahrung, als Sie selbst haben.

Dieser Kontakt ist intim, persönlich und kann viele Formen annehmen. Wir können hier nur grob auf die Vielfalt der Beziehungen hinweisen, die man haben kann, aber es wird sich zeigen, daß weitere Kontakte dazukommen als Resultat der Übung. Sowohl inneres als auch äußeres Leben werden durch den Kontakt mit dem inneren Wächter bereichert und befruchtet. Daraus resultiert eine Flexibilität der Persönlichkeit zusammen mit einer neuen Selbstbewußtheit, die Vertrauen und Bescheidenheit in großem Maße fördern.

Übung 8   Die Zwei-Bäume-Meditation

Diese Meditation ist nicht irgendeine geführte Phantasiereise, sondern ein initiatorischer Eintritt in die Anderwelt, die innere Welt, deren Wirklichkeit zu unserer parallel verläuft, die jedoch jederzeit betreten werden kann, da sie zeitlos ist. Dieser rituelle Eintritt ist vom Lehrer an den Schüler über viele Generationen in der einheimischen Tradition Englands weitergegeben worden: er wurde als verborgener Schatz gehütet und niemals zuvor niedergeschrieben. Aufgrund seiner Bedeutung und weil die einheimische Tradition einmal wieder in den Vordergrund des Bewußtseins rückt, meinten die Autoren, daß die Zeit gekommen sei, sie herauszugeben. Darin werden Sie bestimmte Bilder und Gestalten treffen; diese werden Sie lehren und Ihnen bestimmte Aspekte Ihrer selbst zeigen. Die, die daran nicht arbeiten, werden nichts davon haben: als Einweihungsmethode ist sie geschützt. Sie sind für die gedacht, die damit arbeiten und von ihrer Ausübung profitieren: denn in der Arbeit mündlicher Überlieferung muß der lebendige Funke im Herzen des Hörers keimen.

Wie eine unvollendete Geschichte stellt diese Meditation eine Herausforderung für alle dar, die den vitalen Impuls der inneren Ebenen in sich gefühlt haben. Für diese innere Erforschung gibt es keinen Abschluß, keinen einzig richtigen Weg, keine richtige Reihenfolge von Ereignissen: jeder findet die Reise auf seine oder ihre Bedürfnisse zugeschnitten. Die Landschaften, die Ereignisse und Gestalten erscheinen verschieden, entsprechend den Wahrnehmungen des Individuums, doch übereinstimmende Bilder tauchen in ausgewählten Erfahrungen auf, die die Autoren kritisch verglichen haben. Es ist nicht leicht, diese Reise zu unternehmen, denn hier gehen Sie allein. Da diese mündliche Technik zum Gebrauch innerhalb einer Lehrer/Schüler-Beziehung gedacht war, mit wenigstens einem Minimum an Supervision, sollte man gewisse Dinge im Auge behalten: wenn Sie über den Anfang nicht hinauskommen oder steckenbleiben oder Bilder Ihnen wiederholt begegnen, dann hören Sie auf. Die Zeit ist nicht reif für Sie, Ihr inneres Vorrücken zu beginnen oder fortzuführen. Sie kommt vielleicht später. Einige finden möglicherweise, daß sie nicht die Meditation machen – die Meditation macht sie. Dies kann beunruhigend sein, ist aber zu bewältigen, wenn Sie ein vernünftiges Gleichgewicht in Ihrem Leben halten. Wenn es nicht möglich ist, sich solch einem Rückzug, wie in Übung 10 beschrieben, zu unterziehen, um die Reise zu vollenden, dann blockieren Sie energisch jegliche Bilder, welche versuchen, in Ihr tägliches Leben einzudringen, indem Sie den Leitlinien folgen, die in den Grundinstruktionen zu den Übungen angegeben sind. Diese Übung, wie vieles in esoterischer Forschung, kann quälend werden, doch Sie werden herausfinden, daß, hat sich der anfängliche «Blockbuster»-Effekt einmal manifestiert, die Meditation in einer gleichmäßigeren Geschwindigkeit fortfährt.

Auf viele Weisen ist die Zwei-Bäume-Meditation ein Kompendium der anderen Übungen in diesem Buch. Einige Sucher sind aus dieser Erfahrung abwechselnd erschüttert und erleuchtet hervorgegangen. Ihre Wirkung ist tief, also gehen Sie nicht scherzhaft an sie heran. Diejenigen, die Sie hinter den beiden Bäumen antreffen, nehmen viele Formen an: wiedererkennbare religiöse Führer, Tiere, innere Begleiter und Führer, wie auch solche, die irreführende Charaktere zu sein scheinen, die Hindernisse in Ihren Weg legen. Diesen sollten Sie fest engegentreten und sie herausfordern, falls sie Ihre Integrität bedrohen. Gleichwohl können sie einen heilsamen Effekt auf diejenigen haben, die persönliche Probleme bisher vermieden haben und versuchen, an liebgewordenen und fehlerhaften Regeln festzuhalten.

Nach einigr Zeit werden sich Bilder und Lehren in Ihr Leben einfügen und Teil Ihrer «inneren Ausstattung» werden. Es ist gut, schriftliche Aufzeichnungen von Ihren Reisen für die Zukunft zu machen. Wenn Sie Ihre Notizen mit denen eines Freundes oder einer Gruppe, die mit dieser Meditation arbeitet, vergleichen möchten, denken Sie daran, daß die Resultate vielfältig sind und daß keine qualitativen Urteile über jemandes Fortschritt gefällt werden können. Nicht einmal der Lehrer befindet sich in der Position, zu urteilen oder zu kommentieren, außer er hilft und rät im Fall von Schwierigkeiten. Die Autoren sind bereit, in dieser Hinsicht zu helfen, falls solche Schwierigkeiten auftauchen: jegliche Korrespondenz sollte an uns adressiert sein, c/o. Routledge, 11 New Fetter Lane, London EC4P4EE.

Die zwei Bäume

Sie stehen auf dem Gipfel eines niedrigen Hügels. Unter Ihnen befindet sich ein flaches Tal, in dessen Mitte ein See liegt. Neben diesem stehen zwei Bäume – Silberbirken –, die umgekehrt im Wasser reflektiert werden. Gehen Sie den Hügel hinunter und um das Ufer des Sees herum, bis Sie zwischen den beiden Bäumen hindurchkommen. Während Sie dies tun, konzentrieren Sie Ihre Aufmerksamkeit auf den Himmel hoch über dem Horizont. Dort werden Sie entweder die Sonne oder den Mond sehen: ist es Tag oder Nacht? Wenn Sie dies festgestellt haben, senken Sie Ihren Blick und sehen eine sich nähernde Gestalt. Sie kann männlich oder weiblich, verschleiert oder unverschleiert sein. Dies ist Ihr Führer. Folgen Sie den Anweisungen, die er oder sie Ihnen gibt. Ihr Führer begleitet Sie vielleicht oder benennt einen Begleiter, oder Sie werden allein ausgesandt. Denken Sie daran, daß Ihnen kein wirklicher Schaden zugefügt werden kann. Folgen Sie dem für Sie vorgegebenen Weg, und suchen Sie das Ziel, zu dem Sie geführt werden.

Sie können von Ihrer Reise wann immer Sie wollen zurückkehren. Sie werden wahrscheinlich feststellen, daß Sie in unerwarteten Momenten in die Landschaft der Reise hinein- und hinausgleiten und daß Sie die Reise nach einem Zeitraum von einigen Wochen oder Monaten wieder aufnehmen. Manchmal scheint sie weiterzugehen, obwohl Sie sich dessen nicht bewußt sind, so daß Sie an einem anderen Ort in die Landschaft wieder hineingehen, jedoch in vollem Bewußtsein dessen, was geschehen ist, wie in der Erinnerung an einen Traum. Es sollte klar sein, daß diese innere Reise Jahre brauchen kann, möglicherweise ein Leben, und daß sie, einmal begonnen, in Ihrem Leben immer wieder auftauchen wird. Sie brauchen die Reise nicht jedesmal von Anfang an zu beginnen, folgen Sie einfach ihrem Verlauf.

KAPITEL 5

Der geheime Staatenbund

Denn du nahmst, was vor mir und was hinter mir liegt;
Du nahmst Ost und West als du mich nicht beachtetest.
Sonne und Mond nahmst du von meinem Himmel,
Und auch Gott, oder ich täusche mich sehr.
«Donal Og», traditionelles irisches Volkslied

Es gibt sechzig und neun Wege, ein Heldenepos zu erschaffen,
Und – jeder – einzelne – von – ihnen – ist – richtig!
Rudyard Kipling: «In the Neolithic Age»

Einheimische Weisheit

Die Vorzeit gibt es nicht mehr. Während diese historische Ära vergangen ist, überlebt ihre einheimische Weisheit unzerstört innerhalb der Anderwelt, jedoch fragmentarisch innerhalb der Volkstradition und esoterischer Wiedererweckung. Diese Erweckung
bringt ihre eigenen Probleme mit sich, indem sie häufig die Werte
der Vorzeit im rosigen Schimmer eines goldenen Zeitalters repräsentiert, statt im Licht des *Geheimen Staatenbundes*, den sie repräsentiert. Robert Kirk[130] (und siehe Kapitel 4) benutzte diesen
Ausdruck, um Land und Lebensart des Feenvolks zu beschreiben.
Die Weisheit der einheimischen Tradition, von der Vorzeit an bis

heute, ist buchstäblich unser Gemein-Gut (engl.: common wealth; Staatenbund = Commonwealth, d. Übers.), der Schatz, aus dem wir unsere spirituelle Nahrung beziehen. In seine Schatzkammern gehört jeder Aspekt der Tradition, sowohl heidnisch wie christlich, alt und neu: seine Münze wird jedesmal frisch geprägt, wenn einer dieser Aspekte in Mittelerde gültig ausgetauscht wird. Nur wenn man den Schatz als eine Art Museum ansieht, werden seine Münzen zu Blättern wie Feen-Gold. Erwekker, die Traditionen «authentisch» anwenden wollen, müssen sich mit Bedacht zusammentun, wenn diese Traditionen unter ihrer Berührung nicht versteinern sollen.

Tradition ist niemals statisch, sie reproduziert sich selbst unaufhörlich bis ins letzte Detail; sie muß sich verändern, um sich unterschiedlichen Verhältnissen anzupassen. Die Überlieferung der einheimischen Weisheit ist ein Wunder, obwohl die Symbiose ihrer Werte oft von Erweckern übersehen wird, die entweder sorgfältig «alte» Traditionen erfinden oder Fragmente davon überbetonen, indem sie ihre dürftigen Funde um ihren schwach flackernden Leuchtturm herumgruppieren. Wir haben gezeigt, wie die Traditionen der Vorzeit zurückgekehrt sind: wie die Gott-Gestalten wieder auftauchen, wie wieder Kontakt zu den Energien der Erde aufgenommen wurde und inwiefern die Anderwelt ein Schlüssel zur einheimischen Weisheit ist. Weniger einfach ist es, den Verlauf der Alten Religion zu verfolgen. Ihr Pfad wurde überkreuzt und mit Verwirrung überlagert; ohne die bestätigende Resonanz der Anderwelt ersticken Überlieferungstheorien einander wie Unkraut. Jegliche Betrachtung traditioneller Überlieferung muß notwendigerweise kurz sein. Wir werden also in diesem Kapitel versuchen zu zeigen, wie diese durch die vom Schamanen, Herrscher und Volk repräsentierte Stammeseinheit bewirkt wurde.

Die moderne heidnische Erweckungsbewegung, in eigenen Kreisen als *the Craft* («die Zunft») bekannt, ist insofern interessant, als sie für sich beansprucht, von der Alten Religion der Vorzeit abzustammen. Sie leugnet jegliche Übereinstimmung mit dem, was allgemein als Hexenkunst bekannt ist, welche als Derivat von im Mittelalter und im frühen siebzehnten Jahrhundert unter Folter erpreßten Informationen und Ausschweifungen öffentlicher Phantasie angesehen wird. Der Erweckungsbewegung angehörende Hexen, die ihre ununterbrochene Abstammung aus der Vorzeit proklamieren, haben häufig Schwierigkeiten, zu erklären, wie ihre Tradition unbefleckt die Vorwürfe der Verfluchung, des Kindopfers, der Orgien und Teufelsanbetung überlebt hat. Wenn es eine unerklärliche Kluft zwischen der Alten Religion der Vorzeit und der modernen Zunft zu geben scheint, ist der Grund dafür, daß die Verbindungen entweder unsichtbar sind oder schlicht niemals bestanden haben. Doch falls es irgendeinen Nachfolger des Schamanen gibt, dann ist der wahrscheinlichste Kandidat der Hexer/die Hexe, der Erwecker.

Während die Legende von den «alten Familien», die eine sterbende Tradition am Leben erhalten, reichlich von den Kommentatoren ausgeschmückt wurde, die nach Rationalisierung für ihre Behauptungen suchten, gab und gibt es immer noch gewisse Familien, in denen die Alte Religion in irgendeiner Form überliefert wurde. Ein berühmter ostenglischer Hexer, George Pickingill (1816–1909), den Freimaurer und Rosenkreuzer aus Amerika konsultierten, leitete seine Abstammung von Julia von Brandon her, einer Hexe, die 1071 starb.[271] Seine ererbte Tradition setzt sich in den neuen Hexenversammlungen fort, die er im Laufe von sechzig Jahren gründete, und kann daher als heute noch wirksam bezeichnet werden. Die Beispiele von ererbter Nachfolge sind jedoch zu bruchstückhaft, um irgend etwas zu beweisen. Wie, zum Beispiel, wurde aus dem einheimischen Schamanen ein Hexer?

Wie der Druide auf den Schamanen folgte, so folgte der Priester auf den Druiden. Spirituelle Führung wird immer von den mit mystischer Wahrnehmung Begabten übernommen, die sich zur priesterlichen Rolle hingezogen fühlen; doch die Priesterschaft wurde zunehmend in kirchliche Verwaltung und theologischen Intellektualismus verwickelt. So wurden die spirituellen Bedürfnisse jener, die in Stammesbewußtsein verstrickt waren, vernachlässigt. Trotz der ausgesetzten Hinterhalte der Kirche hielten sich Heiden- und Christentum nebeneinander über Wasser: Priester, Volk und Herrscher übten häufig ihre doppelte Mitgliedschaft in alten und neuen Religionen in weitgehend gleicher Weise aus wie moderne Japaner, die sich zum Shintoismus *und* Buddhismus bekennen. Inzwischen war der Schamane entweder ein Priester der neuen Religion geworden oder fuhr fort, in der alten zu wirken, wenn auch im geheimen.

In der Renaissance begann ein neuer Wind zu wehen. Die Reformation der protestantischen Kirchen war ein Versuch, die einheimische Tradition in christlichen und auch nationalen Begriffen neu zu formulieren. An diesem Punkt begannen die großen Verfolgungen der, nun Hexen genannten, Anhänger der Alten Religion. Mittelalterlicher Katholizismus hatte starke Bindungen zur einheimischen Tradition. Papst Gregor der Große hatte die Ansiedlung von Kirchen in heidnischen Verehrungszentren ebenso ermutigt wie auch die Fortführung heidnischer Feste in christlichem Gewand. Die Mutter und der Vater aus der Vorzeit, der Herr und die Herrin der Alten Religion, deren Aspekte und Avatare die Götter und Göttinnen des Heidentums waren, waren in der Form von Unserem Herrn und Unser Lieben Frau – Jesus und Maria – gegenwärtig. Unter dem Protestantismus und dessen Nachfahren, dem Puritanismus, wurde die Verehrung der Jungfrau verbannt und das Feiern einheimischer Feste verboten. Jene, die gedankenlos zwei Lehnsherren dienten, sahen sich gezwungen, Partei zu ergreifen. Die protestantische Neuformulierung der einheimischen Tradition schloß heidnische Erweckung nicht ein; sie strebte danach, den einheimischen Charakter von der Verschmutzung durch heidnischen und katholischen Einfluß zu läutern.

Die Alte Religion als Überbleibsel der Vorzeit wurde zum Aussterben bestimmt: doch bevor sie starb, zeigte sie ihre häßliche Seite. Erwecker sehen diese «brennenden Zeiten», wie sie in Zunftkreisen bekannt sind, gerne als Parallele zur Verfolgung der frühen Christen: kleine, eifrige Gruppen hingebungsvoller Heiden, die danach strebten, die alten Weisen lebendig zu erhalten, die sich nachts aus Furcht vor Spionen heimlich trafen und die rechtschaffen und niemandem etwas Böses wünschend ihrer täglichen Arbeit nachgingen. Die Realität war häufig weitaus menschlicher. Die eigene Spiritualität verhöhnt zu sehen, den Lebensunterhalt zu verlieren und die eigene Familie leiden zu sehen, inspirierte keine Gefühle des guten Willens: jene, die die Macht hatten, zu heilen und zu verletzen, entschieden sich oft aus Rache und Vergeltung für das Verletzen. Auf jeder Seite der Umzäunung gab es wenige, sei es christlich oder heidnisch, die die höchsten Prinzipien ihres Glaubens in der Praxis aufrechterhielten. Die Vorstellung vom Teufel als Gottes Gegenspieler war von katholischen und protestantischen Kanzeln herunter gepredigt worden. Von der Verfolgung durch ihre Unterdrücker bedroht, wendeten sich einige um aktive Unterstützung an den

Teufel: wenn Gott sich mit den Verfolgern verbündete, wollten sie sich Gottes Gegenspieler anschließen.

Die grundsätzliche Vereinbarkeit von Heidentum und Christentum wurde durch eine hysterische Säuberung umgeworfen. Von seinen heidnischen Anfängen und seinen Antrieben aus dem Stammesbewußtsein beschämt, rottete das Christentum zuwiderhandelnde Mitglieder aus. Doch die Faszination von den früheren Ebenen der Religion blieb voyeuristisch in die Herzen der christlichen Verfolger eingebettet. Es wurde beobachtet, daß zu dieser Zeit die «Abhandlungen über Hexerei nahe daran waren, ein pornographisches Genre zu sein» [278]. Der Anblick zweier Gruppen von Schamanen, die einander bekämpfen, ist nicht angenehm. Die Tragödie zweier Religionen, die immer schwächer wurden, hätte vielleicht vermieden werden können, aber jene Zeit war nicht für ihre Toleranz bekannt. Doch nicht alles war dunkel.

In seiner Einführung zu Carlo Ginzburgs *The Night Battles*, einer Studie heidnischer Überreste im Kontext landwirtschaftlicher Kulte, bemerkt E. J. Hobsbawm über dieses Phänomen im Italien des sechzehnten Jahrhunderts:

> hier haben wir nicht Margaret Murrays unterirdische, dem Christentum feindliche, alte Religion, sondern rituelle Praktiken, die seit langem eine Symbiose mit der herrschenden Religion eingegangen waren – die *benandanti* (wörtlich «die, die gut gehen») betrachteten sich selbst ursprünglich als Kämpfer Christi gegen den Teufel – die jedoch… durch die Kirchenpolitik in die Opposition gedrängt werden.[87]

Diese *benandanti*, gewöhnliches Landvolk, gingen des Nachts aus, um mit denen zu kämpfen, die die Ernten bedrohten. Zweifellos bewahrten einige Familien dieses alte Wächtertum, während einzelne Individuen mit wacherem Geist als dem ihrer Zeitgenossen Zeugnis von den alten Weisen ablegten. Doch der Impetus der Alten Relgion war gebrochen, und ihre Schamanen waren tot. Einige weise Frauen und schlaue Männer, wie George Pickingill, überlebten auf der Stammesebene des Glaubens, deren Rolle der schamanischen am nächsten kam; außer ihnen bewahrten die Geschichtenerzähler, Dichter, Musiker und Kunsthandwerker die alten Themen und Fertigkeiten, wenn auch meist auf eine mit der Religion oberflächlich unverbundene Art.

Aber ebenso wie alte Stätten von gebildeten Archäologen entdeckt und die alten Mythologien von gelangweilten Theologen an die Öffentlichkeit gebracht wurden, so wurde die Alte Religion untersucht. Wir schulden den Kommentatoren, Sammlern und Hilfswilligen Dank, die aufzeichneten, was sonst verlorengegangen wäre; so wie Pausanius alte griechische Bräuche und religiöse Stätten vor der Ankunft des Christentums aufzeichnete [192], so taten Stukely und Aubrey dieses für die britische Landschaft vor der Industrialisierung.[11, 251] Cecil Sharp und Sabine Baring-Gould [193] sammelten Volkslieder, Erzählungen und Tänze, bevor diese von Radio und Fernsehen ersetzt wurden. Doch wir sollten uns stets darüber bewußt sein, daß ein Besuch vom Anthropologen häufig dem Besuch des Beerdigungsunternehmers gleicht, da traditionelle Bräuche sich ihrer selbst bewußt werden.

Eine Anzahl von Theorien über das Überleben der Alten Religion als Hexenkunst begann das einheimische Bewußtsein vom Anfang dieses Jahrhunderts an zu befruchten und zu stimulieren. Charles G. Leland, ein amerikanischer Volkskundler und selbst ein Abkömmling von John Leland, dem königlichen Antiquar von 1553, entdeckte Beweise italienischer Hexenkunst und publizierte seine Funde in *Aradia: the Gospel of the Witches* [137]. Die Anthropologin Margaret Murray schrieb zwei Bücher: *The Witch Cult in Western Europe* (1921) und *The God of the Witches* (1933). Während Lelands Funde ein isolierter Überlebensbeweis aus erster Hand waren – seine Informantin war eine Hexe namens Maddalena – und sich nur mit italienischen Praktiken befaßten, versuchten Murrays Bücher, die Hexenkunst als Überbleibsel der Alten Religion ernst zu nehmen. Es gab keine Hexen, die vortreten und ihren Funden widersprechen konnten. Durch die Verfolgungen war eine verständliche Geheimnistuerei der schlimmsten Art entstanden, und die Gesetze gegen Hexerei waren noch immer in den Statuten von England aufgeführt. Erst 1951, als das Hexerei-Gesetz von 1736, nach dem jene, die «vorgaben, Hexen zu sein», mit einer Gefängnisstrafe rechnen mußten, aufgehoben wurde, kamen andere Beweise ans Licht.[270] An der Spitze der Sucher nach neuem Beweismaterial befand sich Gerald B. Gardner, ein Amateur-Archäologe und Anthropologe, der Verbindungen zu einer Hexenversammlung im New Forest in Südengland hergestellt hatte; er wurde später in die Gruppe eingeweiht und begann, nach der Aufhebung des Hexerei-Gesetzes, Bücher über die Alte Religion aus dieser Sicht heraus zu publizieren. *Witchcraft Today* und

«Erfahrung ist ein überreiches Bergwerk...

…aus dem viele Menschen Lebensschätze ausgraben.» Sándor Petőfi, Ungarns Nationaldichter, hat das gesagt.

Und was für Menschen ganz allgemein gilt, macht sich im speziellen auch der Sparer zunutze: Schätze aus Zinsen von Pfandbriefen und Kommunalobligationen.

Pfandbrief und Kommunalobligation

**Meistgekaufte deutsche Wertpapiere - hoher
Zinsertrag - bei allen Banken
und Sparkassen**

Verbriefte Sicherheit

The Meaning of Witchcraft sprengten die alten Mißverständnisse, die Hexen umgaben, und propagierten einen Kult um schamanen-ähnliche Praktizierende der Alten Religion, die die alten Feste bewahrten, die alten Götter verehrten und nur heilsame Magie ausübten.

Gardners Behauptungen haben sowohl diejenigen innerhalb als auch außerhalb des Neu-Heidentums verwirrt. Doreen Valiente, die ihn kannte und mit ihm gearbeitet hat, hat folgendes zu sagen: «Die Rituale, die er erlebte, waren eigentlich fragmentarisch… und um sie zu einem kohärenten Ganzen zusammenzufügen… hatte er Wörter ausgewählt, die in seinen Augen… die richtigen Saiten im Geist zum Klingen brachten.»[270] Es wäre in der Tat erstaunlich, wenn so etwas wie ein kohärenter Text durch mündliche Überlieferung alter Rituale überlebt hätte. Die Alte Religion, sogar in der Vorzeit nie ein kodifiziertes Ganzes, war bruchstückhaft und undeutlich. Die Tradition, zu der Gardner im New Forest Kontakt bekam, unterschied sich von den heidnischen Überresten in anderen Teilen der Britischen Inseln oder in Europa. Was immer die Führer anderer Hexenversammlungen sagen mögen, Gardners Ideen waren Funken im trockenen Reisig einer scheinbar toten Tradition und entzündeten ein großes Feuer. Individuen, die aus der orthodoxen Kirche ausgetreten waren, wurden davon angezogen, Gardners Hexenversammlungen beizutreten, und bald wuchsen Neu-Heiden wie Pilze aus dem Boden. Die *Kunst der Weisen*, so genannt aufgrund der Etymologie, die «Hexenkunst» aus dem sächsischen Wort «wicce» oder weise (> witch = Hexe) herleitet, wuchs mit phänomenaler Geschwindigkeit. Wachsende Hexenversammlungen überschritten bald ihre autonome Einheit von dreizehn und schickten Tochterversammlungen aus. «Die Zunft» überquerte bald den Atlantik, wo der Boom sich noch steigerte.

Mit seinem Versuch, die Alte Religion zu verbreiten, stand Gardner nicht allein; andere Individuen, manche mit aufgeblasenen Egos darunter, beanspruchten bald Hexengroßmütter und besondere Kräfte für sich. Neu-Heidentum war zum Kult geworden. Margot Adler erörtert dieses Phänomen in den Vereinigten Staaten in ihrem Buch *Drawing Down the Moon*. Alle Bestandteile der Alten Religion der Vorzeit sind innerhalb «der Zunft» gegenwärtig: die Verehrung der alten Götter, das Feiern landwirtschaftlicher und kalendarischer Feste, die gemeinsame Priesterschaft von

Männern und Frauen, doch warum war diese Erweckung notwendig?

Die allgemeine Reaktion auf das Neu-Heidentum war überwältigend stark, selbst in einer Zeit, die sich neuen religiösen Kulten zuwendet, um die Lücken orthodoxer Glaubensrichtungen zu füllen. Es ist wahrscheinlich, daß wir den Schub in Richtung einer Reintegration der einheimischen Tradition erfahren. In den dreißig Jahren, seit Gardner in gutem Glauben seine Erweckung begann, tauchte ein bedeutendes Muster auf. Während es immer noch jene Anhänger gibt, die mit bemitleidenswert unerwachsenem Enthusiasmus, mit Plastikblumen im Haar, in ihrer etablierten Behäbigkeit erschüttert und die Füße fest in ein Niemandsland heidnischen Friedens gepflanzt, Hexe spielen, gibt es andere, die sich mit analeptischen Mitteln an die alten Wege erinnern und sie ernsthaft als Neuzeit-Schamanen praktizieren. Sie mögen schamlose Erwecker sein, doch ihre Wirkung beeinflußt das New Age direkt dahingehend, etwas einheimische Weisheit zu würdigen.

Während die «Erweckungszunft» immer den kindischen Erwachsenen, den eifrigen (meist männlichen) Diener der Göttin und die machthungrige Hohepriesterin wie auch die sexuell Unreifen und die in religiösen Dingen Unentschiedenen anziehen wird, ist es eine Macht, mit der man rechnen muß, wenn sie wahrhaftig in Berührung mit ihrer natürlichen Stärke ist. Doch hier liegt auch die Gefahr der Erweckung. Was in der Vorzeit allgemeiner Brauch war – Blutopfer, rituelle Vereinigung, usw. –, hat heute keine Geltung. Und während sich «die Zunft» als Ganzes diesen Praktiken nicht verschrieben hat, können jene, bei denen diese Erinnerungen starken Anklang finden, leicht von ihrer spirituellen Entwicklung zu unangemessenem Atavismus verführt werden. Das esoterische Diktum, das Böse sei fehlgeleitete Energie, trifft hier zu. Was in der Vorzeit richtig war, ist heute nicht richtig. Kontakt mit verderbten Kräften erfordert große persönliche Integrität. Wer Geschmack am Schmutzigen oder Verbotenen findet, braucht sich nicht der «Zunft» anzuschließen, um seinen Spaß zu haben, doch jene, die «ihr Böses mit sich bringen», tun ihr keinen guten Dienst. Wenn man zur einheimischen Weisheit über die Anderwelt Kontakt aufnimmt, dann sind die Gefahren minimal, doch bleibt die Frage noch zu beantworten, «funktioniert diese Erweckungstradition heute, im zwanzigsten Jahrhundert?» Sollte die Antwort nein lauten, dann ist es eine Form von Schauspielerei und keine Straße zu spiritueller Entwicklung.

Was hier über «die Zunft» geschrieben wurde, gilt ebenso für andere neu-heidnische Gruppen. Sofern sie echte Versuche sind, Kontakte zur einheimischen Tradition aufzunehmen und diese in das New Age herüberzubringen, leisten sie die Jahrhundert-Arbeit. Sofern sie in einer Idealvergangenheit leben, sind sie reine Kraftvergeudung. Diese harten Worte treffen auf jeden zu, der auf der inneren Spirale des westlichen Weges zurückgeht, um, ohne die Absicht zurückzukehren, Ferien in der Vergangenheit zu machen. Wenn es der «Zunft» scheinbar an der Integrität der, sagen wir, christlichen Kirche mangelt, wo sind dann die modernen mystischen Interpreten der christlichen Tradition? Obwohl das Neu-Heidentum mit seiner Arbeit an den Wurzeln beginnt, schickt es wenigstens einige Pfadfinder aus, um die Möglichkeiten seiner eigenen Tradition zu erforschen.

Doch während «moderne Neo-Mystiker... angezogen wurden von... einem neuerwachten Interesse an Mythologie und insbesondere englischer Mythologie und von dem falsch definierten Glauben an ein New Age... von einer Ablehnung des Christentums, die nicht dem alten Atheismus oder Humanismus gleicht, sondern der Suche nach einer alternativen Spiritualität, häufig mit magischen und okkulten Aspekten»[7], können sie die mystische Verbindung des Christentums nicht völlig ignorieren, die Aspekte der einheimischen Weisheit ebenso erfolgreich bewahrt hat wie «die Zunft», und auch ihre eigene Weisheit als einen spirituellen Pfad weitergab. Geoffrey Ashe schrieb, daß «die starke Magie sowohl kreativ als auch demoralisierend ist»[7]. Wenn die «starke Magie» fähig ist, statt dessen als «Wunder» zu wirken, dann brauchen die alten und neuen Religionen nie mehr, wie in der Vergangenheit, ein Stolperstein füreinander zu sein. Die Erneuerung des Geheimen Staatenbundes geschieht auf viele Arten, und ihre Übermittler sind nicht mehr notwendigerweise die, die die schamanische oder priesterliche Rolle innehaben. Letztendlich ist es nicht wichtig, wer diese Erneuerung übermittelt, solange Zwietracht vermieden werden kann. Die Vergangenheit ist «weder heidnisch noch christlich, sie gehört keiner Nation und keiner Klasse, sie ist universell»[202].

Die verborgenen Menschen

Sie haben uns in die Hand der neuen unglücklichen Herren gegeben,
Herren ohne Zorn und Ehre, die nicht wagen, ihre Schwerter zu tragen.
Sie kämpfen, indem sie Papier hin und her schieben; sie haben helle,
tote, fremde Augen;
Sie betrachten unsere Mühen und unser Lachen, wie ein ermüdeter
Mann Fliegen betrachtet.
Und die Last ihres lieblosen Mitleids ist schlimmer als die alten
Fehler,
Ihre Türen sind abends geschlossen; und sie kennen keine Lieder.[52]

Dieses Zitat aus G. K. Chestertons Gedicht «The Secret People»
(Die verborgenen Menschen) paßt gut zu dem aus dem irischen
Volkslied «Donal Og», das als Anklageerhebung von den Menschen der einheimischen Tradition, wo immer sie sein mögen,
diesem Kapitel voransteht. Wer uns bis hierher gefolgt ist, hat
vielleicht einen flüchtigen Einblick in die Gründe gewonnen,
warum wir die einheimische Tradition als ebenso wichtig wie die
hermetische Tradition bei der Entstehung des westlichen Weges
erachten. Jene, die in ihren religiösen Festungen sicher sind, die
festgelegte und beruhigende Ansichten über alle Aspekte des Lebens haben, können es sich leisten, den verborgenen Menschen
gegenüber selbstgefällig zu sein, denen Sonne und Mond, Osten
und Westen und alle zugänglichen Konzepte von Gott entrissen
wurden.

In dieser Beziehung von den verborgenen Menschen zu sprechen, bedeutet nicht, gönnerhaft gegenüber der «unteren Klasse»
oder dem Bauerngeschlecht zu sein, weil jeder von uns einer der
verborgenen Menschen ist, die von ihrem Stamm vertrieben wurden. Die einheimische Tradition des westlichen Weges hat sich
nie mit autokratischer priesterlicher Führerschaft befaßt: das spirituelle Wohlbefinden des Stammes wurde kollektiv von Priester,
Volk und Herrscher ausgeübt – wobei der Priester/Schamane der
Experte in spirituellen Dingen war. Wir haben gesehen, wie der
Schamane entweder als Priester oder Hexer überlebt hat, ebenso
wie die Schamanka die doppelte Option, Nonne oder Weise Frau
zu werden, hatte. Die Stammesherrscher überlebten als Feudalbarone oder gingen in den mörderischen Streitereien um die Stam-

mesherrschaft unter. «Familien von Priestern und Edelmännern, die mit Stammbäumen so alt wie die Schöpfung gesegnet waren, wurden ausgelöscht»[202], und zwar mit solcher Wirksamkeit, daß man versucht ist, Margaret Murrays Theorie vom rituellen Opfer, das alle sieben Jahre für das Wohl des Landes gefordert wurde, in Betracht zu ziehen.[176] Theorien von «Göttlicher Königswürde» wurden am stärksten von Stuart-Königen aufrechterhalten – bemerkenswerterweise bestand eben jener James I. darauf, der eine öffentliche Anklage der Hexenkunst, die *Daemonologie* (Edinburgh 1597) verfaßt hatte. Nach dem Ende der Stuarts und der Einsetzung der konstitutionellen Monarchie verringerte sich das Gefühl für Stammesherrschaft. Der Zusammenhalt des Stammes war gebrochen, und die verborgenen Menschen waren führerlos oder in den Händen derer, denen nur ihr physisches Wohlergehen am Herzen lag – jene «neuen unglücklichen Herren», die so von der Inbrunst der einheimischen Tradition abgeschnitten waren, daß «sie keine Lieder kannten».

Die verborgenen Menschen mögen wie verlorene Schafe gewesen sein, doch sie waren keine Narren. Sie wußten, daß die hochtönenden Namen Gottes, die fremden Rituale und die politischen Theorien nichts für sie waren – daß es einen heimischeren und leichteren Weg als diese gab. Dennoch ließen sie sich häufig von der trägen Abhängigkeit vom Stammesbewußtsein täuschen und dazu manipulieren, in fremden Kriegen zu kämpfen, hungrig und heimatlos zu werden – alles, ausgenommen ihre eigene erlösende Geschichte zu finden, ihr rechtmäßiges, wesentliches spirituelles Schicksal. Anstatt nach dem Geheimen Staatenbund zu suchen, sanken sie in die Fleischtöpfe und den Aberglauben der exoterischen Religion zurück, dabei in unkritischer Zuversicht an den fadenscheinigen und untauglichen Bräuchen ihrer Vorfahren festhaltend.

Nachdem die Vorzeit zu einer blassen Erinnerung verkommen war, lebten die verborgenen Menschen, auch unter aufeinanderfolgenden Invasoren, weiter, indem sie sich so wenig wie möglich an die neuen Wege anpaßten. Doch aus ihren Reihen erhoben sich einige Individuen – nicht Esoteriker oder jene, deren Namen in bezug auf die hermetische Tradition in den Sinn kommen –, sondern den Fortbestand sichernde Verbindungsmänner und -frauen, einfache Schamanen, deren Namen wir niemals erfahren werden. Diese verborgenen Hirten agierten als Ideenträger an den Grenzschwellen der Erfahrung: sie nahmen nicht an den politischen Ermahnungen teil, noch setzten sie ihr Charisma ein, um populäre Galionsfiguren zu werden. Sie waren die Dichter, Geschichtenerzähler, Volkssänger, Visionäre, Handwerker und Integrierer der inneren Vision, deren verborgene Pflicht es war, die einheimische Weisheit in etwas unmittelbar Brauchbares umzuwandeln. Wenn wir die Namen einiger jener, die die Tradition fortsetzten, nur kurz erwähnen, geschieht dies nicht aus Mangel an Respekt vor ihrer Weisheit und Einsicht.

Die einheimischen Mystiker werden von Mutter Julian von Norwich (c. 1342–1420) repräsentiert, deren Einsicht in die Natur der Gottheit sie in maskuliner und femininer Bildsprache ausdrückte und deren Interesse ihren «gleichgestellten Christen» und der unmittelbaren Wirkung der Liebe innerhalb der Menschheit galt.[122] Auf der anderen Seite des Atlantiks gründete Mutter Ann Lee (1736–84) durch ihre non-konformistische Vision die Sekte der Shakers, die eine ekstatische Tradition von Tanz und Lied als Mittel der Anbetung anwendeten.[286]

Die einheimischen Visionäre und Dichter William Blake (1757–1827) und George Russell oder «A. E.» (1867–1935) befinden sich beide in der Tradition von Kirks Meister-Menschen, Wanderern-zwischen-den-Welten, deren Heimsuchungen in ihrer Dichtung und anderen Schriften aufgezeichnet wurden.[22, 218] Während die einheimischen Natur-Mystiker und Dichter Coleridge, Wordsworth und Shelley besser bekannt sind, erforschten Walt Whitman (1819–92) und Richard Jefferies (1848–87) beide die pantheistische Resonanz mit kosmischer Einsicht.[118, 284]

Als Verkörperungen einer toten Kultur haben wir die Zeugnisse von Black Elk (1863–?), der von seinem Stamm, den Lakota-Indianern, und deren Aussterben unter der weißen Kultur sprach[180], und Peig Sayers (1873–1958), einer des Lesens und Schreibens unkundigen Irin, die kein Englisch konnte, jedoch ein Fundus an traditionellen Geschichten war.[180]

Wir haben an früherer Stelle über die Fertigkeiten des Dichters und Barden gesprochen: der Niedergang und Wiederbelebung der einheimischen dichterischen Tradition wird in Robert Graves' *Die weiße Göttin* ausführlich behandelt. Lange, nachdem die großen keltischen Dichter auf das Niveau von verhärmten Vagabunden abgesunken waren, die ihre Lieder und Geschichten durch das verarmte Land hindurch emsig wiederholten, wurden die alten traditionellen Erzählungen und rituellen Szenarios von namenlosen Volkssängern beiderseits des Atlantiks ins Gedächtnis zurückgerufen und besungen.[175, 193]

Die schamanischen Heilkünste gingen auf die Dorfhexe über, deren Ausübung von Volksmedizin heute, in einer Welt, die orthodoxe Heilmethoden nicht mehr dulden will, wieder auflebt. Der alten Heilungsgesänge beraubt, werden Techniken, den feinstofflichen Körper und seine Energiefelder auszugleichen, als Zauberei abgelehnt – was sie auch sind, doch gerade darum immer noch wirkungsvoll.

Die Handwerkstradition, einen Gegenstand zu erschaffen und ihm in Mittelerde mittels Holz, Lehm und Eisen feste Form zu geben, ist ein Paradigma der Kunst des Esoterikers. Eric Gill (1882–1940), der Bildhauer, erinnert uns daran, daß «Kunst» ursprünglich «Fertigkeit» (Geschick) bedeutete, und daß der Künstler «die Person ist, die eigentlich das Geschick hat, Dinge zu machen... die Dinge ins physische Leben zu rufen, die im Geiste wohnen»[86]. Durch den Kunst-Handwerker werden viele religiöse und mystische Wahrheiten von einer Generation zur nächsten überliefert, ohne daß sie verborgen werden müßten, denn sie sind «augenscheinliche Wahrheiten» und offene Mysterien. Die Analogie von Handwerk/Arbeit wurde sowohl von der «Zunft» (als einer neu-heidnischen Bewegung) als auch von den Freimaurern (als einer hermetischen Erweckungsbewegung) angenommen. Die Stärke der Handwerkslogen machte es möglich, daß die Traditionen auf eine vereinte Weise überliefert wurden, die für alle auf vielen Ebenen annehmbar war. Doch noch häufiger waren die, die die Tradition fortführten, inspirierte Individuen, die Hefe jener Generation, die mit der zyklischen Neuformulierung und Neuentdeckung der Wahrheit der einheimischen Tradition beschäftigt waren. Ihre Namenlosigkeit ist unbedeutend – wir haben nur eine kleine Gruppe dieser Schamanen erwähnt, deren Arbeit unser eigenes Jahrhundert beseelte – denn es heißt:

Jede Epoche hat ihre Propheten – als Leitsterne, und sie sind die brennenden Kerzen des Herrn, die den spirituellen Tempel auf Erden für das erste erleuchten. Wenn sie ihre Arbeit getan haben, werden sie sterben; doch die Kerzen bleiben, und andere Lichter werden auf sie gesetzt werden.[286]

Doch in einigen Zeiten brannte das Licht weniger hell, wenn die «Kunsthandwerker» weniger geschickt waren oder keinen Einfluß hatten. Obwohl die verborgenen Menschen niemals aufhörten, sensibel und sensitiv zu sein, war das Ergebnis ihrer Anstrengungen ohne Übung oder irgendeine Art schamanischer Supervision oft kaum mehr als eine Befragung des Mediums, um Zeichen und Wunder zu sehen, anstatt sich mit dem spirituellen Wohlergehen der Welt zu befassen. Die Anderwelt vermittelte ihre Botschaften immer noch, doch diese wurden in die unmittelbare Sprache und Symbolik des täglichen Lebens gegossen. Es gab keinen Mangel an Kommunikation zwischen den Welten, nur einen Mangel an erfahrenen Dechiffrierexperten. Das vorherrschende allgemeine Interesse daran, was man «niedrigen» Okkultismus nennen könnte – ein oberflächliches Fasziniertsein von Astrologie und Wahrsagerei –, mag die Spekulation nahelegen, ob Okkultismus nicht tatsächlich die Pornographie der Religion war. Doch, wie H. P. Blavatsky kommentierte:

> Okkultismus ist keine Magie, obwohl Magie eines seiner Werkzeuge ist. Okkultismus ist nicht der Erwerb von Kräften, ob medial oder intellektuell, obwohl beide seine Diener sind. Noch ist Okkultismus die Suche nach Glück, so wie die Menschen das Wort verstehen; denn der erste Schritt ist Opfer, der zweite Verzicht. [24]

Wir werden den Bruch zwischen Religion und Magie in Band 2 erörtern, doch das «Herumpfuschen mit dem Okkulten» wird von konventionellen Gläubigen als gefährlich angesehen, die recht fröhlich Wunder, Sühnegebete an Heilige, die Existenz von Schutzengeln und die Heiligkeit der Umgebung von Kirchen verdauen. Es lohnt sich, diese Liste den unter Esoterikern vieler Arten verbreiteten Glaubenshaltungen gegenüberzustellen: der Verwendung von Magie, Meditation über Gott-Energien, dem Schutz der Kreiswächter und der Heiligkeit alter Tempel aus Stein und Erde. Spirituelle Bigotterie resultiert aus Angst vor dem Unbekannten und der Bedrohung der eigenen bequemen Fahrt in den Himmel. Jedoch, spiritueller Fortschritt ist voll solcher Herausforderungen und Bedrohungen – ohne diese gibt es keinen Fortschritt.

Doch die negativen Beispiele des Okkultismus werden immer

von denen betont, die nie die Mängel ihrer eigenen Tradition überprüfen. Zwei Bilder tauchen auf. Für die einheimische Tradition dient als Beispiel die Hexe, die in ihrem Kessel rührt und alles und jeden verflucht: eine Frau mit bösen Absichten, deren Sexualität beunruhigend ist, es sei denn, sie wird als häßliches altes Weib dargestellt. Bezeichnenderweise ist sie eine *Frau*. Der hermetischen Tradition ergeht es nicht besser, für die der Schwarze Magier herhalten muß, der, sicher innerhalb seines Kreises, in seinen symbolverzierten Hut und Mantel gehüllt, Dämonen anruft und elementare Macht befehligt: wieder bezeichnenderweise ist er ein *Mann* von böswilliger Absicht, dessen abartiges Gehirn das Wohlergehen der Welt bedroht. Diese ängstlichen Projektionen werden häufig von denen aus dem esoterischen Schrank geholt, denen die komplementären Gegensätze dieser Bilder unbekannt sind. Während es eine grobe Vereinfachung wäre, die einheimische Tradition mit dem Weiblichen und die hermetische Tradition mit dem Männlichen zu identifizieren, gibt es hier eine symbolische Wahrheit aufzudecken. Die Hexe ist häufiger die Weise Frau oder Wahrsagerin, die die integrierte Weisheit der Erde personifiziert, natürliche Magie und prophetische Einsicht vermittelnd; ebenso ist der Schwarzmagier häufiger der Alchemist, der die ewige Weisheit zu einem Weg spiritueller Evolution umwandelt. Diese Identifizierung darf man jedoch nicht zu weit treiben, da sie die subtileren Ebenen, auf denen Geschlecht keine Bedeutung mehr hat, nicht mit einbezieht. Doch die Tatsache, daß die negativen Bilder des westlichen Weges sich in dieser Weise um das Weibliche und Männliche herum konstellieren, sollte uns an die Tatsache erinnern, daß die älteren «weiblichen» Mysterien der einheimischen Tradition ebenso unter Vernachlässigung gelitten haben, wie die «männlich-orientierten» Mysterien der hermetischen Tradition überbetont wurden und erstarrten.

Wir sprachen in der Einführung davon, daß wir uns unseres patrilinearen Erbes – unserer exoterischen Seite – bewußt sind, aber daß wir die matrilineare Seite – die esoterische Seite unserer selbst – vernachlässigt haben. Die einheimische Tradition ist vor allem die Mutter-Tradition, in die wir hineingeboren sind, die wir aber nicht beerben. Die verborgene Weiblichkeit unseres Mutterlandes wurde uns vorenthalten und um es zu entdecken, müssen wir auf eine lange Selbstentdeckungsreise gehen.

Wie jeder von uns zu seinem verborgenen Mutterland, seinem

esoterischen Selbst in Wechselbeziehung steht, ist eine angemessene Reflexion dessen, wie wir auf die Mutter selbst reagieren – die Göttin, deren Neubewertung im zwanzigsten Jahrhundert ein Versuch ist, die erste, nach innen gerichtete Spirale unserer spirituellen Reise zu verfolgen. Die Neubewertung früherer Arten der Anbetung hat zugleich einige der tiefgründigsten und einige der dümmsten Konzepte im allgemeinen Bewußtsein hervorgerufen. Die ursprünglichen Annahmen der Vorzeit waren unkompliziert, verglichen mit denen, die heute der Wiederbelebung der Göttinnenanbetung gegenüberstehen. Die gleichen Probleme der Rückkehr zu primitiven Verhaltensweisen treffen wieder zu, da eine Vielfalt von Gruppen entsteht, die sich mit der Wiedereinführung des Goldenen Zeitalters des Matriarchats befassen, in dem die Mutter regierte und Frauen richtig behandelt wurden. «Die Zunft» hatte ihre feministische Variante in Form der «Dianischen Zunft» – Hexenversammlungen nur für Frauen.[1] Der radikale Keil des Feminismus hat alte Übereinkünfte über Sexualität, Geschlecht und deren Anwendung auf die Archetypen der Gottheit mit mehr oder weniger Geschick gespalten.[63, 244]

Auf dem Gebiet der Esoterik und Spiritualität – und in der Tat in diesem gesamten Buch – kann es keine Differenzierung der Absicht zwischen den Männern und Frauen, die den inneren Pfad gehen, geben. Auf den inneren Ebenen gibt es keine politischen Probleme wie die, die uns heute auf den äußeren Ebenen des Lebens gegenüberstehen. Sicherlich wird die Arbeit auf den inneren Ebenen von Männern und Frauen verschieden erlebt, wie Dion Fortune in ihrem erleuchtenden Essay «The Worship of Isis» andeutet[78]:

> Isis ist die All-Frau, und alle Frauen sind Isis. Osiris ist der All-Mann, und alle Männer sind Osiris. Isis ist alles, das negativ, rezeptiv und latent ist. Osiris ist alles, das dynamisch und potent ist. Was im Äußeren latent ist, ist im Inneren potent; und was im Äußeren potent ist, ist latent im Inneren … Dies ist das Gesetz der wechselnden Polarität, das den Weisen bekannt ist.

Frauen sind auf den inneren Ebenen potent und sind als Seherinnen und Überbringerinnen spiritueller Fruchtbarkeit tätig – doch Künstler beider Geschlechter arbeiten auch nach diesem Prinzip. Männer sind auf den äußeren Ebenen potent und als Richtungsweiser und Verbinder tätig, wobei sie die innere Inspiration reflektieren und erden – doch Forscher beider Geschlechter aktualisieren innere Bestätigungen ihrer Theorien auf diese Art und Weise. Es gibt keine starren Regeln, doch dieser Kreislauf der Polarität ist eine Tatsache innerer Arbeit. Während wir generell sagen können, daß Frauen auf dem spiralförmigen Pfad nach innen und Männer nach außen tendieren, kann man diese Richtungen umgekehrt anpassen, wenn man das Prinzip der Polarität einmal verstanden hat: so können Frauen bei innerer Arbeit als Richtungsweiser fungieren, während Männer als Medien für die inneren Ebenen tätig sein mögen.

Verwirrung herrscht auf den Bedeutungsebenen, die Sexualität, Polarität und das der Gottheit zugeordnete Geschlecht umgeben. Männlichkeit und Weiblichkeit sind symbolische Masken, die die Gottheit zu unserer Bequemlichkeit und zu unserem Verständnis trägt. Obwohl sich die weibliche Maske im Westen viele Jahrhunderte lang nicht sehen ließ, bleibt sie eine gültige Arbeitsform für die, die willens und fähig sind, die Energien der Mutter zu übermitteln. Obwohl es Kulte nur für Frauen und nur für Männer gab – zum Beispiel die von Bona Dea [13] und Mithras [274] – und obwohl es immer männlich und weiblich orientierte Mysterien geben wird, liegt das gegenwärtige Interesse nicht in der Ausschließlichkeit. Die Archetypen von Gott und Göttin sind allgemein und kraft- und wirkungsvolle Energien, die aus den spirituellen Reichen fließen, die für alle Menschen da sind – und in ihrer Anwendung nicht auf Mann oder Frau beschränkt. Wir sollten uns davor hüten, unsere Unterdrückungen und Sehnsüchte auf die göttlichen Archetypen zu projizieren, noch sollten wir ihre Wirksamkeit in den Grenzen von Historizität einschließen.

Sexualität legt nur unsere Geschlechtsfunktion als menschliche Wesen fest, das die Möglichkeit hat, sich körperlich zu reproduzieren. Sie wird häufig falsch angewendet und mit Polarität verwechselt. Der sexuelle Kreislauf findet zwischen einem Mann und einer Frau statt. Der Polaritätskreislauf findet zwischen äußeren und inneren Ebenen statt – oder zwischen der Anderwelt und Mittelerde. Wenn sich «horizontale» und «vertikale» Kreisläufe überkreuzeugen, hat dies Verwechslung der Absicht zum Resultat, und deren Auswirkung kann man durch die gesamte Geschichte der esoterischen Welt zurückverfolgen, wo gemeine kleine Episoden die Klarheit innerer Arbeit vernebeln. Sollte es je eine Form des westlichen Tantra gegeben haben, hat man seine Prinzipien weitgehend aus den Augen verloren.

Diese Definitionen sollte man im Kopf haben, wenn man diese abgedroschenen Bezeichnungen erörtert: patriarchale und matriarchale Religion. Wo der Feminismus erfolgreich die Erhebung der Frauen aus einem untergeordneten oder Sklaven-Status auf die Ebene eines menschlichen Wesens mit gleichen Rechten propagiert hat, hat er Erziehungsarbeit geleistet. Wenn sein gelegentliches Geschrei in den Ohren weh tut, sollte man bedenken, daß sexuelle Gleichheit in vielen Gebieten der Welt, in West und Ost, weit davon entfernt ist, etabliert zu sein. Wo der Feminismus exklusive Rechte auf spirituelle Gebiete beansprucht, macht er sich ebenso spiritueller Anmaßung schuldig wie die sogenannten patriarchalen Religionen.

Doch es sollte keinen Grund zur Besorgnis geben: Frauen haben die Wächterschaft des Mutterlandes behalten und während dunkler Zeiten als «Speicher» der Religion fungiert. Doch es ist wichtig, daß ihr instinktives Wissen jetzt frei ausgesät und nicht blokkiert wird, da es sonst Gefahr läuft, ungenutzt zu verrotten. Wenn patriarchalische Trends die Weisheit des Mutterlandes der einheimischen Tradition zurückgehalten haben, dann sollte das Mitgefühl des göttlichen Weiblichen als Gegenmittel und nicht als Augenbinde verwendet werden. Die automatische Zurückweisung alles Männlichen von Frauen – sei es symbolisch oder tatsächlich, Gott oder Mann – ist über alle Maßen kindisch.

Beide Geschlechter haben einander viel zu lehren. Während beide ihre eigenen Mysterien bewahren sollten, ist es lebenswichtig, daß bald erfahrene, sowohl männliche als auch weibliche, Initiatoren auftauchen, bevor sich der westliche Weg in einem Wirrwarr von Fehlinformationen über seine eigenen einheimischen und hermetischen Traditionen verliert. Die neu-heidnische Bewegung hat für beide Geschlechter den Weg geöffnet, DIE MUTTER in einem praktischen Sinn wiederzuerfahren. Aber vielleicht ist noch wichtiger, daß die wesentlichen symbolischen Wahrheiten des göttlichen Weiblichen zum erstenmal in diesem Jahrhundert – hauptsächlich von weiblichen Psychologen – intelligent vorgestellt wurden. Mit den Arbeiten von Esther Harding[102], Sylvia Perera[196] und Helen Luke[145] sind die Autorinnen einen weiten Weg gegangen, um das Bewußtsein des zwanzigsten Jahrhunderts zu erziehen. Bevor das Jahrhundert zu Ende geht, wird die Reaktion auf eine Diskussion über die Göttin nicht lauten «welche Göttin?» – eine Frage, deren Anwendung auf Gott undenkbar ist –, sondern Akzeptanz und Verständnis, wie es sie seit der Vorzeit nicht gab, als die Erde selbst Mutter genannt wurde.

Die Erlösung der Zeit

Neu-Heidentum und schamanistische Techniken erfahren derzeit eine große Renaissance. Das moderne Bewußtsein hat sich in etwas Altes und Ursprüngliches eingeklinkt. Für viele ist es eine Flucht vor der Gegenwart; für andere ist es eine willkommene Alternative zu den verwässerten Versionen orthodox religiöser Praxis, an die sie sich aus ihrer Jugendzeit erinnern. Dieser Aufstieg des Neu-Heidentums brachte ein Verständnis unserer Zugehörigkeit zur Erde mit sich, eine Entdeckung des Mutter-Landes und der einheimischen Weisheit des Geheimen Staatenbundes. Aber er hat auch eine andere, gefährliche Seite – die Anwendung uralter Prinzipien auf modernes Bewußtsein, ohne die Vergänglichkeit von Zeit und Umständen zu beachten. Daher sollten jene, die den westlichen Weg durch seine einheimische Tradition hindurch gehen, im Auge behalten, daß

> der Geist des Schülers klar auf objektives Bewußtsein gerichtet sein muß. *Entwicklung auf der Grundlage eines Atavismus* ist die Ursache der meisten Schwierigkeiten, die in (esoterischer) Ausbildung auftauchen[236] (unsere Hervorhebung).

Wie wir in diesem Buch immer wieder hervorzuheben versuchten, ist der Boden der einheimischen Tradition für gegenwärtige Forschung und zukünftiges Wachstum fruchtbar, doch er muß erst gut «umgegraben» werden. Wer seine Bilder und uralte Weisheit nutzen will und läßt dabei den gesunden Menschenverstand außer acht, wird Schaden erleiden.

Die Regeneration alter Formen durch modernes Bewußtsein ist von höchster Wichtigkeit. Das Zusammentreffen uralter Resonanzen mit gegenwärtigem Verständnis sollte unsere Wachsamkeit auf die Tatsache lenken, daß der nach innen gerichtete Pfad des Labyrinths so weit mit dem Faden verfolgt wurde wie möglich. Die Arbeit von Manifestation und Rückkehr, wie sie von dem kosmischen Rhythmus, dem Glauben und Akzeptieren von Reinkarnation und dem wachsenden Interesse am Überleben des Planeten angeregt wird, ist ein klares Zeichen für das Bewußtsein im Wassermannzeitalter – oder für die Verrücktheiten, je nachdem, auf welchem Standpunkt Sie stehen. Sicherlich ereignet sich direkt vor unseren Augen ein Paradigmawechsel[74], wobei ein Satz von Konzepten gegen einen anderen ausgetauscht wird, der sich über Zeiträume bewährt hat, die im Zusammenhang eines Lebens nicht erfaßt werden können. Der gegenwärtige Austausch von Ideen mag von einem subjektiven Standpunkt aus chaotisch erscheinen; tatsächlich wird der Übergang, bei dem alte Formen zusammenbrechen und von anderen ersetzt werden, ungeordnet anmuten. Es ist sicherer, sich an die bekannten Formen zu halten, leichter, innerhalb eines vorhersehbaren Rahmens zu bestehen. Doch die Aufstellung eines neuen Wertesystems ist wahrlich mehr als ein Umzug – wir entscheiden, was wir einpacken und was wir wegwerfen wollen. Es ist dann eine Frage der Sichtweise, wo unsre alten Besitztümer, unser Ur-Wissen am harmonischsten mit dem neu Angeschafften in unserem Haus stehen wird.

Das Bild der Bewegung, des Wechsels und des Exils ist im westlichen Weg einbegriffen und drückt sich häufig in *tatsächlicher* Bewegung aus. Das Bild und die aktuelle Situation überlagern einander wie der innere Impuls, die Anderwelt-Wirklichkeiten zu suchen, durch körperliche Reisen ausgedrückt wird. Das himmlische Jerusalem kann nirgendwo außer im Herzen ausgedrückt werden: auf der Erde einen Ort dafür zu suchen und es da mit nur-allzu-menschlichen Leuten zu bevölkern, heißt, das profane Jerusalem zu bauen. Doch der westliche Weg ist unter Völkern entstanden, die während der großen Völkerwanderungen der Vorzeit nach neuem Land suchten. Diese Eindringlinge, die westwärts durch Europa zogen und die wir die Kelten nennen, erreichten den äußersten Westen auf den Britischen Inseln. Und sie wurden ihrerseits vertrieben. Ihr dreistes Eindringen auf diese Inseln steht ihrem traurigen Abschied gegenüber. Während der irischen Kartoffelhungersnot und den «Räumungen» in Schottland während des achtzehnten und neunzehnten Jahrhunderts klagten auf den Schiffen verzweifelte, untröstliche Menschen, deren Geist gebrochen war und die ihrer Heimaterde beraubt waren, als sie ihres neuen Heimatlandes an der Ostküste von Amerika ansichtig wurden:

> Thig iad ugainn, carach, seolta,
> Gus ar mealladh far ar n-eolas;
> Molaidh iad dhuinn Manitoba,
> Durthaich fhuar gun ghual, gun mhoine.
> Sie kommen zu uns, betrügerisch und arglistig,
> Um uns von unsren Heimen fortzulocken;
> Sie preisen uns Manitoba an,
> Ein kaltes Land ohne Kohle, ohne Torf. [231]

Allmählich bauten sie neues Leben auf, ihre einheimische Tradition bewahrend, deren Fäden sie in das neue Gewebe von Amerika verwoben. Ebenso bildeten jene, die nach Australien transportiert wurden, den Kern einer neuen Zivilisation in der südlichen Hemisphäre. Beide Gruppen von Emigranten waren teilweise für die Zersetzung der damals existierenden einheimischen Traditionen in Amerika und Australien verantwortlich. Dies ist nur ein Beispiel für das Muster von Auswanderung und Invasion, das der Entwicklung der westlichen Welt zugrunde liegt. Es wiederholt sich gerade in unserer heutigen Zeit, da Wellen ausländischer Arbeitnehmer und Flüchtlingen aus Afrika und Asien auf der Suche nach Arbeit oder einer neuen Heimat eintreffen. Jene, die heftig gegen diese Bewegung protestieren, vergessen ganz einfach die karmische Schuld des westlichen Kolonialismus. Rassische Bigotterie ist die letzte Bastion des tief verwurzelten Stammes-Bewußtseins, das danach strebt, in seiner territorialen Vergangenheit zu verharren.

Seite an Seite mit dem Rassismus steht der extreme Nationalismus, der den ethnischen Zusammenhalt auf Kosten des Weltfriedens betont: manchmal von politischen Führern herbeigeführt und inszeniert, die die charismatische Macht von Stammesführern haben; der Nationalismus des Terroristen ist der letzte Versuch der einheimischen Volksseele, sich unwiderruflich zu den eigenen Bedingungen zu etablieren. Diese doppelten Irrtümer können nur durch eine Beschäftigung mit Weltbürgerschaft und universeller Gemeinschaft korrigiert und ausgeglichen werden. Die Gruppenseele wird nicht sterben, noch werden unterschiedliche nationale Eigenschaften ausradiert: sie können durch den Kontakt mit anderen Traditionen regeneriert und dazu gebracht werden, neue Töne zu finden, als anderenfalls möglich gewesen wäre. Man ist auf der nach innen gerichteten Spirale des Labyrinths zum Zentrum gegangen, und nur, wenn wir dem Faden nach draußen folgen, wir die wahre Ur-Weisheit der einheimischen Tradition befreit.

Die einheimische Tradition kann als Werkzeug für Fortschritt und Integration benutzt werden: die Einsichten aus der Anderwelt können helfen, den evolutionären Impuls zu manifestieren, was den Prozeß der Regeneration erleichtern wird. Denn von den beiden Methoden, neue Ideen ins Bewußtsein einzuführen – die der politischen Überredung oder die der inneren Wahrnehmung –, hat die letztere die unmittelbarere Wirkung.

Alvin Toffler postuliert in seinem «Future Shock»:

> Wenn man die letzten 50000 Jahre menschlicher Existenz in Lebenszeiten von ungefähr jeweils 62 Jahren unterteilen wollte, dann gab es ungefähr 800 solcher Lebenszeiten. Von diesen 800 wurden volle 650 in Höhlen verbracht. Erst während der letzten 70 Lebenszeiten war es möglich, wirkungsvoll von einem Leben zum anderen zu kommunizieren – da die Schrift dies ermöglichte. Erst seit den letzten sechs Lebenszeiten sahen große Menschenmengen überhaupt ein gedrucktes Wort. [262]

Die Verbreitung von Bildung hat unserer Generation die ganze Welt eröffnet: *Das Erbe jeglicher Rasse steht der anderen offen; die besten Gedanken der Jahrhunderte sind allen zugänglich; und alte Techniken und moderne Methoden müssen sich begegnen und austauschen.* [14] Während viele zum Individual-Bewußtsein fortgeschritten sind und danach streben, den nächsten Schritt zum kosmischen Bewußtsein zu tun, gibt es immer noch jene, die trotz des Zugangs zur Bildung im Stammes-Bewußtsein existieren; doch bloßes Buchwissen ist wertlos, wenn es nicht auf das Leben angewendet werden kann. Der Fortschritt vom Stammes- zum Individual-Bewußtsein ist zum größten Teil vollzogen. Die Menschen sind sich jetzt ihrer selbst als Individuen mit eigenen Rechten bewußt, doch sie sind noch nicht willens oder fähig, darüber hinaus einen Schritt zu tun. Diese Selbstgefälligkeit wird auf globaler Ebene bedroht.

Während wir uns dem Jahr 2000 nähern, tauchen oder leben viele Untergangspropheten wieder auf, um zu beweisen, daß es mit der Welt 1999 – wie von Nostradamus prophezeit – zu Ende gehen wird; daß ein Atomkrieg die Menschheit auslöschen oder daß die Bevölkerungsexplosion die Energiequellen der Welt aufbrauchen wird. Eine große Düsternis und Mutlosigkeit hat viele aufgrund dieser Vorhersagen befallen. Jene, die dieses Leben als einziges ansehen, fürchten sehr um sich selbst und ihre Familien, während jene, die an Reinkarnation glauben, sich fragen, ob es noch einmal eine Gelegenheit geben wird, sich zu reinkarnieren. Diese Ängste sind nur die neueste Ausformung einer stets wiederkehrenden Tendenz, angesichts von Veränderung zu verzweifeln.[57]

> Wir haben sicherlich eine große Anzahl von Untergangsprojektionen, die die Möglichkeiten der Apokalypse im Detail erforschen. Doch ein anderes mögliches Szenario wird enthüllt – daß die Krise ein evolutionärer Katalysator für den Vorstoß auf eine höhere Ebene sein könnte.[221]

Ist die tausendjährige Panik nur eine Angst vor Veränderung? Das chinesische Wort für Krise, «wei-chi», bedeutet sowohl «Vorsicht, Gefahr» als auch «Gelegenheit zur Veränderung» (ibid.): ein Gedanke, der denen neue Hoffnung geben könnte, die das Ende der Dinge befürchten.

Die Voraussagen eines «neuen» Mittelalters, der westlichen Entsprechung des hinduistischen *Kali Yuga* – dem letzten Zeitalter, in dem moralischer Niedergang, Mangel an Hingabe und apokalyptische Zerstörung stattfindet – können als Projektionen des zur Zeit stattfindenden inneren und äußeren Aufruhrs angesehen werden.[97] *Diese Voraussagen sind nicht unausweichlich*, obwohl ihre Botschaft auch nicht ignoriert, sondern eher als heilsame Warnung angesehen werden sollte. Wie ein Wasserlauf in ein stehendes Wasser geleitet und so ein Komplex zuwiderlaufender Spiralen mit kleinen Wellen und gegeneinander laufenden Wirbeln geschaffen wird, so finden wir uns im gegenwärtigen Zeitalter entweder auf dem Rückzug in die angestammte Vergangenheit, oder wir schreiten in eine unbekannte Zukunft voran. Die Jahrhundertwende steht bevor, und wir werden die Werkzeuge der hermetischen Tradition brauchen, um uns aus dem Labyrinth wieder herauszuhelfen und uns zu befähigen, unsere gegenwärtige Situation einzuschätzen.

Wenn man den Bogen der einheimischen Tradition von der Vorzeit bis kurz nach der Renaissance verfolgen kann, so ist es möglich, die hermetische Tradition in einem Bogen zu verfolgen, der in der klassischen Periode beginnt und bis in die heutige Zeit führt. Natürlich reichen beide Traditionen in Raum und Wirkung über diese ungefähren historischen Zeitalter hinaus und sind durch die Vermittlung der Anderwelt erreichbar. Beide Traditionen sind Harmonien voneinander, als auch Echos einer größeren kosmischen Tonleiter. Die hermetische Tradition harmoniert über dem Grundakkord der einheimischen Tradition.

Wir haben die wiederauflebenden schamanischen Traditionen der amerikanischen Indianer und australischen Aborigines bereits erwähnt: die Erneuerung des westlichen Schamanismus wird von denen weniger wohlwollend betrachtet, die die grundlegenden Ursachen für diese Erneuerung nicht verstehen.

> Die Wiederbelebung moderner westlicher Magie und das erneute Interesse an «eingeborenen» Kosmologien und Schamanismus, wie sie zum Beispiel in den amerikanisch-indianischen Kulturen gefunden wurden, zeigen, daß ein «mythischer Rückschritt» stattgefunden hat. Es hat sich als unbefriedigend und tatsächlich möglicherweise pathologisch erwiesen, zu versuchen, die Spuren mythologischen Gedankenguts im Menschen in der vergeblichen Hoffnung, «Aberglauben» mit der Ankunft der Wissenschaft auszurotten, zu unterdrücken. Es ist deutlich, daß wir Menschen Bereiche des Geheimnisvollen brauchen; wir müssen wissen, wo wir die heiligen Aspekte des Lebens finden können und wie wir die intuitiven, unendlichen und tief bedeutungsvollen visionären Momente, die in uns allen zu verschiedenen Zeiten auftauchen, verstehen.[69]

Das gegenwärtige Echo auf die Tradition der Vorzeit ist aus guten Gründen heute hörbar. Ähnlich wie das Unwetter, das 1850 das Steinzeit-Dorf Skara Brae auf den Orkney-Inseln ganz und gar vollständig, wie an dem Tag, an dem es viele Jahrhunderte zuvor evakuiert worden war, freilegte, so wird uns ein seltener und unvergleichlicher Blick in das innere Leben unserer Vorfahren gewährt. Das Gefühl wächst, daß unser kulturelles Wissen und Zivilisation vielleicht unvollständig sind, daß unsere Computer-Technologie nicht die beste Vorbereitung für das kommende Jahrtausend ist und daß wir etwas Wertvolles und lebenswichtig Nützliches für das Überleben irgendwo auf der Straße zum Fortschritt verloren haben: diese Ahnung plagt uns.

Und doch, wie Dion Fortune in ihrem *Avalon of the Heart*

schreibt, sind diese Echos der einheimischen Tradition Trittsteine auf dem Pfad des westlichen Weges:

> Dinge kommen heim in unsere Herzen, und wir fühlen die ungebrochene Linie unseres nationalen Lebens sich in die ferne Vergangenheit ausstrecken und wissen, daß sie in die weite Zukunft reichen wird und daß wir selbst ein Teil davon sind.[79]

Übung 9   Selbst-Klärung

Über der Tür zum Apollo-Tempel in Delphi stand die Inschrift «*Gnothi seauton*» – *erkenne dich selbst*. Dieser Ausspruch befand sich im Herzen der Mysterien aller Völker und ist ein Spruch, den der Anhänger des westlichen Weges ernst nehmen sollte. Die Arbeit der Mysterien besteht darin, Licht in dunkle Orte zu bringen; jeder Teilnehmer an dieser Arbeit steht in Beziehung zu diesem Licht wie eine Laterne zur Sonne, das heißt, wenn die Laterne verdunkelt wird, kann das Licht nicht leuchten. Doch «sich selbst zu erkennen» und diese Verdunklungen aufzuklären ist keine leichte Aufgabe: Es ist die Arbeit eines Lebens. Der Zugang zu einer Form, in der wir die Arbeit der Selbst-Klärung beginnen können, ist sogar noch schwieriger, besonders für diejenigen, die außerhalb eines organisierten Glaubens- und Übungssystems stehen. Diese Übung ist ein Versuch, diese Kluft auf eine Art und Weise zu überbrücken, die persönlichen Umständen angepaßt werden kann.

Man mag einwenden, daß soviel Grübelei über das Selbst ungesund sei und die beste Antwort ein Gang zum Psychoanalytiker ist. Doch Selbst-Klärung unternimmt man nicht mit einem selbstsüchtigen Motiv. Wie jeder Initiant der Mysterien weiß, muß jeder sich, um von Nutzen zu sein, seiner individuellen Möglichkeiten und Begrenzungen bewußt sein. Es gibt auch noch eine andere Gefahr, wenn man diese Arbeit meidet. Es gibt ein berühmtes Gemälde von dem prä-raffaelitischen Maler Dante Gabriel Rossetti mit dem Titel *How They Met Themselves*. Es stellt ein mittelalterliches Paar dar, das durch einen Wald geht und seine Doppelgänger trifft, «die übernatürlich leuchten und ein stärkeres Recht auf Existenz geltend zu machen scheinen». Es wurde wahrscheinlich gemalt, um das Konzept in Elizabeth Barretts Gedicht «Willowwood» zu illustrieren:

> Und ich wurde mir eines stummen Gedränges bewußt
> Das sich fernhielt, eine Gestalt bei jedem Baum.
> Alle traurige Gestalten, denn jede war ich oder sie.
> Die Schatten dieser unserer Tage, die keine Zunge hatten.[257]

Es ist eine klare Illustration dessen, was dem Reisenden in der Anderwelt widerfahren kann, wenn er oder sie die Arbeit der Selbst-Klärung vernachlässigt hat: sich selbst zu begegnen, wenn man auf die inneren Ebenen kommt, kann ein beträchtlicher Schock sein, jedoch einer, der aufgehoben wird, wenn die nicht-assimilierten und vergessenen Aspekte der Persönlichkeit bereits erkannt und akzeptiert wurden. Tatsächlich würde eine solche Begegnung in der Anderwelt nur im Falle von jemandem eintreten, der versucht hat, zu rennen, bevor er gehen konnte.

Die Fähigkeit, äußere Umstände zu meistern, bevor man sich an innerer Arbeit versucht, ist häufig eine Voraussetzung für die heutigen Mysterienschulen, da Ungleichgewicht, sich in magischer Arbeit schnell zeigt und die Wirkung nutzlos macht. Tatsächlich haben es viele Menschen so eilig, zum nächsten Leben zu gelangen, daß sie dieses völlig ignorieren und sich selbst so heftig auf den Astralbereich stürzen, bloß um wie Ikarus zu enden. Es ist wichtig, zu erkennen, daß diese Übung nur unsere gegenwärtige Inkarnation betrifft, nicht vergangene Leben. Es mag sein, daß bestimmte Probleme aus vergangenen Leben dadurch gelöst werden, doch es ist nicht wichtig, irgend etwas darüber zu wissen. Alles, was sie über sich selbst wissen müssen, ist nah zur Hand.

Durch eine nähere Betrachtung unseres Selbst, unserer Motive, Begrenzungen und Möglichkeiten wird der klare Faden unseres Schicksals enthüllt und erlaubt uns, wie Theseus, unseren Weg durch das selbstgemachte Labyrinth zu finden. Einige wickeln ihre Fäden schneller ab als andere. Einige haben ihren Faden so gründlich verwirrt, daß es einige Zeit dauern wird, bevor sie den Wendepunkt erreichen. Während wir dem Muster unserer gegenwärtigen Inkarnation entsprechen müssen, ist unser Schicksal nicht festgelegt oder vorbestimmt. Zu einem gewissen Grad erschaffen wir jeder unsere eigenen Umstände, und während Selbst-Klärung diese beleuchten und teilweise erklären kann, so rechtfertigt sie sie nicht. Was immer wir an Verantwortlichkeiten übernommen haben, kann nicht abgeladen werden, weil wir plötzlich ein «spirituelles» Schicksal entdeckt haben. Es mag sein, daß der Pfad des Herdfeuers, der eine Parallele zum Hindu-Konzept vom Weg des Haushälters ist, erst begangen werden muß.

Selbst-Klärung erfordert, daß wir uns selbst einige Fragen stellen: die unten aufgeführten sind bloß Leitlinien und können leicht Ihren Bedürfnissen entsprechend angepaßt oder erweitert werden. Ebenso wie der Schamane zur Seite geht, um mit sich selbst zu ringen, müssen wir dies tun. Bei einigen der Fragen wird es außerordentlich schmerzhaft sein, sie ehrlich zu beantworten,

und da der Verstand Schmerz vermeidet, indem er um ihn herum-
gleitet wie Wasser um einen Felsen, wird es notwendig sein, Notizbuch und Schreiber zur Hand zu haben, um Ihre Erkenntnisse
niederzuschreiben, so daß es keine Flucht vor dem «Stolperstein»
gibt. Sie brauchen dies niemandem zu zeigen; Sie können es auch
wegwerfen. Wichtig ist, daß sie über die schmerzhaften Bereiche
nachgedacht haben, ohne sich vor sich selbst zu verstecken. Auf
diese Weise wird Selbst-Klärung zu einer Feuerinitiation.

Sitzen Sie in Meditation, und visualisieren Sie eine Tür vor sich.
Gehen Sie hindurch und den Korridor dahinter entlang, an dessen
Ende sich eine weitere Tür befindet. Diese führt in eine Bibliothek. Niemand anders ist hier, nur Sie. Obwohl es zahllose Bücher
auf den Regalen um Sie herum gibt, suchen Sie nur eines. Es befindet sich vor Ihnen auf einem Lesepult. Auf dem Buchdeckel steht
die Inschrift *Das Buch von (Ihr Name)*. Dies ist das Buch Ihres
gegenwärtigen Lebens, von Ihrer Geburt bis heute. Gehen Sie es so
objektiv wie möglich durch, und sehen Sie, was dort geschrieben
steht. Bestimmte Episoden werden Ihnen ins Auge springen, doch
blättern Sie weiter, um einen Gesamteindruck seiner Formen und
Muster zu gewinnen.

Welche Erfahrungen haben Sie gehabt? Was haben diese Sie ge-
lehrt? Inwieweit haben Sie die Umstände erschaffen, die jetzt Ihr
Leben regieren? Was für Beziehungen hatten Sie zu Familie,
Freunden, Kollegen und Geliebten? Wie haben Sie sich in diesen
Beziehungen verhalten? In welchem Maße waren diejenigen, die
Sie nicht leiden konnten, verantwortlich für die Enthüllung jener
Aspekte Ihrer selbst, die im dunkeln lagen? Wie war die Qualität
Ihres Lebens in physischer, emotionaler, mentaler und spiritueller
Hinsicht? Welches sind Ihre Möglichkeiten und Talente? Wo lie-
gen Ihre Begrenzungen? Wieweit haben Sie die vorgenannten
Fähigkeiten sinnvoll angewandt? Wie können Ihre negativen
Aspekte zu positiven werden? Sind Ihre gegenwärtigen Umstände
ausgeglichen? Auf welche Weise könnten Sie mehr Selbst-Diszi-
plin üben?

Überprüfen Sie Ihr spirituelles oder inneres Leben von der Ge-
burt bis zur Gegenwart. Welche Einflüsse haben Sie erfahren? Sind
Ihre inneren Eingebungen in ein erkennbares Muster gefallen?
Welche religiösen Verbindungen hatten Sie, und welches war die
Qualität ihrer Verpflichtungen für Sie? Wenn Sie nie irgendeiner

religiösen oder spirituellen Gruppe oder Bewegung angehörten, wo liegt die Verpflichtung Ihrer spirituellen Fähigkeiten? Wenn Sie sich eines Schicksals bewußt sind, auf welche Weise steht es in Verbindung zu Ihrem spirituellen Pfad? Sind die beiden dasselbe?

Sie brauchen diese Fragen nicht alle auf einmal zu beantworten, doch nehmen Sie jedesmal ein paar und arbeiten Sie sie durch oder irgendwelche anderen Fragen, die Ihnen in den Sinn kommen. Sobald Sie sich über eine Antwort klar geworden sind oder das Fehlen einer Antwort, kehren Sie auf dem Weg, den Sie gekommen sind, zurück und schreiben Sie Ihre Funde nieder.

Dies ist sehr harte Arbeit, und die ersten Sitzungen können emotional erschöpfend sein. Wenn Sie einmal durch das Buch Ihres Lebens bis zur Gegenwart hindurch sind, brauchen Sie sich nicht weiter in die Vergangenheit zu vertiefen – es sei denn, ein spezielles Problem macht dies nötig –, sondern widmen Sie statt dessen Ihrem täglichen Leben Aufmerksamkeit. Lebenslange Gewohnheiten kann man nicht über Nacht aufgeben, doch die bloße Tatsache der Selbsterkenntnis wird die Arbeit, das Licht in Ihrer Laterne durchzulassen, in Gang setzen. Die Kontrolle oder Transformation Ihrer Begrenzungen hat weniger mit Säuberung als mit «Kompostierung» zu tun. Alle Lebenserfahrungen lehren uns etwas: nichts ist vergeudet. Erfahrungen, gute und schlechte, sind der Kompost, den wir auf die Erde der Seele streuen. Sogar große Probleme können auf diese Weise in Stärken verwandelt werden, so daß sie mit Ihren Neigungen eher kooperieren, als gegen Sie zu arbeiten.

Diese Übung bedeutet jedoch keineswegs Angst und Schrecken. Machen Sie eine Liste Ihrer Ziele und setzen Sie diese zu Ihrem Potential in Beziehung. Wir nutzen selten unsere Möglichkeiten in ihrem vollen Ausmaß: indem wir sie maximieren und mit ihnen arbeiten, leisten wir Schöpfungsarbeit. Kreativer Ausdruck bedeutet nicht, ständig etwas zu *tun*, sondern ist vom *Sein* beseelt – indem wir dem Pulsschlag der Schöpfung durch kontemplative Reflexion zuhören.

Die abendliche Rückschau wird von vielen Initianden der Mysterien durchgeführt, und während es nicht wirklich eine Erweiterung der Selbst-Klärung ist, ist sie damit verwandt. Es ist dies eine objektive Beobachtung der Tagesaktivitäten, die rückwärts das Gedächtnis durchlaufen wie ein umgekehrter Film. Sie können dies im Bett tun, und falls Sie einschlafen, bevor Sie am Tagesbeginn ankommen, macht das nichts. Der Sinn der abendlichen Rückschau ist, das Bewußtsein von den Tagesaktivitäten zu reinigen und es für den erfrischenden Schlaf bereit zu machen. Träume werden entsprechend klarer von täglichen Ansammlungen sein. Es soll kein moralisches Urteil gefällt werden. Streben Sie einfach nach einem exakten Durchlauf der Ereignisse vom Ende zum Anfang.

Übung 10   Die Einkehr

Eine Einkehr wird in vielen Köpfen mit einem christlichen Rückzug in die Abgeschiedenheit assoziiert, bei dem Gebet, Meditation und eine besondere Abendmahlsfeier ausgeübt wird, durchsetzt mit frommen, von einem Exerzitien-Leiter geführten Sitzungen, aber es gibt keinen Grund, warum nicht jeder seine eigene Einkehr als zeitweiligen Abstand von der Welt und auf die eigenen Bedürfnisse zugeschnitten unternehmen sollte. Die meisten von uns leben so eng aufeinander, daß sie die Erfahrung des Alleinseins selten haben; Augenblicke der Introspektion sind selten, und längere Meditation über unsere Beziehung zur Anderwelt, den spirituellen Reichen und Mittelerde ist unmöglich. Eine Einkehr ist kein Rückzug oder Flucht vor den Problemen des Lebens, sondern ein wichtiger Raum zum Atmen, in dem diese Probleme geklärt werden können, eine Zeit, in der wir unser wahres Potential wahrnehmen können. Dieser «heilige Hiatus» im ungestümen Lauf des Lebens kann bleibende Wirkungen zeitigen: unsere Fähigkeit, mit dem Leben fertig zu werden, verbessert sich, die Psyche wird ruhig, und die tiefen Impulse in uns sind frei, unbehindert aufzusteigen. Wer keiner Tradition angehört, wird keine Erfahrung mit oder Gelegenheit zu einer Einkehr gehabt haben, die einheimische Tradition gibt uns jedoch viele Beispiele: das Schwitzhaus oder *kiva* der nordamerikanischen Indianer, die Initiationsreise des Schamanen, der Abstieg des Stammes zum Begräbnisplatz der Vorfahren sind versiegelte *temenos*, in denen solch eine Einkehr von der Vorzeit an unternommen wurde. In späteren Zeiten erfordert die Einkehr des Abra Melin eine sechsmonatige Vorbereitung und Einsamkeit, um mit dem heiligen Schutzengel in Kontakt zu treten; die Zelle des mittelalterlichen Einsiedlers stellte einen dauerhafteren Rückzugsort dar, ebenso die Höhle des Eremiten.

Offensichtlich gehören Überlegungen über Zeit, Ort und Kosten zu den Vorbereitungen für eine Einkehr: je länger die Zeit der Einkehr, desto länger die Vorbereitungen. Mehr als drei Tage sollten Sie zuerst nicht versuchen, anderenfalls werden Sie ein beträchtliches Unterstützungsteam brauchen, um Ihnen bei Ihren Anstrengungen Hilfe zu leisten: eine längere Zeit ist eine Belastung für jene, die nicht daran gewöhnt sind, über einen längeren Zeitraum in der Einsamkeit zu überleben. Wo ist der beste Ort? Im Idealfall eine einsame Stelle, die als heilige Stätte bekannt ist, vorzugsweise eine wenig genutzte. (Wohlbekannte Stätten ziehen dennoch einige unerschrockene Eremiten an, wie vor kurzem einem Bericht über einen zeltenden Einsiedler zu entnehmen war, das auf dem Silbury Hill, einem kleinen Hügel im bevölkerten Wiltshire entdeckt wurde!) Das ist in Ordnung, wenn Sie ein erfahrener Camper sind und Ihr eigenes Transportmittel haben: Sie können losfahren, wann es Ihnen beliebt. Doch seien Sie gewarnt, gehen Sie niemals allein irgendwohin, wo Sie möglicherweise in Gefahr kommen – Gebirge, Nebel, Sümpfe, stillgelegte Bergschächte oder einfallende Höhlen müssen hier berücksichtigt werden. Wenn Ihre Einkehr möglicherweise mit Erfrierungen, Krankheit, Verletzung oder dem Rettungseinsatz der Bergwacht endet, sollten Sie lieber zu Hause bleiben. Wenn Sie sich für einen Platz entschieden haben, informieren Sie wenigstens eine Person über Ihren Aufenthaltsort, so daß man Sie im Notfall finden kann. Beschränken Sie Ihre Ausrüstung auf ein Minimum, und bewahren Sie Ihren Körper vor extremer Hitze und Kälte. Dies könnte der Beginn einer interessanten Einkehr sein.

Doch was ist mit denen, die für solche Großtaten im Freien nicht genügend abgehärtet sind? Obwohl dies für viele überraschend sein mag, sind sowohl christliche als auch buddhistische Klöster und Meditations-Zentren sehr aufgeschlossen gegenüber Menschen, die fern von der Welt eine Zeit der Ruhe erleben möchten: Sie sollten sich eine Zeit aussuchen, während der keine allgemeine Versammlung zur Einkehr stattfindet, und solange Sie die allgemeinen Höflichkeitsregeln beachten und nichts tun, was im Gegensatz zur Lehre des Zentrums steht, können sie eine gute Einkehrmöglichkeit haben. Einige Zentren haben eine Hütte, die von selbstversorgenden Pilgern benutzt werden kann. Die Vorzüge eines Meditationszentrums oder Klosters gegenüber jedem Ferienhotel oder Campingdorf sind offensichtlich aufgrund der ruhigen und heiligen Atmosphäre (obwohl unglücklicherweise immer mehr Menschen klösterliche Ferien für sich entdecken und einige Orte ebenso lärmerfüllt wie ein Badeort sein können) und der Gegenwart erfahrener Erforscher spiritueller Reiche, deren Einstellung Gästen gegenüber von ihrer Wahrnehmung gefärbt ist, daß jeder Gast, von Gott gesandt, ein Vorteil ist. Sie sind oft bereit, mit ernsthaften Suchern des Geistes zu sprechen und werden sich Ihnen nicht aufdrängen.

Obwohl es besser ist, für eine Einkehr völlig vom täglichen Leben wegzukommen, können manche entweder aufgrund von Verpflichtungen, Alter oder Behinderung ihr Zuhause nicht so leicht verlassen. Die häusliche Einkehr ist wahrscheinlich die schwierigste: die Probleme des Lebens sind nur zu gegenwärtig, und die ablenkenden Stimulantien wie Fernsehen, Radio, Bücher und Kassettenrecorder sind in verführerischer Reichweite. Die häusliche Einkehr wird am besten an einem Tag durchgeführt oder, wenn Sie sich die Zeit nehmen können, an einem langen Wochenende. Telefone sind wahrscheinlich das größte Problem, wenn Sie ungestört bleiben wollen.

Sie haben sich also für den Ort der Einkehr entschieden und haben Vorbereitungen getroffen: was werden Sie bei diesem Rückzug aus dem Alltag tun? Wir sind so versiert darin, unseren Tag mit Aktivität auszufüllen, daß die Einkehr anfangs, wenn wir versuchen, jede Minute mit seelenerforschender Meditation und anstrengender innerer Übung zu füllen, zu einer Falle werden kann. Der Zustand der Kontemplation ist nicht geschäftig, sondern sehr ruhig. Zu Beginn könnten Sie die Selbst-Klärungsübung versuchen, die Ihnen ermöglicht, Ihre Ziele zu revidieren und zu sehen, wie die Einkehr als Ausgangspunkt für neue Ziele benutzt werden kann. Doch vor allem, versuchen Sie, mit sich selbst in Berührung zu kommen. Gewöhnen Sie sich an das Gefühl, allein zu sein; sitzen und atmen Sie ruhig und gleichmäßig, und lassen Sie dabei alle Spannungen aus dem Körper heraus. Schieben Sie geistige Ablenkungen und quälende Sorgen beiseite. Diese besondere Zeit steht Ihnen zu: es ist weder selbstsüchtig noch Zeitverschwendung.

Falls Sie Angst davor haben, an die Grenze Ihrer Möglichkeiten zu kommen, nehmen Sie ein hilfreiches und gedankenanregendes Buch, das Ihnen helfen kann, Meditationsthemen zu finden. Nehmen Sie ein Notizbuch und ein paar Stifte oder Kugelschreiber, um Ihre Gedanken und Erkenntnisse darin aufzuzeichnen: Dies kann der Beginn eines spirituellen Tagebuches sein, das Sie weiterführen können, wenn die Einkehr vorüber ist. Vielleicht ziehen Sie es vor, eine Bastelarbeit oder Hobby aufzunehmen, das die Hände beschäftigt, doch lassen Sie es etwas sein, das Sie nur manuell in Anspruch nimmt und nicht eine zeitvertreibende Zerstreuung ist. Russisch-orthodoxe Mönche fertigen Gebetsperlen, während sie meditieren, und Zisterzienser jäten Gemüse, ebenso wie Schamanen ihre Trommeln schlagen und Schamankas die Spindeln drehen. All dies sind rhythmische Handlungen, die dem Körper Bewegung erlauben, ohne sich auf ihn konzentrieren zu müssen, so daß die psychischen Fähigkeiten frei sind, sich mit anderen Dingen zu beschäftigen. Es gibt keinen Grund, warum Sie, wenn Sie völlig allein sind, still und stumm sein sollten. Beim Zelten können Sie singen, gehen oder tanzen, rituelle Muster in ein auf die Erde gemaltes Labyrinth ritzen oder aus Steinen oder Holz einen kleinen natürlichen Schrein fertigen als Konzentrationsmöglichkeit für Ihre Einkehr. Es bleibt vollkommen Ihnen überlassen. Vielleicht möchten Sie die Anderwelt-Reise in Form der Zwei-Bäume-Meditation unternehmen oder andere Übungen aus diesem Buch versuchen. Lassen Sie diese Zeit für sich arbeiten.

Sollten Sie fasten? Nur wenn Sie vorher schon einmal versucht haben zu fasten und wissen, wie Ihr Körper wahrscheinlich reagiert. Fasten ist schon an einem geschäftigen Arbeitstag schlimm genug, aber wenn Sie unendlich viel leere Zeit vor sich haben, beginnt der Körper mehr Nahrung in kürzeren Intervallen zu fordern. Auf jeden Fall reduzieren Sie das, was Sie zu sich nehmen, damit die Einkehr nicht zu einem Feinschmecker-Urlaub wird. Halten Sie sich an einfache Nahrungsmittel: Eier, Käse, Brot, Suppe, Früchte und frisches Gemüse mit Mineralwasser oder Fruchtsäften zum Trinken. Camper brauchen vielleicht etwas Heißes zu essen, aber der Haus-Eremit sollte eine einfache Rohkost-Diät zu sich nehmen. Meditationszentren servieren ohne Ausnahme ziemlich spartanische Mahlzeiten.

Falls Sie unterbrochen werden, erklären Sie höflich aber bestimmt, daß sie a) ein Experiment in Überlebenstechnik durchführen, oder b) sich in Ihrer stillen Einkehr befinden: zu Hause werden Sie Ihre Erfindungsgabe nutzen müssen oder arrangieren, daß jemand für Sie das Telefon beantwortet. Sie können die Hilfe eines wohlwollenden Partners oder Freundes in Anspruch nehmen, um Ihnen Zeit und Raum und die notwendige Unterstützung zu gewähren, sollten Sie sie brauchen. Während einige Freunde Ihre Aktivitäten vielleicht schlicht als unsozial betrachten, werden Sie sehen, daß die Neugier anderer genügend erregt wird, um selbst eine Einkehr zu versuchen. Eine Gruppeneinkehr durchzuführen, bedarf der Organisation eines guten Leiters und viel Selbstdisziplin. Eine Einkehr als Gruppe kann denjenigen die notwendige Unterstützung geben, die sich ihrer selbst unter einsamen Bedingungen nicht sicher sind: der Gruppenleiter sollte Erfahrung haben und fähig sein, den richtigen Impuls für selbst-motivierende Entdeckungen zu geben.

Es ist notwendig, die Einkehr häufig zu wiederholen – einmal im Jahr oder einmal alle fünf Jahre für ein organisiertes Um-von-allem-mal-Wegzukommen. Wenigstens einmal im Vierteljahr brauchen wir einen kleinen Raum für Kontemplation, und das kann zu Hause unternommen werden. Die einzige erforderliche Ausrüstung ist eine Wolldecke oder ein langer Mantel mit Kapuze, den Sie um sich herumwickeln können, um alle Ablenkungen auszuschalten. Ebenso wie der Schamane, in seine Tierhaut gewickelt, völlig in die inneren Vorgänge seines Wesens versunken war, können wir die Verbindung mit der Anderwelt erfahren und in Berührung mit uns selbst bleiben. Jene, die nach innen gehen und in Kontakt mit ihren inneren Hilfsquellen kommen, sind fähiger, die äußere Reise in der Welt der Mittelerde zu machen. Denken Sie daran, der Schamane macht seine oder ihre Initiationsreise nicht um der Selbstverherrlichung willen, sondern um eine Quelle der Hilfe für andere zu sein.

Wie immer Ihre Einkehr aussehen mag, Sie werden erfrischt und mit erweitertem Bewußtsein daraus hervorgehen. Sie werden von den Problemen Ihres Lebens Abstand gewonnen haben, so daß diese Ihnen weniger bedrohlich und leichter zu handhaben erscheinen. Wenn die Einkehr weniger erfolgreich war, verzweifeln Sie nicht: er wird Sie viele nützliche Dinge gelehrt und Ihnen gezeigt haben, welche Bereiche Ihres Lebens berichtigt oder überdacht werden müssen. Nehmen Sie die häusliche Umgebung, Ihre liebsten Gerichte und Fernsehprogramme, Ihre Zigaretten oder den Whisky und die Gesellschaft anderer menschlicher Wesen fort, und Sie sind auf sich selbst reduziert. Wenn Sie ohne diese Stimuli unvollständig sind, dann sind Sie nicht mit Ihrem wahren Selbst in Berührung. Die Einkehr ist ein Augen-Öffner, dessen Herausforderung sogar scheinbar starke Persönlichkeiten plötzlich zum Innehalten bringt. Erwarten Sie nicht, daß die Wirkung der Einkehr für immer anhält: keiner von uns ist in der Übung der inneren Achtsamkeit und Bewußtheit schon ein Meister. Ohne tägliche Meditation lassen Ergebnisse auf sich warten, und selbst dann können sie es sich nie leisten, sich auf Ihren Lorbeeren auszuruhen.

Bibliographie und Diskographie

Die Anmerkungen sind in numerischer Reihenfolge, entsprechend der Nummern im Text.

1 Adler, M., *Drawing Down the Moon*, Boston, Beacon Press, 1979.
2 Ainsworth, W. H., *Windsor Castle*, London, Collins, 1973.
3 Anderson, W., *Holy Places in the British Isles*, London, Ebury Press, 1983
4 *The Apocryphal New Testament*, trans. M. R. James, Oxford, Oxford University Press, 1924
5 Apuleius, *Der goldene Esel*, München o. J., Winkler.
6 Ashe, G., *The Ancient Wisdom*, London, Macmillan, 1977.
7 Ashe, G., *Avalonian Quest*, London, Methuen, 1982.
8 Ashe, G., *Camelot and the Vision of Albion*, London, Heinemann, 1971.
9 Ashe, G., *Finger and the Moon*, London, Heinemann, 1973.
10 Assagioli, R., *Handbuch der Psychosynthesis*, Freiburg 1978, Aurum
11 Aubrey, J., *Monumenta Britannica*, Boston, Little Brown & Co., 1980.
12 *Avalon to Camelot*, 2126 W. Wilson Ave., Chicago, Il.
13 Bachofen, J. J., *Mutterrecht und Urreligion*. Stuttgart 1984, Kröher.
14 Bailey, A. A., *Vom Intellekt zur Intuition*, Bietigheim 1969, K. Rohm
15 Bailey, A. A., *Verblendung: ein Weltproblem*. Bietigheim 1964, K. Rohm
16 Barker, B., *Symbols of Sovereignty*, Newton Abbot, Westbridge Books, 1979.
17 Barber, R., *The Arthurian Legends*, Woodbridge, Boydell Press, 1979.
18 Bellamy, H. S., *Moons, Myths and Man*, London, Faber & Faber, 1949.
19 Bentov, I., *Auf der Spur des wilden Pendels*, Reinbek 1986, Rowohlt
20 Berlin, S., *Amergin, an enigma of the Forest*, Devon, David & Charles, 1978.
21 Die Bibel.
22 Blake, William, *Poetry and Prose*, ed. Geoffrey Keynes, London, Nonesuch Press, 1975.
23 Blavatsky, H. P., *Die Geheimlehre*, Graz 1984^2, Adyar.
24 Blavatsky, H. P., *Praktischer Okkultismus und andere Abhandlungen*, Graz 1977, Adyar.
25 Bord, J. and C., *Earth Rites*, London, Granada, 1982.
26 Bradbury, R., *Fahrenheit 451*, München 1984, Heyne.
27 Branston, B., *Götter und Helden der Wikinger*, Hamburg 1979, Tegloff
28 Branston, B., *Lost Gods of England*, London, Thames & Hudson, 1957.
29 Brennan, M., *The Stars and the Stones*, London, Thames & Hudson, 1983.
30 Briggs, K., *A Dictionary of Fairies*, London, Allan Lane, 1976.
31 Brown, A. C. L., *Origin of the Grail Legend*, Cambridge, Mass., Harvard University Press, 1943.
32 Brown, T., *The Fate of the Dead*, Woodbridge, Brewer, 1979.
33 Burl, A., *Rites of the Gods*, London, J. M. Dent, 1981.
34 Burland, C. A., *Myths of Life and Death*, London, Macmillan, 1974.
35 Cade, C. M. and Coxhead, N., *The Awakened Mind*, London, Wildwood House, 1979.

36 *Caerdroia*, the magazine of the Caerdroia Project, 53 Thundersley Grove, Benfleet, Essex SS7 3EB.

37 Caesar, *Der Gallische Krieg*. Lat.-Deutsch, München 1981, Artemis.

38 Campbell, J., *Flight of the Wild Gander*, Indiana, Gateway Editions, n. d..

39 Campbell, J., *The Masks of God*, London, Souvenir Press, 1968–9.

40 Campbell, J., *The Mystic Image*, Princetown University Press, 1974.

41 Campbell, J., *Myths to Live By*, London, Souvenir Press, 1973.

42 Carmichael, A., *Carmina Gadelica*, Edinburgh, Scottish Academic Press, 1928–1971.

43 Carter, F., *The Dragon of the Alchemists*, London, Elkin Matthews, 1926.

44 Carylon, R., *Guide to the Gods*, London, Heinemann/Quixote Press, 1981.

45 Castledown, R., *The Wilmington Giant*, Wellingborough, Turnstone Press, 1983.

46 Cavendish, R., *King Arthur and the Grail*, London, Weidenfeld & Nicolson, 1978.

47 Cavendish, R., *Legends of the World*, London, Orbis, 1982.

48 Chant, J., *The High Kings*, London, Allen & Unwin, 1983.

49 Chapman, V., *The Three Damosels*, Methuen, 1978.

50 *Charlemagne Cycle*: (1) Huon of Bordeaux, (2) *Chanson de Roland*, trans. D. L. Sayers, Harmondsworth, Penguin Books, 1957.

51 Charon, J., *Der Geist der Materie*, Berlin 1982, Ullstein Tb.

52 Chesterton, G. K., *Collected Poems*, Methuen, 1936.

53 Child, F. J., *English and Scottish Popular Ballads*, New York, Dover Publications, 1965.

54 Chretien de Troyes, *Sämtliche erhaltene Werke*, Amsterdam 1965.

55 Der Cid. *Das altspanische Heldenlied*, Stuttgart o. J. Reclam.

56 Claremont de Castillejo, I., *Die Töchter der Penelope*, Elemente des Weiblichen, Olten/Freiburg 1979, Walter.

57 Cohn, N., *The Pursuit of the Millennium*, London, Paladin, 1970.

58 Cooper, J. C., *An Illustrated Encyclopaedia of Traditional Symbols*, London, Thames & Hudson, 1978.

59 Craighead, Meinrad, *The Sign of the Tree*, London, Mitchell Beazley, 1979.

60 Crossley-Holland, *The Norse Myths*, Andre Deutsch, London, 1980.

61 Crowley, J., *Little Big*, London, Gollancz, 1982.

62 Currer-Briggs, N. and Gambier, R., *Debrett's Family Historian*, 1981.

63 Daly, M., *Beyond God the Father*, Boston, Beacon Press, 1973.

64 de Jubainville, H., *Irish Mythological Cycle and Celtic Mythology*, Dublin, O'Donoghue & Co., 1903.

65 Deacon, R., *John Dee*, London, Frederick Muller, 1968.

66 Devereux, P. and Thompson, I., *The Ley Hunter's Companion*, London, Thames & Hudson, 1979.

67 *Diodorus Siculus*, trans. C. H. Oldfather, William Heinemann/Harvard University Press, 1939.

68 Drury, N., *Don Juan, Mescalito and Modern Magic*, London, Routledge & Kegan Paul, 1978.

69 Drury, N., *The Shaman and the Magician*, London, Routledge & Kegan Paul, 1982.

70 Duggan, A., *The Devil's Brood*, London, Faber, 1937.
71 Durdin-Robertson, L., *Goddesses of Chaldea, Syria and Egypt*, Enniscothy, Eire, Cesara Publication, 1973.
72 Durell, L., *Das Alexandria-Quartett*, Reinbek 1977, Rowohlt
73 Eliot, T. S., *Collected Poems*, London, Faber & Faber, 1969.
74 Ferguson, M., *Die sanfte Verschwörung*, München 1984, Knaur Tb.
75 Ferrucci, P., *Werde, was du bist*, Selbstverwirklichung durch Psychosynthese, Reinbek 1986, rororo transformation.
76 Fontenrose, J., *Python*, Berkeley, University of California Press, 1959.
77 Fortune, D., *Applied Magic*, Wellingborough, Aquarian Press, 1962.
78 Fortune, D., *Gesunder Okkultismus*, Düsseldorf 1985, Hermes.
79 Fortune, D., *Avalon of the Heart*, Wellingborough, Aquarian Press, 1971.
80 Fortune, D., *Die mystische Kabbalah*, Freiburg 1987, H. Bauer.
81 *Four Ancient Books of Wales*, trans. W. F. Skene, Edinburgh, Edmonston and Douglas, 1968.
82 Gardner, G., *The Meaning of Witchcraft*, Wellingborough, Aquarian Press, 1959.
83 Gardner, G., *Witchcraft Today*, London, Rider & Co., 1954.
84 Garner, A., *The Owl Service*, Collins, London, 1967.
85 *Geoffrey of Monmouth: Historia Regum Brittania*, trans. L. Thorp, Harmondsworth, Penguin Books, 1966.
86 Gill, E., *Holy Tradition of Working*, ed. Brian Keeble, Ipswich, Brian Keeble, 1983.
87 Ginzburg, C., *The Night Battles*, London, Routledge & Kegan Paul, 1983.
88 *The Gododdin*, trans. D. O'Grady, Dublin, Dolmen Press, 1977.
89 Golding, W., *Die Erben*, Frankfurt 1983, Fischer Tb.
90 Gordon, S., *Suibne and the Crow God*, London, New English Library, 1975.
91 Graves, R., *Griechische Mythologie*, Reinbek 1984, Rowohlt.
92 Graves, R., *Die weiße Göttin. Sprache des Mythos*, Reinbek 1985, Rowohlt.
93 Gray, W. G., *The Ladder of Lights*, Toddington, Helios Books, 1975.
94 Green, M., *A Harvest of Festivals*, London, Longmans, 1980.
95 Grimm, J. and W., *Kinder- und Hausmärchen*. Vollständige Ausgabe, München 1985, Winkler.
96 Gruffydd, W. J., *Math vab Mathonwy*, Cardiff, University of Wales Press, 1928.
97 Guenon, R., *La Crise du Monde moderne*, Paris 1927, Neuauflage 1969.
98 Guyot, C., *The Legend of City of Ys*, Amhurst, University of Massachusetts Press, 1979.
99 Hadingham, E., *Ancient Carvings in Britain: A Mystery*, London, Garnstone Press, 1974.
100 Halifax, J., *Schamanen. Zauberer, Medizinmänner, Heiler*, Frankfurt 1983, Insel.
101 Halifax, J., *Die andere Wirklichkeit der Schamanen*. München 1985, Goldmann Tb.
102 Harding, M. E., *Women's Mysteries: Ancient and Modern*, London, Rider & Co., 1935.

103 Harris, R., *The Lotus and the Grail: Legends from East to West*, London, Faber and Faber, 1974.

104 Harrison, M., *The Roots of Witchcraft*, London, Frederick Muller, 1973.

105 Hartley, C., *Western Mystery Tradition*, London, Aquarian Press, 1968.

106 Hayles, B., *The Moon Stallion*, London, Mirror Books, 1978.

107 Head, J., and Cranston, S. L., *Reincarnation: the Phoenix-Fire Mystery*, New York, Julian Press/Crown Publishing, 1977.

108 Henderson, J., *The Wisdom of the Serpent*, New York, 1963.

109 *Hesiod: Theogonie*. St. Augustin 1985, H. Richarz.

110 Hitchins, F., *Earth Magic*, London, Cassell, 1976.

111 Hoban, R., *Ridley Walker*, London, Cape, 1980.

112 Holt, J. C., *Robin Hood*, London, Thames & Hudson, 1972.

113 *Homerische Hymnen*. Griech.-deutsch, München 1979, Artemis.

114 Howey, M. O., *The Encircled Serpent*, London, Rider, n. d..

115 Iamblichus: *De mysteriis aegyptiorum*. Sammelband neuplatonischer Schriften. Frankfurt 1974, Minerva.

116 Jackson Knight, W. F., *Elysion*, London, Rider, 1970.

117 Jarman, A., *Legend of Merlin*, University of Wales Press, 1976.

118 Jefferies, R., *Story of My Heart*, Longmans, Green & Co., 1883.

119 Jones, D., *The Anathemata*, London, Faber & Faber, 1952.

120 Jones, D., *The Sleeping Lord*, London, Faber & Faber, 1974.

121 Joyce, P. W., *A Social History of Ancient Ireland*, Longmans, Green & Co., 1903.

122 Julian of Norwich, *Revelations of Divine Love*, trans. J. Walsh, Wheathamstead, Hert., Anthony Clarke Books, 1973.

123 Jung, C. G., *Gesammelte Werke Bd. 9/I: Die Archetypen und das kollektive Unbewußte*, Olten/Freiburg 1983, Walter.

124 Jung, C. G. and Kerenyi, C., *Introduction to a Science of Mythology*, London, Routledge & Kegan Paul, 1951.

125 *Kalevala*, compiled and translated by E. Lonnrot, Cambridge, Mass., Harvard University Press, 1963.

126 *The Old Kalevala and certain anecdotes*, compiled and translated by E. Lonnrot, Cambridge, Mass., Harvard University Press, 1969.

127 Kerenyi, K., *Dionysos. Urbild des unzerstörten Lebens*, München, Wien 1976.

128 Kerenyi, K., *Eleusis*, London, Routledge & Kegan Paul, 1967.

129 Kerenyi, K., *Die Mythologie der Griechen. Die Götter- und Menschheitsgeschichte*, Zürich 1951.

130 Kirk, R., *The Secret Commonwealth*, Cambridge, D. S. Brewer, 1976.

131 Knight, G., *The Rose and the Goddess*, Northants, Aquarian Press, 1985.

132 Knight, G., *Secret Tradition in Arthurian Romance*, Northants, Aquarian Press, 1983.

133 Laing, L., *Orkney and Shetland: An Archaeological Guide*, Newton Abbot, Devon, David & Charles, 1974.

134 Larsen, S., *The Shaman's Doorway*, New York, Harper & Row, 1976.

135 Layard, J., *The Celtic Quest*, Zürich, Spring Publications, 1975.

136 *Lebor Gabala Erenn* (book of Invasions), ed. R. A. S. Macalister, Dublin, Irish Texts Society, 1938–56.

137 Leland, C., *Aradia, The Gospel of the Witches*, London, C.W. Daniel, 1974.
138 Léon-Portilla, M., *Native Mesoamerican Spirituality*, London, 1980.
139 Lethbridge, T.C., *Gogmagog*, London, Routledge & Kegan Paul, 1957.
140 Levy, G.R., *Gate of Horn*, London, Faber & Faber, 1943.
141 Lewis, C.S., *Die Abschaffung des Menschen*, Johannesverlag Einsiedeln, Basel 1983.
142 Lewis, C.S., *Der Kampf um Narnia*, Wien 1982, A. Betz.
143 *The Ley-Hunter*, P.O. Box 13, Welshpool, Powys, Wales.
144 Loomis, R.S., ed., *Arthurian Literature in the Middle Ages*, Oxford University Press, 1959.
145 Luke, H.M., *Woman, Earth and Spirit*, New York, Crossroad, 1981.
146 *Mabinogion*, ed., Lady C. Guest, Cardiff, John Jones Ltd., 1977
147 *Mabinogion* (2), trans. J. Gantz, Harmondsworth, Penguin Books, 1976.
148 MacCana, P., *Branwen, Daughter of Llyr*, Cardiff, University of Wales Press, 1958.
149 MacCana, P., *Celtic Mythology*, London, Hamlyn, 1970.
150 Macdonald, G., *Princess and the Goblin*, Harmondsworth, Puffin Books, Penguin Books, 1964.
151 MacGregor, G., *Reincarnation as a Christian Hope*, London, Macmillan, 1982.
152 Mackenzie, D.A., *Scottish Folk-Lore and Folk-Life*, Edinburgh, Blackie, 1935.
153 Mackie, I., *Megalith Builders*, Oxford, Phaidon, 1977.
154 MacMann, J., *Riddles of the Stone Age*, London, Thames & Hudson, 1980.
155 Magnusson, M., *Hammer of the North*, London, Orbis Books, 1976.
156 Malinowski, B. *Magie, Wissenschaft und Religion. Und andere Schriften*, Frankfurt 1983, Fischer Tb.
157 Malory, Sir T., *Die Geschichten von König Artus und den Rittern seiner Tafelrunde*, 3 Bde., Frankfurt 1977, Insel.
158 Maltwood, K., *Enchantments of Britain*, Cambridge, James Clarke, 1982.
159 Maltwood, K., *Glastonbury's Temple of the Stars*, Cambridge, James Clarke, 1964.
160 Markale, J., *Celtic Civilization*, London, Gordon & Cremonesi, 1978.
161 Massingham, H., *Downland Man*, London, Jonathan Cape, 1926.
162 Matthews, J., ed., *At the Table of The Grail*, London, Routledge & Kegan Paul, 1984.
163 Mead, G.R.S., *The Vision of Aridaeus*, London, Theosophical Publishing Society, 1907.
164 Meltzer, D., ed., *Birth: an anthology of ancient texts*, San Francisco, North Point Press, 1981.
165 Meyer, K. and Nutt, A., *The Voyage of Bran, Son of Febal*, London, David Nutt, 1895.
166 Meyer, T., *The Umbrella of Aesculapius*, North Carolina, The Jargon Society, 1975.
167 Michell, J., *Megalithomania*, London, Thames & Hudson, 1982.
168 Michell, J., *Die Geomantie von Atlantis. Wissenschaft und Mythos der Erdenergien*. München 1986, Goldmann Tb.

169 Mol, H., *The Firm and the Formless*, London, Wilfried Press, 1982.

170 Monaco, R., *Runes*, New York, Ace Fantasy Books, 1984.

171 Moncreiffe of That Ilk, and Hicks, D., *The Highland Clans*, London, Barrie & Rockliff, 1967.

172 Morris, J., *The Age of Arthur*, London, Weidenfeld and Nicolson, 1973.

173 Mottram, E., *The Book of Herne*, Colne, Lancashire, Arrowspire Press, 1982.

174 Mountford, C. P., *Winbaraku and the Myth of Jarapiri*, Adelaide, Rigby, 1968.

175 Muir, W., *Living With Ballads*, London, Hogarth Press, 1965.

176 Murray, M., *The Divine King in England*, London, Faber & Faber, 1954.

177 Murray, M., *The God of the Witches*, London, Sampson Low, 1931.

178 Nash, D. W., *Taliesin, or the Bards and Druids of Britain*, London, John Russel Smith, 1858.

179 Needleman, J., *Sense of the Cosmos*, New York, Dutton & Co., 1965.

180 Neihardt, J. G., *Black Elk Speaks*, New York, Pocket Books, 1972.

181 Neubecker, O., *Guide to Heraldry*, London, Cassell, 1979.

182 Neumann, E., *Die Große Mutter*. Freiburg–Olten 1984, Walter.

183 Neumann, E., *Ursprungsgeschichte des Bewußtseins*, Frankfurt o. J., Fischer Tb.

184 *New Celtic Review*, B. M. Oakgrove, London WCI N3XX.

185 Newman, P., *Hill of the Dragon*, London, Kingsmead Press, 1979.

186 Newstead, H., *Bran the Blessed in Arthurian Romance*, New York, Columbia University Press, 1939.

187 *Nibelungenlied*, Mittelhochdeutscher Text mit Übertragung, 2 Bde., Frankfurt 1984, 1985, Fischer Tb.

188 North, F. J., *Sunken Cities*, Cardiff, University of Wales Press, 1957.

189 O'Brien, C., *The Megalithic Odyssey*, Wellingborough, Turnstone, 1973.

190 O'Rahilly, T. F., *Early Irish History and Mythology*, Dublin, Dublin Institute of Advanced Studies, 1946.

191 *Oxford Dictionary of Saints*, ed. D. H. Farmer, Oxford, Oxford University Press, 1978.

192 Pausanias, *Beschreibung Griechenlands*, München (vergriffen. NA in Vorb.) Artemis.

193 Pegg, B., *Folk: A portrait of English Traditional Music, Musicians and Customs*, London, Wildwood House, 1976.

194 *Pendragon*, 27 Roslyn Rd, Redland, Bristol BS66 6NJ.

195 Pennick, N., *Die alte Wissenschaft der Geomantie*, München 1982, dia-mus-trikont.

196 Perera, S. B., *Der Weg zur Göttin der Tiefe*. Interlaken 1986, Ansata.

197 Pepper, E. and Willock, J., *Magical and Mystical Sites: Europe and the British Isles*, London, Weidenfeld, 1976.

198 Petry, M. J., *Herne the Hunter: A Berkshire Legend*, Reading, William Smith, 1972.

199 Phillips, G. R., *Brigantia*, London, Routledge & Kegan Paul, 1976.

200 Pindar, *Oden*. Frankfurt 1984, Insel Tb.

201 Platon, *Sämtliche Werke*, Reinbek o. J. Rowohlt.

202 Plumb, J. H., *The Death of the Past*, London, Macmillan, 1969.

203 Plutarch, *Moralia VI*, trans. F. R. Babbitt, London, Heinemann, 1952.
204 *Popol Vuh*, Das Buch des Rates, Köln, Düsseldorf 1984, Diederichs.
205 Powys, J. C., *Morwen*, London, Village Press, 1974.
206 Progoff, I., *The Practice of Process Meditation*, New York, Dialogue House Library, 1980.
207 Rainwater, J., *You're in Charge*, Wellingborough, Turnstone, 1979.
208 Rank, O., *The Myth of the Birth of the Hero*, New York, Knopf, 1959.
209 Readers' Digest, *Folklore, Myths, and Legends of Britain*, London, Readers' Digest, 1973.
210 Rees, A. and Rees, B., *Celtic Heritage*, London, Thames and Hudson, 1961.
211 Reyner, K. *This Holiest Erthe*, London, Perennial Books, 1974.
212 Rhys, Sir J., *Arthurian Legend*, Oxford, Oxford University Press, 1891.
213 Rhys, Sir J., *The Hibbert Lectures*, London, Williams and Norgate, 1888.
214 *Rig Veda*, übersetzt und erläutert von Karl F. Geldner. 3 Teile u. Register. Göttingen 1951–1957. Vandenhoek & Ruprecht.
215 Ross, A., *Pagan Celtic Britain*, London, Routledge & Kegan Paul, 1967.
216 Roszak, R., *Mensch und Erde*, Reinbek 1987, Rowohlt.
217 Russell, G., ‹The Glastonbury Tor Maze› in *Glastonbury: a Study in Patterns*, ed. M. Williams, R. I. L. K. O., 1969.
218 Russell, G. W. (‹A. E.›), *A Candle of Vision*, New York, Theosophical Publishing House, 1974.
219 Russell, G. W. (‹A. E.›), *The Song of its Fountains*, London, Macmillan, 1932.
220 Russell, J. B., *A History of Witchcraft*, London, Thames & Hudson, 1980.
221 Russell, P., *Die erwachende Erde*, München 1984, Heyne.
222 Salinger, J. D., *Franny und Zooey*, Reinbek 1967, Rowohlt Tb.
223 Saurat, D., *Literature and Occult Tradition*, London, Bell and Sons Ltd., 1930.
224 Sawyer, R., *The Way of the Storyteller*, London, Harrap, 1944.
225 Schnapper, E., *The Inward Odyssey*, London, Allen & Unwin, 1965.
226 Scott, M., *Kundalini in the Physical World*, London, Routledge & Kegan Paul, 1983.
227 Screeton, P., *Quicksilver Heritage*, Wellingborough, Turnstone, 1974.
228 Senior, M., *Myths of Britain*, London, Orbis, 1979.
229 Severin, T., *Brendan Voyage*, London, Hutchinson, 1978.
230 Seward, J., *Book of British Troy Towns*, Thundersley, Caerdroi Project, 1982.
231 Shaw, M. F., *Folksongs and Folklore of South Uist*, London, Routledge & Kegan Paul, 1955.
232 Silverberg, R., *The Mound Builders*, New York, New York Graphic Society, 1970.
233 *Sir Gawain and the Green Knight*, trans. J. R. R. Tolkien, London, Allen and Unwin, 1975.
234 Sjoestedt, M.-L., *Gods and Heroes of the Celts*, Berkeley, Turtle Island Foundation, 1982.
235 Skelton, R., *Spellcraft: a Manual of Verbal Magic*, London, Routledge & Kegan Paul, 1978.
236 *Society of the Inner Light*, Study Course, 38 Steele's Road, London NW 3.

237 Spence, L., *Fairy Tradition in Britain*, London, Rider, 1948.
238 Spence, L., *The History of Atlantis*, London, Rider, 1930.
239 Spence, L., *The Magical Arts in Celtic Britain*, Wellingborough, Aquarian Press, 1970.
240 Spence, L., *The Mysteries of Britain*, Wellingborough, Aquarian Press, 1970.
241 Spence, L., *Myths of the American Indians*, London, Harrap, 1918.
242 Spiegleman, J., *The Tree*, Phoenix, Arizona, Falcon Press, 1982.
243 Starhawk, *Dreaming the Dark*, Boston, Beacon Press, 1982.
244 Starhawk, *Der Hexenkult als Ur-Religion der großen Göttin*. Freiburg 1985, H. Bauer.
245 Steinbeck, J., *Acts of King Arthur and his Noble Knights*, London, Heinemann, 1976.
246 Steinbrecher, E., *The Inner Guide Meditation*, Santa Fe, Blue Feather Press, 1978.
247 Steiner, R., *Mystery Knowledge and Mystery Centres*, London, Rudolf Steiner Press, 1973.
248 Stewart, B., *The Initiation of the Underworld*, Wellingborough, Aquarian Press, 1985.
249 Stewart, B., *Where ist St. George?*, Bradford on Avon, Moonraker Press, 1977.
250 Storms, G., *Anglo-Saxon Magic*, The Hague, Martinus Nyhoff, 1948.
251 Stukeley, W., *Itinerarium Curiosum*, Hampshire, Greg International, 1969.
252 Summerfield, H., *That Myriad-Minded Man: a biography of G. W. Russell – ‹A. E.›*, Gerrard's Cross, Colin Smythe, 1975.
253 Sutcliff, R., *High Deeds of Finn MacCool*, London, Bodley Head, 1967.
254 Sutcliff, R., *The Hound of Ulster*, London, Bodley Head, 1963.
255 Tacitus, *Germania*, zweisprachig, Frankfurt 1980, Insel.
256 *Tain Bo Cuailnge (The Cattle Raid of Cooley)* trans. T. Kinsella, Dublin/Oxford, Dolmen Press/Oxford University Press, 1970.
257 Tate Gallery, *The Pre-Raphaelites*, London, Tate Gallery/Penguin, 1984.
258 Taylor, A., *Drustan the Wanderer*, London, Longmans, 1971.
259 Tennyson, A., *Idylls of the King*, Harmondsworth, Penguin Books, 1983.
260 Thom, A., *Megalithic and Luna Observatories*, Oxford, Oxford University Press, 1971.
261 Thom, A., *Megalithic Sites in Britain*, Oxford, Oxford University Press, 1967.
262 Toffler, A., *Der Zukunftsschock. Strategien für die Welt von morgen*, München 1983, Goldmann Tb.
263 Tolkien, J. R. R., *Der Herr der Ringe*, Stuttgart 1985, Klett-Cotta.
264 Tolkien, J. R. R., *The Monsters and the Critics & Other Essays*, London, George Allen & Unwin, 1983.
265 Traherne, T., *Poetical Works*, London, P. J. & A. E. Dobell, 1932.
266 Treece, H., *The Golden Strangers*, London, Bodley Head, 1956.
267 Treece, H., *The Green Man*, Bodley Head, 1966.
268 *Trioeddynys Prydein* (The Welsh Triads), ed. R. Bromwich, Cardiff, University of Wales Press, 1961.

269 Underwood, G., *The Patterns of the Past*, London, Abacus, 1972.

270 Valiente, D., *ABC of Witchcraft*, London, Hale, 1984.

271 Valiente, D., *Witchcraft for Tomorrow*, London, Hale, 1978.

272 Vansittart, P., *The Death of Robin Hood*, London, Peter Owen, 1982.

273 Vansittart, P., *Worlds and Underworlds*, London, Peter Owen, 1974.

274 Vermaseren, M. J., *Mithras, the Secret God*, London, Chatto & Windus, 1963.

275 Vigars, D., *Atlantis Rising*, London, Andrew Dakers, 1944.

276 *Vita Merlini*, ed. J. J. Parry, Illinois, University of Urbana, 1925.

277 Von Franz, M. L., *C. G. Jung, his myth in our time*, London, Hodder & Stoughton, 1975.

278 Walker, D. P., *Spiritual and Demonic Magic*, London, University of Notre Dame Press, 1969.

279 Walton, E., *The Mabinog Quartet*, New York, Ballantine Books, 1970−4.

280 Waters, F., *Das Buch der Hopi*, Köln, Düsseldorf 1984, Diederichs.

281 Watkins, A., *The Old Straight Track*, London, Garnstone Press, 1970.

282 Weaver, H., *Dowsing the Primary Sense*, London, Routledge & Kegan Paul, 1978.

283 Wentz, W. Y. Evans., *The Fairy Faith in Celtic Countries*, New York, Lemma Pub. Co., 1973.

284 Whitman, W., *Complete Poetry, Selected Prose & Letters*, London, Nonesuch Library, 1938.

285 Whitmont, E., *Return of the Goddes*, London, Routledge & Kegan Paul, 1983.

286 Whitson, R. E., *The Shakers*, London, SPCK, 1983.

287 Wilber, K., *Halbzeit der Evolution*, München, Bonn 1984, Scherz.

288 Wilkins, E., *The Rose Garden Game*, London, Gollancz, 1969.

289 Williams, C. and Lewis, C. S., *Arthurian Torso*, Oxford, OUP, 1948.

290 Williamson, T., and Bellamy, L., *Ley Lines in Question*, London, Worlds Work, 1983.

291 Yeats, W. B., *Werke*, 6 Bde, Darmstadt 1977, Luchterhand.

Diskographie

292 Albion Country Band, *Battle of the Fields*, Island HELP 25 (R).

293 Archer, Robert, *Nature's Dream Harp – Aeolian Harp Music*, R. Archer, RA 01,17 Sanfield Road, Headington, Oxford OX3 7RN.

294 Ashley, Steve, *Stroll On*, Gull GULP 1003.

295 Bedford, David, *Star Clusters Nebulae and Places in Devon / Song of the White Horse*, Oldfield Music OM1.

296 Bellamy, Peter, *Keep on Kipling*, Fellside FE032.

297 Bothy Band, *Out of the Wind into the Sun*, Polydor SUPER 2383 456.

298 *The Child Ballads, vols 1 – 10*, Topic Records.

299 Clannad, *Magical Ring*, RCA RCA LP 6072.

300 Colins, Shirley, *Amaranth*, Harvest SHSM 2008.

301 Davey, Shaun, *The Brendan Voyage*, Tara 3006.

302 Davey, Shaun, *The Pilgrim*, Tara 3001.

303 Gray, W. G., *The Rollright Ritual*, Sulis Music, B.C.M. 3721, London WC1N 3XX.

304 Horslips, *The Book of Invasions – a Celtic Symphony*, DJM DJF 20498.

305 Horslips, *The Tain*, RCA OATS M00 5.

306 Kinnaird, Alison, *The Harp Key: Crann nan Teud*, Temple Records SH001.

307 Lyonesse, *Tristan de Lyonesse*, PDU PLD A6062.

308 *Maypoles to Mistletoe*, Trailer LER 2092.

309 *Ossian*, Springtime Records, SPR 1004.

310 Pegg, Bob, *Ancient Maps*, Transatlantic TRA 299.

311 *Plain Capers – Morris Tunes from the Cotswolds*, Free Reed FRR010.

312 Stewart, Bob, *The Underworld Journey*, Sulis Music, BCM 3721, London WC1N 3XX.

313 Stewart, Bob, *Unique Sound of the Psaltery*, ARGO ZDA 207.

314 Stewart, Bob, and Furey, Finbar, *Tomorrow We Part*, Cresent Records AR 5110.

315 Stivell, Alan, *Légende*, DISC AZ AZ 475.

316 Stivell, Alan, *Symphonie Celtique – Tir Nan Og*, CBS 88487.

317 Strawhead, *Songs from the Book of England*, Tradition TRS 0356.

318 Watersons, *Frost and Fire – a calendar of Ritual and Magical Songs*, Topic 12T 136.

319 Williamson, Robin, and his Merry Band, *A Glint at the Kindling*, Criminal Records STEAL 6.

320 Yates, Tom, *Song of the Shimmering Way*, Satril SATL 4007.

Kontaktadresse:

Sulis Music & Tapes
BCM 3721
GB-London WC 1 N 3 XX.

Dort können Kassetten und anderes Material unter dem Titel «Walking the Western Way» für weitere Übungen angefordert werden.

transformation

rororo
sachbuch
transformation

C 2296/2

transformation

rororo sachbuch
transformation

C 2296/2 a

transformation

ro
ro
ro

sachbuch

transformation

C 2296/2 b

Peter Lauster

rororo sachbuch

C 2128/2

sachbuch rororo

C 2163/3

Lernprogramme

Eine
Auswahl

sachbuch

C 2177/1